Ulrich Steenberg
Handlexikon zur Montessori-Pädagogik

Ulmer Beiträge zur Montessori-Pädagogik

Herausgegeben von der Verlagsgemeinschaft Klemm & Oelschläger (Ulm/Münster) und Kinders Verlag (Ulm) in Kooperation mit dem Montessori-Förderkreis Ulm/Neu-Ulm e.V.
Redaktion: Axel Holtz und Ulrich Klemm

Band 1: Ulrich Steenberg: Kinder kennen ihren Weg. Ein Wegweiser zur Montessori-Pädagogik. 1993, 2. überarbeitete und erweiterte Auflage Ulm 1997, 125 Seiten

Band 2: Axel Holtz: Montessori-Pädagogik und Sprachförderung. Ulm 1994, 198 Seiten

Band 3: Clara Grunwald: Das Kind ist der Mittelpunkt. Herausgegeben von Axel Holtz. Ulm 1995, 169 Seiten

Band 4: Handlexikon zur Montessori-Pädagogik. Herausgegeben von Ulrich Steenberg; unter Mitarbeit von Axel Holtz. Ulm 1997, 219 Seiten

Band 5: Jahrbuch für Montessori-Pädagogik 1997. Herausgegeben von Axel Holtz und Ulrich Klemm. Ulm 1998 (in Vorbereitung)

Ulmer Beiträge zur Montessori-Pädagogik -
Band 4

Handlexikon zur Montessori-Pädagogik

**Herausgegeben
von Ulrich Steenberg
unter Mitarbeit von Axel Holtz**

Verlagsgemeinschaft Kinders Verlag
Verlag Klemm & Oelschläger

Die Deutsche Bibliothek - CIP-Einheitsaufnahme

Handlexikon zur Montessori-Pädagogik
Herausgegeben von Ulrich Steenberg unter Mitarbeit von
Axel Holtz Ulm : Kinders-Verl. ; Ulm : Klemm und
Oelschläger, 1998
(Ulmer Beiträge zur Montessori-Pädagogik ; Bd. 4)
ISBN 3-927179-09-4 (Kinders-Verl.)
ISBN 3-9802739-4-6 (Klemm und Oelschläger)
NE: Steenberg, Ulrich [Hrsg.]; GT

Texterfassung und Satz: Manfred Poh, Dornstadt
Lektorat: Ulrich Klemm
Druck und Bindung: Honold, Langenau
ISBN 3-9802739-4-6 (Verlag Klemm & Oelschläger)
ISBN 3-927179-09-4 (Kinders Verlag)

Inhaltsverzeichnis

Vorwort

Es bedurfte schon eines ermutigenden Anstoßes, um sich an die Herausgabe dieses Handbuches zu begeben.

Da waren zum Beispiel Theoriedozenten der Montessori-Pädagogik. Einige von ihnen heg(t)en die Befürchtung, ein solch griffiges Nachschlagewerk verkürze vielleicht den pädagogischen Kontext und verleite zu oberflächlichem Begriffswissen.

Nun ja, ich habe in der Tat versucht, die Schlüsselbegriffe der Montessori-Pädagogik möglichst vollständig aufzunehmen. Ob die zahlreichen Querverweise und die Literaturangaben Kontextbildung verhindern oder eher ermöglichen? - Wer Zusammenhänge sucht, wird sie finden. Wer aber nur einen Schlüsselbegriff in konzentrierter Form erläutert haben will, dem soll ebenfalls gedient sein.

Ein solches Handbuch ist zweifelsfrei theorielastig. Und damit ist klar, daß, wer sich dem Ganzen der Montessori-Pädagogik nähern will, ohne Hospitationen in qualifizierten Montessori-Einrichtungen nicht auskommt.

Insofern kann und will dieses Handbuch weder das Studium der Primärliteratur noch die Teilnahme an einem Diplomkurs ersetzen.

Aber sinnvoll ergänzen, auf den Punkt bringen, ein nützlicher Partner bei der Erstbegegnung, eine handliche Hilfe im Studium, ein fachorientiertes und fachkompetentes Nachschlagewerk sein - das beansprucht dieses Handbuch schon für sich.

Es war kein leichtes Unterfangen für meine Kolleginnen und Kollegen, den engen Vorgaben des Verlages nachzukommen. Manch einer aber sagte mir auch, daß dieser Zwang, sich auf das Wesentliche zu beschränken, für die Alltagsarbeit an Schule und Hochschule durchaus gewinnbringend war.

Jedenfalls danke ich meinen Kolleginnen und Kollegen von Herzen. Denn uns allen ist klar: wer kürzen muß, sieht sich leicht dem Vorwurf der Verkürzung ausgesetzt.

In Axel Holtz (Kinders Verlag) und Ulrich Klemm (Klemm & Oelschläger Verlag) hatte ich zwei kompetente und ermutigende fachliche Begleiter, denen für ihr verlegerisches Engagement sehr zu danken ist.

Nun liegt es an den Benutzerinnen und Benutzern, dem Handbuch zu ermöglichen, was es sein will: eine von Herzen kommende Dienstleistung an all denen, die an Montessori-Pädagogik interessiert sind.

Ulrich Steenberg

Ulm/Hüttisheim
im März 1997

Altersmischung

1. Beschreibung des Prinzips „Altersmischung": Mit dem Begriff „Altersmischung" bezeichnet man die Zusammenfassung verschiedener Altersstufen in einer Lerngruppe des Kindergartens oder der Schule. In der Schule spricht man eher von Jahrgangsmischung als von Altersmischung.

Sinn der altersgemischten Gruppen ist es, die Möglichkeiten zur Kooperation der Kinder zu vervielfachen. Voraussetzung ist, daß die Lern- und Unterrichtsformen der inneren Differenzierung verpflichtet sind.

Eine optimale Altersmischung ist die Zusammenfassung dreier Jahrgänge einer Entwicklungsstufe, wie dies z.B. von Kindergartengruppen her allgemein geläufig ist. Dort sind die drei- bis fünfjährigen zusammengefaßt, wobei - bedingt durch die Schulgesetze - auch noch sechsjährige in dieser Gruppe sein können.

Auch in Montessori-Schulen sind Kinder verschiedenen Alters einer Entwicklungsstufe zusammengefaßt. Als die Volksschulen noch nicht in Grund- und Hauptschulen unterteilt waren, bildeten die sechs- bis achtjährigen (1.-3. Schuljahr), die neun- bis elfjährigen (4.-6. Schuljahr) und die zwölf- bis vierzehnjährigen (7.-9. Schuljahr) eine Lerngruppe.

1.1 Verschiedene Modelle der Altersmischung: Seit der in etlichen Bundesländern vollzogenen Teilung der Volksschulen in Grund- und Hauptschulen mußten die Montessori-Schulen neue Modelle entwickeln, die Altersmischung zu verwirklichen. Einige Schulen fassen vier Jahrgänge (1.-4. Schuljahr) in einer Klasse zusammen, andere bilden Klassen aus zwei Jahrgängen. Da ein Lehrerwechsel nach zwei Jahren nicht zu befürworten ist, besteht die Klasse im ersten Jahr aus einem 1./2. Schuljahr, diese wird im nächsten 2./3. Schuljahr, im übernächsten 3./4. Schuljahr und diese wandelt sich zum nächsten 4./1. Schuljahr und so fort.

Möglich ist auch die Bildung einer Klasse aus drei Jahrgängen (1.-3. Schuljahr), wobei dann die Viertkläßler in einer Jahrgangsklasse zusammengeführt werden. Da dies jedoch zu einem unliebsamen Lehrerwechsel nach dem 3. Schuljahr führt, wird eine andere Lösung bevorzugt: die Mischung dreier Jahrgänge, wobei jeweils ein Jahrgang fehlt. Eine Lehrerin führt z.B. im ersten Jahr die Klasse 1/2/3, im zweiten Jahr die Klasse 2/3/4, im dritten Jahr die Klasse 3/4/1 und im folgenden die Klasse 4/1/2 und so fort. Keine dieser beschriebenen Altersmischungen ist ideal, da eine vierjährige Grundschule die Idealform nicht mehr zuläßt.

2. Erziehungs- und Lernziele der altersgemischten Gruppen:

2.1 Kognitive Ziele: Kinder lernen voneinander in der Weise, die Eltern und Erzieher nicht ersetzen können. Da sie sich in ihrem Denken und Fühlen, im Sprachgebrauch und der Vorstellungsweise näher stehen als Erwachsene, können sie Erkenntnisse oft entsprechend einfacher weitergeben. Wenn jüngere Kinder älteren bei deren Arbeiten beobachten, so wird ein erstes Interesse für künftige Aufgaben geweckt und der Zugang zu neuen Wissensgebieten erleichtert. Die Jüngeren bereiten sich geistig auf kommende Aufgaben vor und interessieren sich häufig schon viel früher für Übungen, die man ihnen auf Grund des Alters noch nicht zugemutet hätte. Denn bei ihrem „geistigen Spaziergang (Montessori 1972, S. 204)" spüren die Jüngeren ziemlich genau, ob sie eine Aufgabe schon angehen können oder ob sie lieber noch damit warten wollen.

Werden die Älteren von den Jüngeren bei einer Arbeit zu Hilfe geholt oder werden sie um Erklärungen gebeten, so müssen diese das eigene Wissen strukturieren, um es verständlich weitergeben zu können. Denn nur was man selbst verstanden hat, kann man anderen erklären. Dadurch erleben die Älteren selbst einen Zuwachs an Fähigkeiten. Außerdem werden sie in ihrem Selbstbe-

10

wußtsein gestärkt, denn sie erinnern sich, daß das, was ihnen früher einmal selbst als schwierig erschien, heute leicht für sie ist. In ihrem Vortrag „Über den Grundriß der Montessori-Schule" erklärt Montessori: „Die Hauptsache ist, daß die Gruppen verschiedene Altersstufen umfassen, weil das großen Einfluß auf die Bildungsentwicklung des Kindes hat. Dies wird durch die Beziehungen der Kinder untereinander selbst erreicht. Sie können sich kaum vorstellen, wie gut ein kleines Kind von einem älteren Kind lernt; wie geduldig das ältere Kind mit den Schwierigkeiten des jüngeren ist. Es sieht beinahe aus, als ob das jüngere Kind für das ältere einen Arbeitsstoff darstellte. Ich habe oft aufgehört, sie zu beobachten und gedacht: Ist es für das ältere Kind nicht eine Vergeudung von Zeit? Aber dann wurde mir klar, daß, wenn man etwas lehrt, einem selbst der Gegenstand klarer wird. Durch nichts lernen Sie mehr als durch das Lehren anderer, besonders wenn Sie den Gegenstand nicht sehr gut beherrschen. Denn die Anstrengungen des anderen wirken wie eine Fehlerkontrolle für Sie selbst und regen Sie an, mehr Kenntnis zu erwerben, um dem andern zu vermitteln, was er braucht" (Montessori 1979, S. 87).

Es kommt auch vor, daß ein älteres Kind spürt, daß ein jüngeres auf Grund seiner Begabung mehr kann als es selbst. Auch dies gehört zum Lernprozeß dazu: Erkenntnisse über sich selbst gewinnen. In einer Klassengemeinschaft, zu deren geistigen Klima es gehört, daß einerseits jeder in seinem Können anerkannt ist und entsprechend gefördert wird, andererseits aber keiner wegen seiner Schwächen verlacht oder beschämt wird, kann ein Kind hineinwachsen in die Erkenntnis seiner eigenen Person und diese mit ihren Stärken und Schwächen annehmen. Hinzu kommt eine typische Eigenart von Grundschulkindern, die oft zu beobachten ist: die Anerkennung einer bestimmten Rangordnung, die von Jüngeren und Älteren eingehalten wird. Ältere werden allein auf Grund ihres höheren Alters geachtet, jüngere auf

Grund ihres Alters geschont. Gestört wird die Selbstverständlichkeit der Rangordnung nur durch rücksichtsloses Verhalten der Kinder selbst.

2.2 Soziale Erziehung: Auch im sozialen Umgang wirkt sich die Altersmischung belebend aus. Eingeübte Regeln für das Gemeinschaftsleben werden von jüngeren Kindern leichter übernommen, wenn sie nicht nur von der Erzieherin oder Lehrerin, sondern auch von den älteren Kindern der Gruppe eingefordert werden. Ältere Kinder erleben sich im Spiegel der kleineren als reifer, was ihr Verantwortungsbewußtsein stärkt (Montessori 1972, S. 202 ff). Dies ist ganz besonders gut in der Jahrgangsmischung zu beobachten, in der Viertkläßler mit Erstkläßlern zusammen sind (Klasse 1/4), einer Mischung, die zunächst Erstaunen hervorruft, und von der man glaubt, sie in dieser Weise gar nicht durchführen zu können. Tatsache ist aber, daß eine solche Klasse gut zu führen ist. Die Viertkläßler verwandeln sich den Erstkläßler gegenüber in ein Vorbild an Geduld und Nachsicht, wobei sie aber keineswegs aus den Augen verlieren, daß sich die Kleinen ihnen gegenüber auch angemessen zu benehmen haben. Die Kleinen wiederum erleben sich als besonders bevorzugt, große Kinder ihre Freunde nennen zu dürfen, und sie sorgen durch ihr Verhalten dafür, daß sie die Freundschaft nicht verscherzen.

Im sozialen Umgang miteinander kommen nicht nur Gefühle von Zuneigung und Anerkennung vor, sondern auch die von Eifersucht. Der „geistige" Raum der vorbereiteten Umgebung wird wesentlich durch die Erziehenden geschaffen. Verfallen sie in den Fehler, die Älteren zu vernachlässigen, in dem Glauben, die Älteren brauchten ihre Zuwendung weniger - wie dies manchmal in Familien mit mehreren Kindern geschieht - so reagieren die Älteren mit Eifersucht und Abwehr. Es ist jedoch leicht, diesen Fehler abzustellen, wenn man ihn einmal erkannt hat. Es kann sogar von Vorteil sein, den Älteren ein wenig mehr an Zuwendung zu geben; die Lehrerin

12

ersetzt in diesem Fall den Kindern die Gruppe der noch älteren, von denen sie lernen und sich zu neuen Anstrengungen anregen lassen können.

3. Die Bedeutung der gleichaltrigen Kinder in einer Lerngruppe: In einer Gruppe von Kindern darf sich das Augenmerk nicht nur auf die Altersmischung richten, sondern auch auf die Gruppe der gleichaltrigen Kinder. Kinder des gleichen Alters sind für das jeweilige Kind genauso wichtig wie jüngere oder ältere. Unter gleichaltrigen Kindern wählen sie sich meist ihre Freunde und Freundinnen, mit ihnen tauschen sie Erlebnisse aus oder unternehmen in der Freizeit gemeinsam etwas. Dies ist vergleichbar mit der Tatsache, daß Mädchen gerne mit Mädchen und Jungen gerne mit Jungen spielen.

Kinder, die in ihrer Entwicklung reifer oder retardierter sind, als es ihrem tatsächlichen Alter entspricht, ordnen sich in einer altersgemischten Klasse selbständig der Gruppe zu, zu der sie ihrem Entwicklungsstand nach gehören. Kinder haben ein feines Gespür dafür, wo sie hin „passen", und es ist sehr wichtig für sie, in die richtige Freundesgruppe aufgenommen zu sein. Bei der Zusammenstellung einer Klasse muß daher die Gruppe der Gleichaltrigen groß genug sein, damit sich Freundesgruppen des gleichen Alters und des gleichen Geschlechtes bilden können.

4. Die Größe der Gruppe: Montessori fordert für die altersgemischte Gruppe eine große Zahl von Kindern, weil sich damit die Chance erhöht, von vielen unterschiedlichen Charakteren zu lernen. Unterschiedlichkeit regt zum Lernen und Nachdenken an, sie ist anregender als Gleichheit. „Je zahlreicher die Kinder einer Klasse sind, um so besser zeigen sich die Charakterunterschiede, und es ist einfacher, die verschiedenen Erfahrungen zu machen. Diese werden fehlen, wenn nur wenige Kinder da sind" (Montessori 1972, S. 202). Daß eine Lerngruppe mit Kindern unterschiedlicher Begabungen, verschiedener Jahrgängen und beider Geschlechter anregender ist, als eine homogene Gruppe von Kindern kann in der täglichen Praxis der Montessori-Schulen bestätigt werden. Allerdings fordert sie von den Lehrenden auch, sich ganz auf diese Unterschiedlichkeit einzulassen, das Positive daran zu sehen und zum Tragen bringen.

Schwieriger wird es, wenn wir uns die Klassenfrequenz vor Augen führen. „In solchen Fragen, wie z.B. der Zahl der Kinder, die in einer Klasse sein sollte, um gute Ergebnisse zu erreichen, meinen wir, daß die Klasse am besten zwischen 30 und 40 Kindern zählen soll, aber es mögen auch einige mehr sein. Das hängt von der Fähigkeit der Lehrerin ab ... Die wirklich guten Ergebnisse stellen sich ein, wenn die Zahl der Kinder wächst; 25 ist eine ausreichende Zahl und 40 haben wir als die beste Zahl gefunden" (Montessori 1979, S. 82). Eine Textstelle darüber, von wie vielen Lehrenden oder Erziehenden diese Gruppe betreut wird, findet sich nicht.

Nun will heute niemand mehr eine Gruppe mit 40 Kindern. Denn eins hat sich zu früher wesentlich verändert: Kinder, Eltern, Lehrer und die Öffentlichkeit sind anspruchsvoller geworden, was die Leistungen der Schule und was die Zuwendung zu den einzelnen Kindern angeht. Außerdem fällt es den Kindern heute schwerer, Regeln zu beachten und sich in eine Gruppe einzuordnen. Auch der Prozeß der fortschreitenden Konzentration auf eine Arbeit dauert länger und erfordert eine intensivere Führung des Kindes durch die Lehrerin, bis eine bestimmte Ausdauer und Verantwortlichkeit erreicht ist.

Literatur: Montessori, M.: Das kreative Kind. Freiburg 1972; dies.: Schule des Kindes. Freiburg 1976; dies.: Spannungsfeld Kind-Gesellschaft-Welt. Freiburg 1979.

Barbara Stein

Anthropologie

„Die menschliche Personalität muß in den Blick genommen werden und nicht eine Erziehungsmethode" (Montessori 1966, S. 16). Von diesem anthropologischen Ansatz ihrer Erziehung her fragt Montessori nach dem Menschen im Kind (→ Person, Personalität, Anthropologie).

1. Menschliche Personalität: Montessori verwendet die Bezeichnung Person, Personalität und Persönlichkeit in der Regel synonym. Menschliche Personalität ist jedem menschlichen Sein eigen, unabhängig vom Kulturkreis. „Die Persönlichkeit ist eine und sie ist unteilbar, und alle geistigen Anlagen hängen von einem Zentrum ab" (Montessori 1995 a, S. 45). Der als geschlossene Einheit in seiner Eigenart sich selbst bewußte Mensch wird als Person bezeichnet, während unter Persönlichkeit die individuelle Aus-Prägung zu verstehen ist.

1.1 Mittelpunkt menschlicher Existenz: Der Mensch als Lebewesen hat nach Montessori einen neuen Entwurf und eine neue Bestimmung. Geist und Intelligenz sind Mittelpunkt seiner Existenz und Gestaltungsprinzipien seines Verhaltens (Montessori 1994, S. 56). Er ist bestimmt, sich als personales Wesen zu entfalten, das sich durch verantwortliches Handeln in allen Dimensionen menschlicher Existenz auszeichnet.

1.2 Einheit, Gleichheit und Kontinuität der Person: „Die Persönlichkeit ist eine und sie ist unteilbar" (Montessori 1995 a, S. 45). Die tiefgegründete Einheit der menschlichen Persönlichkeit erwächst aus ihrer Geistigkeit und Intelligibilität (Montessori 1978, S. 58; dies. 1995 a, S. 17). Sie leiten und durchwirken die Entwicklung und Funktion aller psycho-physischen Systeme des Menschen. In der Philosophie wird die Einheit und Unteilbarkeit der menschlichen Person als Identität bezeichnet, ein Begriff, der in den vergangenen Jahrzehnten eine Dynamisierung erfahren hat. Er dient zur

Beschreibung soziologischer, psychologischer oder pädagogischer Einheitsvorstellungen der menschlichen Personalität. Mit Identität wird die Einheit im Blick auf die eigene Person bezeichnet. Die Kontinuität meint das Sich-selbst-Gleichsein oder -Bleiben im Blick auf die Zeit.

1.3 Individualität und Personalität: Individualität bedeutet Unteilbarkeit der Person und ihre Vereinzelung angesichts der Gemeinschaft. „Die Individualität muß gut von der Personalität unterschieden werden" (Montessori 1973, S. 51). In der Genese der Personalität als gelungene Integration menschlicher Sozialität unterscheidet Montessori zwei Intervalle: „Die Entwicklung der Individualität und die Anwendung der individuellen Aktivität auf ein soziales Leben; Entwicklung und Anwendung, die je nach den verschiedenen Perioden des kindlichen Lebens verschiedene Formen annehmen" (Montessori 1973, S. 96). Freie Individualität ist die Basis einer vollständigen Entwicklung der Personalität. Sie ist dann gegeben, „wenn das Individuum ohne Hilfe anderer handeln kann mit dem Bewußtsein eine lebendige Einheit zu sein. Das ist eine primitive Definition für die Freiheit" (Montessori 1973, S. 52). Die Entwicklung der Individualität als individuelle Freiheit erstreckt sich über das erste Lebensjahrzehnt. Sie geht dann über in jene Periode der Anwendung der individuellen Aktivität auf das soziale, gesellschaftliche Leben. Die volle Personalität besteht nach Montessori in einer Integration von Individualität und Sozialität in der Weise, daß die Person sich mit anderen Personen in Harmonie zusammenschließen und dabei gleichzeitig ihre Individualität als Unabhängigkeit bewahren kann (Montessori 1973, S. 96/97).

2. Menschliche Geschöpflichkeit: Montessori nennt den Menschen einen zur Evolution, zur Schöpfung hinzugekommenen. „Das neue Element des Geistes ist durch den Menschen der Schöpfung zugebracht worden" (Montessori 1995 a, S. 36). Damit verbindet sich die „kosmi-

16

sche Aufgabe", als eine der „wirkenden Kräfte" der Schöpfung, eine „verändernde Funktion" auf die Natur auszuüben (Montessori 1995 a, S. 21) (→ Kosmos, kosmische Erziehung).

2.1 Wesen menschlicher Geschöpflichkeit: Bezüglich des menschlichen Geschöpfes gilt es, „das Göttliche im Menschen zu erkennen und zu beobachten" (Montessori 1995, S. 18, 19). Zeichen des Göttlichen nennt Montessori den Geist, den göttlichen Geist „wirkend und leitend", an dem der Mensch partizipiert und mit dem er unmittelbar kommuniziert (Montessori 1995 a, S. 14, 17). Ein zweiter Aspekt ist die Intelligenz. „Wenn Gott die Wesen intelligent bewegt, so gibt er dem Menschen Intelligenz selbst" (Montessori 1995 a, S. 17). Der wichtigste Teil ist seine von Gott direkt erschaffene Seele (Montessori 1995 b, S. 27). Geist und Intelligenz sind jene geschaffene Basis, die es dem Menschen ermöglicht, „aus seinem Inneren selbst heraus handeln zu können, in der Welt zu handeln" (Montessori 1995 a, S. 16).

2.2 Bestimmung menschlicher Geschöpflichkeit: „Das Leben auf dieser Erde besteht nicht nur, um sich selbst zu erhalten, sondern um eine entscheidende Arbeit in der Schöpfung zu leisten" (Montessori 1994, S. 51). Dazu ist es erforderlich, den Platz im Gesamtbereich des Lebens, der Schöpfung herauszufinden. Der kosmische Schöpfungsplan stellt sich als eine eindrucksvolle Wirklichkeit dar. „Alle Dinge sind Teil des Universums und miteinander verbunden, um eine große Einheit zu bilden" (Montessori 1995 a, S. 41). Das geschaffene Universum ist der Verstehensgrund für die eigene Eingebundenheit und Teilnahme am sich vollziehenden Schöpfungswerk. Auf dem Weg zur Vollendung der Schöpfung ist der Mensch bestimmt, ein wesentliches Stück der Schöpfung mitzugestalten (Montessori 1995 a, S. 68, 88). Als immanenter Teil der Schöpfung hat er das Seinige zu tun bei der Umwandlung der Welt (Montessori 1995 a, S. 58). „Mit Hilfe seiner Intelligenz setzt der Mensch das

Schöpfungswerk fort" (Montessori 1994, S. 46). Die darin aufscheinende „kosmische Aufgabe" konkretisiert sich in der „verändernden Funktion", die dem Menschen eigen ist (Montessori 1995 a, S. 21). Er nimmt Einfluß auf die Natur, er schafft den menschlichen Lebensraum und gestaltet ihn, er schafft Fortschritt und Zivilisation. „Indem er auf der Erde lebt, lebt er als eine Spur seiner ganzen Existenz" (Montessori 1995 a, S. 21). Der Mensch erweist sich darin als ein Kultur schaffendes Wesen.

2.3 Soziale Personalität: Die Tatsache einer wechselseitigen Abhängigkeit aller von allen und in einer je eigenen Funktion im Gefüge der Ganzheit des Universums, der Schöpfung, verweist auf das Vorhandensein von Relationen, von sozialen Bezogenheiten. Die sich zeigende Relationalität begründet ein erweitertes Verständnis von Sozialität des Menschen: Sich in den Relationalitäten eingebunden zu verstehen, als „Teil des Universums" sich mit anderen in einer wechselseitigen Beziehung zu befinden und so verstanden zu wirken (Holtstiege 1994, S. 87). Der Mensch als Wesen, das universal-sozial eingebunden, mit Geist und Intelligenz ausgestattet ist, tritt als soziale Persönlichkeit in Erscheinung. Montessori spricht von der Existenz eines psychischen Seins, einer sozialen Personalität (Montessori 1994, S. 2). Versteht man soziale Personalität aus der Dimension der Mitgeschöpflichkeit, so ergibt sich die Relevanz der anthropologischen Forderung Montessoris - das ganze Leben des Menschen in eine Einheit zu bringen: „Das leibliche, das intellektuelle und das geistliche" (Montessori 1995 b, S. 55).

3. Menschliche Deviationen: (→ Normalisierung) Deviationen sind nach Montessori Abweichungen vom Weg der Entwicklung menschlicher Personalität. Sie behandelt sie zum einen direkt bei der Untersuchung der Entwicklung des kindlichen Menschen und beschreibt sie zum anderen als Entwicklungsungleichgewicht zwischen dem erwachsenen Menschen und seiner Umgebung als Disproportionalität.

3.1 Deviationen des kindlichen Menschen: Zur Erfassung der Deviationen verwendet Montessori den Begriff der Normalität im Sinne einer medizinischen Metapher. „Wenn wir statt 'Normalität' 'Gesundheit' sagten", meint dies die „psychische Gesundheit der Kinder während ihres Wachstums" (Montessori 1966, S. 48). Normalität ist nach Montessori dann gegeben, wenn das Kind organisch verknüpft ist mit den Uranfängen seines eigenen Lebens, das heißt wenn seine Geistigkeit, seine spontane Aktivität sich in seiner Entwicklung auswirken konnte. Das sich in der Entwicklung befindliche kindliche Wesen, die kindliche Person, „ist durch ein inneres Gleichgewicht in Harmonie gebracht" (Montessori 1968, S. 25). Anormalität zeigt jenes Kind, dessen inneres Wachstum durch Repressionen erstickt worden ist, das sich in Spaltungen kümmerliche Wege seiner Entwicklung sucht. „Es hat sich in seiner Kindheit nicht in Gesundheit entwickeln können und seine Persönlichkeit ist zerrissen" (Montessori 1968, S. 25). Diese Anormalität „ist das Resultat von Repressionen. Repressionen sind Unterdrückungen von Energien" (Montessori 1979, S. 20). Ein solches Kind ist degeneriert, fehlentwickelt (Montessori 1994, S. 85). Das Wiederfinden seiner Lebensenergien nennt Montessori: „eine Art Bekehrung" als „Rückkehr zu den Quellen schöpferischer Energien" (Montessori 1978, S. 198). Sie spricht auch von Normalisierung durch die Konzentration auf eine Arbeit mit der Hand (Montessori 1979, S. 101).

3.2 Menschliche Disproportionalität: Gemeint ist ein Ungleichgewicht menschlicher Persönlichkeitsentwicklung im Verhältnis zum selbstgeschaffenen Fortschritt (Holtstiege 1994, S. 84). Das Gleichgewicht zwischen dem Menschen und seiner Umgebung ist gestört. „Es ist ein großer äußerer Fortschritt gemacht worden, aber kein innerer Fortschritt der Menschheit" (Montessori 1973, S.

18). Die Intelligenz des Menschen ist gewachsen, aber es fehlt an den nötigen ihr entsprechenden Gefühlen, „und diese können nicht in ihm entstehen, da er falsch lebt" (Montessori 1973, S. 47). Der Mensch ist orientierungslos und besitzt keine Kontrolle über seine eigene Schöpfung (Montessori 1973, S. 25). Menschliches Scheiternkönnen ist ausgesagt. Der „fehlgeschlagene Mensch" (Montessori 1973, S. 17) ist „verkehrt", aber er kann neu beginnen (Montessori 1978, S. 198).

Literatur: Holtstiege, H.: Montessori-Pädagogik und soziale Humanität. Freiburg 1994; Montessori, M.: Das kreative Kind. Freiburg [10]1994; dies.: Über die Bildung des Menschen. Freiburg 1966; dies.: Kinder sind anders. Stuttgart [10]1978; dies.: Grundlagen meiner Pädagogik. Heidelberg [3]1968; dies.: Frieden und Erziehung. Freiburg 1973; dies.: Spannungsfeld. Freiburg 1979; dies.: Kosmische Erziehung. Freiburg [3]1995 a; dies.: Gott und das Kind. Freiburg 1995 b; Oswald, P.: Montessori - Interpretationen zur Anthropologie. Münster 1970.

Hildegard Holtstiege

Bewegung

1. Selbstbewußtsein und körperliche Befindlichkeit: Die bewußte und unbewußte Selbsteinschätzung eines Menschen korrespondiert mit seiner körperlichen Befindlichkeit und den Besonderheiten unseres Körperbaus. Ein Kind, dessen Zentralnervensystem und Muskeltätigkeit störungsfrei wachsen, reifen und arbeiten können, kann sich harmonischer und selbstbewußter entwickeln als ein Kind, dessen Nerven- und Muskelsystem Schäden aufweisen. Denn wir erfahren unser Ich in der Bewegung und den Reaktionen unseres Nervensystems und unserer

Muskeltätigkeit. Seelische Anspannung ist auch Muskelanspannung, seelische Entspannung auch Muskelentspannung. Angst und Mut, Trauer und Freude erfahren wir durch bestimmte Bewegungen und Reize des Zentralnervensystems und der Muskeln.

Nach dem, wie sich einer hält und bewegt, schätzen wir unbewußt auch einen Menschen ein. Die Signale, die durch die Sprache des Körpers ausgesendet werden, verstehen wir ganz schnell und richten uns intuitiv darauf ein. Um es kurz zu sagen: Wir leben nicht in unserem Körper, wir sind unser Körper. Daher ist die Pflege unserer körperlichen Beweglichkeit von unmittelbarem Interesse für unser Ich-Gefühl. Und daher ist bei der Erziehung des kleinen Kindes auch die Pflege der Bewegung und Beweglichkeit von größter Bedeutung. Darüber hinaus ist die Fähigkeit, sich bewegen und handeln zu können, Grundlage für das geistig-seelische Wachstum des Kindes.

2. Die Bewegung in der Erziehung kleiner Kinder: Kleine Kinder müssen zur Bewegung nicht ermuntert werden; der Antrieb, sich zu bewegen und sich darin zu üben, die Bewegungen zu koordinieren, können bei jedem gesunden Kind als starke Kraft beobachtet werden. Tätig in Bewegung zu sein, ist für das Kind eine Quelle von Freude und Vergnügen. Dementsprechend kann die Behinderung der Bewegungsmöglichkeiten für das Kind zur Qual werden. „Das Kind muß sich immer bewegen, kann nur aufpassen oder denken, wenn es sich bewegt. Es hat uns selbst dieses Bedürfnis offenbart, und zwar nur dadurch, daß wir ihm die Freiheit zur Äußerung ließen" (Montessori 1967, S. 31).

Je mehr das Kind Herr über seinen Körper wird, desto mehr erweitert sich auch sein Aktionsradius. Es macht Erfahrungen mit angenehmen und unangenehmen Eigenschaften der Dinge, die es in seine Handlungen mit einbezieht. Es gewinnt räumliche Vorstellungen. Es erfährt Grenzen und Begrenzungen. „Die Bewegung ist somit ein wesentlicher Faktor beim Aufbau der Intelligenz, die zu ihrer Nahrung und Erhaltung der Eindrücke aus der Umwelt bedarf. Sogar die abstrakten Vorstellungen reifen ja aus den Kontakten mit der Wirklichkeit, und die Wirklichkeit kann nur durch Bewegung aufgenommen werden" (Montessori 1986, S. 103).

2.1 Vorbereitete Umgebung und Übungen des täglichen Lebens: Das Kind muß eine (→) Umgebung vorfinden, die ihm sinnvolle Aktivitäten möglich macht. Man stelle sich vor, jemand wolle Schifahren lernen, hätte aber weder Schier, noch einen Hang, noch Schnee, dann wäre er auch nicht in der Lage, die vielen neuen Bewegungsmuster zu üben, die für das Schifahren nötig sind. Ähnlich geht es dem Kind, das sämtliche Bewegungsmuster von Grund auf lernen muß. Es braucht eine vorbereitete Umgebung und Gegenstände, die ihm erlauben, reiche Bewegungserfahrungen zu machen. Als Montessori mit ihren pädagogischen Bemühungen begann, war dies noch keinesfalls selbstverständliche Gegebenheit. Sie schreibt: „Die Kinder inspirieren sich an den Aktivitäten der Umgebung ... Wenn die Mutter wäscht oder ... Kuchen bäckt, ahmt das Kind sie nach ... Heute neigt man dazu, dem Kind die Möglichkeit zu geben, die Handlungen der Erwachsenen ... nachzuahmen. Man gibt ihm Gegenstände, die im Verhältnis zu seiner Kraft und seinen Möglichkeiten stehen, und eine Umgebung, in der es sich bewegen, sprechen und einer konstruktiven, intelligenten Tätigkeit zuwenden kann. Das alles scheint inzwischen selbstverständlich zu sein, aber als wir diese Auffassung erstmals vortrugen, war man überrascht. Als wir für die Kinder von drei bis sechs Jahren eine Umgebung vorbereiteten, die im rechten Verhältnis zu ihnen stand, damit sie dort als Herren im eigen Haus leben könnten, rief das Verwunderung hervor. Die kleinen Stühle, Tische, das winzige Eßgeschirr und Badezubehör und die realen Handlungen wie Tischdecken, Abwaschen, Kehren und Staubwischen beeindruckten als ein origineller Versuch in der Kindererziehung" (Montessori 1972, S. 151).

Mit den sogenannten „Übungen des täglichen Lebens" bietet Montessori dem Kind adäquate Mittel für die Bewegungserziehung an. Denn die Kinder müssen für ihren Bewegungsdrang etwas vorfinden, das in einem rechten Verhältnis zu ihrem Bewegungsbedürfnis und ihrem tiefen Interesse nach Handlungsvollzug steht. Kinder lassen sich von den Handlungen, die sie in ihrer Umgebung sehen, inspirieren. Sie möchten spülen, putzen oder kochen, wie sie es bei den Eltern sehen. Sie ahmen nach, aber es handelt sich um intelligente, selektive Nachahmung. Anregung von außen und der innere Impuls zur eigenen Aktivität gehen unlösbare Wechselbeziehungen ein. Durch die aktive selbst gewollte Nachahmung übt das Kind nicht nur seinen Körper und Geist, sondern es wächst zugleich in seinen Kulturkreis hinein, deren Lebensgewohnheiten, Sitten und Gebräuche es mit übernimmt. Die Übungen des täglichen Lebens haben heute in der Erziehung eine besondere Bedeutung, weil in einem modernen Haushalt viele Tätigkeiten verschwunden sind, an denen sich das Kind orientieren und Einsicht in den Lebensablauf gewinnen konnte. Heute sieht das Kind z.B., wie Vater oder Mutter die Wachmaschine mit Wäsche füllen, Waschpulver in ein Fach geben, auf einen Knopf drücken oder an einem Knopf drehen und dann wird die Wäsche gewaschen. Natürlich ist dieser Handlungsablauf interessant für ein Kind und es möchte dies ebenfalls nachahmen. Aber es gewinnt dadurch keine Einsicht in den Vorgang „Wäsche-waschen". Es sieht nicht, wie stark verschmutzte Wäsche eingeweicht wird, wie Wasser erhitzt wird, bis es dampft, wie die Wäsche gebürstet, gestampft, mehrfach gespült und ausgewrungen wird. Es riecht die Waschlauge nicht und sieht nicht die vom Waschen ausgetrockneten Hände. All dies konnte das Kind früher beobachten, heute kann es das nicht mehr. Die Übungen des täglichen Lebens haben heute also auch kompensatorischen Charakter. Wenn auch die beschriebene Form von Wäsche-waschen in dieser Form als Übung des täglichen Lebens im Kindergarten nicht vorkommen kann, so erinnert das Beispiel daran, wieviel dem Kind an Einsicht verloren geht, wenn es grundlegende Arbeiten des Gemeinschaftslebens nicht beobachten, verstehen und nachvollziehen kann. Denn die Übungen des täglichen Lebens geben dem Kind nicht nur Ziele für seine Aktivität, sondern auch Einsicht in Zusammenhänge, die es sonst nicht mehr gewinnen könnte. Und sie lassen es in einer Weise am täglichen Leben teilnehmen, die ihm zeigen, daß es ein kompetentes Mitglied einer Gemeinschaft ist.

2.2 Von der elementaren Bewegung zur komplexen Handlung: Beobachtet man Kleinkinder so kann man verschiedene Phasen der Bewegungsentwicklung beobachten. Das kleine Kind will eine Handlung nachahmen, z.B. Wasser in eine Tasse gießen oder einen Tisch sauber wischen. Der Zweck dieser Handlung ist jedoch nur der äußere Anlaß und wird dann bald vergessen. Denn das kleine Kind verweilt bei einer bestimmten Bewegung, es putzt z.B. die Tischplatte viele Male, obwohl diese längst sauber ist. Es hat offensichtlich eine große Freude an der Wiederholung einer immer gleichbleibenden Bewegung, und es übt sie viele Male mit Konzentration und Muße. Wenn das Kind schließlich aufhört, dann nicht, weil ein bestimmter äußerer Zweck erreicht wäre, sondern weil sein innerer Antrieb fürs erste gesättigt ist.

Diese Freude an der elementaren Handlung läßt sich besonders gut bei sehr kleinen Kindern beobachten, doch kommt sie auch bei älteren Kindern und bei Erwachsenen vor, nämlich immer dann, wenn man sich einen neuen komplexen Bewegungsablauf aneignen will. Die Beherrschung einer Bewegung ruft eine Freude hervor, die ihren Sinn in sich selbst hat.

Wenn die verschiedenen Bewegungen einer Beschäftigung beherrscht werden, rückt der Zweck der Handlung wieder in den Vordergrund und „das elementare Schaffen wird langsam zum rationellen Schaffen und nähert sich mehr und mehr dem Zwecktum des Erwachsenen" (Montessori 1967, S. 32). Auf einer weiteren Entwicklungsstufe fragt das Kind dann auch nach dem Sinn, den eine Handlung für die Gemeinschaft hat und ist nun auch in der Lage, entsprechende kleine Aufgaben zu übernehmen.

2.3 Gedächtnis für Bewegung und Analyse der Bewegung: Das kleine Kind hat ein besonderes Gedächtnis für Bewegung und interessiert sich für die Exaktheit der Ausführung. Nicht die wortreiche Erklärung hilft ihm, eine Sache zu verstehen, sondern die langsam vorgeführte Bewegung, die es sich einprägen und wiederholen kann, um so eine Tätigkeit in Besitz zu nehmen. Voraussetzung ist ein Erzieherverhalten, das auf überflüssige Worte verzichtet, um statt dessen die Handlung genau und langsam vorzuführen. Um jedoch Bewegungsabläufe zu erkennen, muß man die Bewegungen analysieren, um sich über ihren Verlauf im klaren zu sein. „Jede komplexe Handlung hat aufeinanderfolgende, jedoch voneinander sehr verschiedene Momente. Die Analyse der Bewegungen besteht darin, zu versuchen, diese aufeinanderfolgenden Schritte zu erkennen und dann exakt und getrennt auszuführen ... Die Analyse der Bewegungen ist mit der Sparsamkeit der Bewegung verbunden: Keine für einen bestimmten Zweck überflüssige Bewegung zu machen, ist letzten Endes der höchste Grad an Vollkommenheit" (Montessori 1969, S. 98).

3. Freiheit und Bewegung: Die Bewegungserziehung ist verknüpft mit der Erziehung zu einem Leben in Freiheit und Verantwortung. „Es ist die manuelle Tätigkeit mit einem praktischen Ziel, die dazu hilft, eine innere Ordnung zu gewinnen. Wenn die Hand sich bei einer spontan gewählten Arbeit vervollkommnet und den Willen zum Erfolg und zur Überwindung eines Hindernisses entstehen läßt, so steigt etwas anderes ins Bewußtsein als ein einfacher Erwerb: Es ist das Bewußtsein des eigenen Wertes. Seit dem zartesten Alter findet der Mensch seine größte Befriedigung, sich unabhängig zu fühlen. Das Bewußtsein, sich selbst genügen zu können, enthüllt sich wie eine Offenbarung. Ohne Zweifel liegt hierin ein grundlegendes Element des sozialen Lebens" (Montessori 1966, S. 127).

Der Bewegungsdrang des Kindes ist gekoppelt an das Verlangen nach Unabhängigkeit. Bereits das kleine Kind fühlt sich als Urheber von Handlungen und versucht, sein Wollen in eine Tätigkeit umzusetzen. Denn „ohne den Vollzug einer Handlung ist keine Willensäußerung möglich. Das Willensleben ist das Leben der Tat" (Montessori 1967, S. 42).

Im Selber-etwas-tun-wollen äußert sich das Streben nach (→) Freiheit. Dies ist dem Menschen angeboren, es ist eine typisch menschliche Eigenschaft. Das Kind will, daß seine Selbständigkeitsimpulse respektiert werden. Die körperliche und geistige Beweglichkeit eines Menschen hat eng mit seinem Streben nach einem selbstbestimmten Leben zu tun. Die von Montessori geforderte Bewegungserziehung ist gleichzeitig eine Erziehung zur Unabhängigkeit und zur Selbstbeherrschung. „Wer sich selbst erobert, erobert auch die Freiheit" (Montessori 1969, S. 105). Aber diese Freiheit ist keine Freiheit für Willkür und Zerstörung. Wenn das Kind in seinem Tatendrang zerstörerische oder sinnlose Aktivitäten auswählt, so wird es durch die Erzieher daran gehindert, und das Interesse des Kindes wird auf Handlungen gelenkt, die es zu inneren Ordnung zurückführen. „...denn Freiheit bedeutet nicht, daß *man tut, was man will*, sondern Meister seiner selbst zu sein" (Montessori 1967, S. 42).

Barbara Stein

Diplom-Lehrgang

Eine der Aufgaben der Montessori-Vereinigung e.V. - Sitz Aachen besteht darin, Montessori-Pädagogen und Pädagoginnen auszubilden. Zu diesem Zweck führt die Montessori-Vereinigung Diplom-Lehrgänge durch.

Sie finden in mehreren Orten der Bundesrepublik statt, in Städten, in denen es Montessori-Kinderhäuser und Montessori-Schulen gibt, fast regelmäßig. In den neuen Bundesländern haben sich inzwischen auch Zentren gebildet, in denen Montessori-Einrichtungen entstanden sind. Zur erfolgreichen Weiterentwicklung der Montessori-Pädagogik werden in diesen Regionen regelmäßig Diplom-Lehrgänge angeboten.

Montessori-Diplom-Lehrgänge der Montessori-Vereinigung sind von der Association Montessori Internationale (AMI) Amsterdam als nationale Diplomkurse anerkannt.

Diplom-Lehrgänge werden in Zusammenarbeit mit Bildungseinrichtungen für Erwachsene durchgeführt. Das können z.B. Volkshochschulen, konfessionelle Bildungswerke, Initiativen, Arbeitskreise, Verbände sein.

Die Montessori-Vereinigung stellt den/die LehrgangsleiterIn und das Dozententeam. Sie ist für die Lehrgangsinhalte verantwortlich, während der Träger/Veranstalter in Zusammenarbeit mit dem/der LehrgangsleiterIn die organisatorische Abwicklung eines Montessori-Diplom-Lehrgangs übernimmt.

Ziel des Diplom-Lehrgangs: Der Montessori-Lehrgang hat das Ziel, die TeilnehmerInnen in die Theorie und Praxis der Montessori-Pädagogik einzuführen und sie zu befähigen, im Sinne der Pädagogik Maria Montessoris tätig zu sein. Er stellt eine umfassende berufsbegleitende Zusatzausbildung zu einer entsprechenden Grundausbildung dar, ist aber kein Ersatz für eine staatliche Ausbildung. Er endet mit der Verleihung des Montessori-Diploms.

Teilnehmer: Der Lehrgang richtet sich vornehmlich an alle, die in pädagogischen Berufen tätig sind, z.b. ErzieherInnen, SozialpädagogInnen, LehrerInnen und auch an Eltern.

Lehrgangsinhalte: Der Lehrgang umfaßt folgende Bereiche: 1. Theorie der Montessori-Pädagogik; 2. Didaktische Bereiche, und zwar Übungen des täglichen Lebens, Sinnesmaterial, Sprache, Mathematik, Geometrie; 3. Kosmische Erziehung; 4. Hospitationen.

Dauer und Umfang des Lehrgangs: Ein Montessori-Lehrgang dauert etwa vier Semester, bzw. 18 bis 24 Monate. Er umfaßt z.Zt. etwa mindestens 294 Unterrichtsstunden (eine Unterrichtsstunde = 45 Minuten), einschließlich zwölf Hospitationen. Die Lehrgänge werden einmal wöchentlich abends oder an Wochenenden durchgeführt.

Aufgaben für LehrgangsteilnehmerInnen: Im Bereich „Theorie" müssen die TeilnehmerInnen Literatur zur Montessori-Pädagogik lesen und erarbeiten. Im Bereich „Übungen des täglichen Lebens/Sinnesmaterialien" werden praktische Arbeiten angefertigt und Übungen schriftlich fixiert. In den Bereichen „Sprache" und Mathematik" werden nach jeder Veranstaltung Aufgaben oder Arbeitsmittel erstellt, die aus den vorherigen Übungen hervorgehen. In „Geometrie" wird eine geometrische Mappe zusammengestellt. Mindestens zwölfmal müssen die TeilnehmerInnen in Montessori-Einrichtungen (Kinderhäusern, Schulen) hospitieren. Die Hospitationsstätten werden durch die Lehrgangsleitung benannt. Nach den Hospitationen werden Einzel- und Gruppenbeobachtungen (Hospitationsberichte) angefertigt.

Dozenten: Die DozentInnen besitzen das Montessori-Diplom und verfügen über eine langjährige Erfahrung in der Montessori-Praxis im Elementarbereich oder in den Bereichen Primarstufe, Sekundarstufe. TheoriedozentIn-

28

nen haben sich im Bereich Theorie in der Montessori-Pädagogik als wissenschaftlich fachkundig ausgewiesen.

Die DozentInnen bilden die Dozentenkonferenz, die im Auftrag des Vorstandes der Montessori-Vereinigung arbeitet. Sie beschäftigt sich sowohl mit der Pädagogik Montessoris als auch mit neuen Forschungsergebnissen und Erfahrungsberichten in Psychologie, Pädagogik, Soziologie und anderen angrenzenden Wissenschaften.

Zur Entlastung der Dozentenkonferenz gibt es das Organisationsteam, das sich aus einigen gewählten VertreterInnen der Dozentenkonferenz zusammensetzt. Es erledigt alle anfallenden organisatorischen Aufgaben, z.B. die Genehmigung von Montessori-Diplom-Lehrgängen, die Zulassung von DozentInnen und AssistentInnen, die Entsendung eines Vertreters/einer Vertreterin der Montessori-Vereinigung zur mündlichen Prüfung.

Prüfung: Die Einzelheiten der Diplom-Lehrgänge und der abschließenden Prüfung sind in der Lehrgangs- und Prüfungsordnung festgelegt.

Nach Abschluß des Lehrgangs endet der Kurs mit zwei vierstündigen schriftlichen Prüfungen in Theorie und Praxis sowie einer einstündigen mündlichen Prüfung.

Die Prüfung wird von den DozentInnen der Montessori-Vereinigung abgenommen. Sie unterliegt keiner staatlichen Kontrolle. Der Rechtsweg ist ausgeschlossen.

Anfragen: Wer sich für einen Montessori-Diplom-Lehrgang interessiert, kann bei der Geschäftsstelle der Montessori-Vereinigung eine aktuelle Liste anfordern, auf der alle geplanten Lehrgänge aufgeführt sind. (Geschäftsstelle der Montessori-Vereinigung e.V., Sitz Aachen, Xantener Straße 99, 50733 Köln)

Anmeldung zum Diplom-Lehrgang: Wer an einem der angegebenen Lehrgänge teilnehmen möchte, wende sich bitte an die entsprechende Kontaktadresse, die auf der Liste vermerkt ist!

Kosten: Die Kosten eines Diplom-Lehrgangs setzen sich zusammen aus den Teilnehmergebühren, den Nebenkosten für Skripten und Materialien und den Prüfungsgebühren. Bei auswärtigen Hospitationswochen kommen noch Fahrt- und Unterbringungskosten dazu.

Weitere Informationen: In der Bundesrepublik bieten auch die „Deutsche Montessori-Gesellschaft e.V." (DMG), Geschäftsstelle Würzburg und der „Maria Montessori Landesverband Bayern e.V." (MMLV) Montessori-Lehrgänge an.

Genaue Informationen hierüber erhalten Sie bei der „Aktionsgemeinschaft Deutscher Montessori-Vereine e.V." (ADMV), Geschäftsstelle Bonn, Postfach 200146, 53131 Bonn.

Ortrud Wichmann

Disziplin

1. Die Wechselwirkung von Freiheit und Disziplin:

1.1 Der Freiheitsbegriff in der Montessori-Pädagogik: Wenn wir von Disziplin sprechen, müssen wir auch von Freiheit sprechen. Freiheit und Disziplin bedingen einander, sie sind „zwei Seiten derselben Medaille" (Montessori 1972, S. 258). Und da die erreichte Disziplin die Folge einer gelungenen Erziehung zu Freiheit und (→) Verantwortung ist, müssen wir zunächst von der Freiheit sprechen. Montessori wird nicht müde, immer wieder auf diesen Zusammenhang hinzuweisen. In allen ihren Büchern finden sich wichtige Textstellen über diesen zentralen Punkt ihrer Pädagogik.

Wenn Montessori von Freiheit in der Erziehung spricht, dann meint sie „Freiheit für die schöpferische Kraft, welche der Lebensdrang zur Entwicklung des Individuums ist" (Montessori 1979, S. 20). Sie meint nicht ein unterschiedsloses, nachgiebiges Gewährenlassen aller Aktivitätsimpulse des Kindes. Eltern und Erzieher müssen unterscheiden können zwischen den Handlungsimpulsen, die sie schützen und fördern müssen und jenen, die begrenzt oder verhindert werden müssen (Montessori 1972, S. 238).

Der Freiheitsgedanke in der Montessori-Pädagogik ist oft falsch interpretiert und ebenso falsch in die Tat umgesetzt worden; dies veranlaßte Montessori einmal zu schreiben: „In einigen Ländern hat man daher versucht, Freiheit und Aktivität auch in den Schulen zu praktizieren; aber Freiheit und Aktivität werden zu empirisch gedeutet. Die Freiheit wird auf primitive Weise als das unmittelbare Erlangen einer Unabhängigkeit von repressiven Bindungen verstanden. Als eine Aufhebung der Korrektur und der Unterordnung unter den Willen des Erwachsenen. Die Auffassung ist offensichtlich negativ; das heißt, sie bezeichnet nur die Beseitigung von Zwang. Oft hat sich daraus eine einfache Reaktion ergeben: eine ungeordnete Entfesselung nicht mehr kontrollierter Impulse, da sie zuvor nur vom Willen des Erwachsenen kontrolliert waren. 'Dem Kind seinen Willen lassen, das seinen Willen nicht entwickelt hat', heißt, den Sinn der Freiheit verraten" (Montessori 1972, S. 184).

Montessori betont, daß der verantwortungsvolle Gebrauch der Freiheit eine Folge der kindlichen Entwicklung ist, sofern diese durch einfühlsame Erziehung unterstützt wird. Das Kind drängt danach, sich zu organisieren und seine Person durch Eigentätigkeit aufzubauen. „Die Freiheit ist ... eine Folge der Entwicklung; sie ist die Entwicklung einer verborgenen Führung, die durch die Erziehung unterstützt wird. Die Entwicklung ist aktiv, sie ist Aufbau der Personalität, die durch die Mühe und die eigene Erfahrung erreicht wird; sie ist die große Arbeit, die jedes Kind vollbringen muß, um sich selbst zu entwickeln" (Montessori 1972, S. 184).

Das Streben nach Freiheit äußert sich beim kleinen Kind zunächst ganz konkret im Streben nach Unabhängigkeit vom Erwachsenen.

2. Erziehung zu Freiheit und Disziplin:

2.1 Das Streben des Kindes nach Unabhängigkeit: Bereits der Säugling im ersten Lebensjahr bekundet seinen Willen nach Unabhängigkeit. Wenn auch die körperliche Entwicklung, die zum aufrechten Gehen, zum Gebrauch von Dingen und zur ersten Absorbtion der Sprache führt, angeborenerweise bei jedem Kind ähnlich abläuft, so empfindet sich das Kind in seinen Wachstumsimpulsen doch selbst als Urheber von Handlungen. Es *will* sitzen lernen, es *will* laufen lernen, es *will* die Umwelt kennenlernen und die Dinge mit allen seinen Sinnen erforschen. Der eigene Wille bekundet sich im Streben nach Aktivität. Denn „ohne den Vollzug einer Handlung ist keine Willensäußerung möglich. Das Willensleben ist das Leben der Tat" (Montessori 1967, S. 42).

2.2. Unterstützung des Unabhängigkeitsstrebens durch die Erziehung: Daß die von der Natur vorgegebenen Wachstumsimpulse als individuelle Willenskundgebungen erlebt und aktiviert werden, ist der Beginn der Erziehung zur Freiheit. „Das drängende Bedürfnis nach Selbständigkeit ist bei jedem Kind vorhanden, und man muß ihm durch eine liebevolle Fürsorge ermöglichen, jenes Bedürfnis als integrierenden Bestandteil des menschlichen Geistes zu entwickeln. Diese Fürsorge muß im frühesten Alter beginnen, zu einer Zeit, wo das Kind noch vor allem durch Impulse seiner Natur geleitet wird" (Montessori 1985, S. 122 f). Denn die Freiheit „gehört zur menschlichen Natur und muß gepflegt werden, damit es ihr gelingt, sich zu behaupten und sich als einer der Hauptzüge der menschlichen Eigenart zu zeigen" (Montessori 1985, S. 122).

Das Kleinkind, das durch Eltern und Erzieher in seinem Bestreben nach Selbständigkeit unterstützt wird, erfährt darin nicht nur eine Stärkung seiner körperlichen und geistigen Kräfte, sondern auch seine Anerkennung als Person mit einem eigenen Willen. Es fühlt sich angenommen und akzeptiert. Das wird seine Liebe zu Eltern und Erziehern bestärken und immer neue Kraft geben, sein Wachstum positiv zu erleben.

2.3 Die Erfahrungen von Grenzen durch die Eigentätigkeit: In seinem Tätigkeitsdrang erfährt das Kind nicht nur seine Möglichkeiten, sondern natürlicherweise auch Grenzen: die Grenzen seines Könnens, die Grenzen der Räume und Gegenstände, die Grenzen des Zeitablaufes und die Grenzen, die von den Eltern und Erzieherinnen gesetzt werden.

2.3.1 Die Grenzen des eigenen Könnens: Die Grenzen seines Könnens wird ein Kind stets aufs neue durch Übung und Wiederholung zu überwinden suchen. Das Kind hat darin eine unerschöpfliche Energie, sofern ihm die richtigen Lebensbedingungen geboten werden. Diese sind: eine Fülle von Handlungsmöglichkeiten in einer (→) vorbereiten Umgebung, die von einfühlsamen Erwachsenen gestaltet und „belebt" ist (Montessori 1986, S. 275).

Montessori hat mit den (→) Übungen des täglichen Lebens und (→) dem Sinnesmaterial eine solche Fülle von sinnvollen Handlungsmöglichkeiten geschaffen; hinzu treten weitere Aktivitäten: das Spielen mit Wasser und Sand, mit anderen Dingen der Natur, sowie mit sinnvollem Spielzeug der häuslichen Umgebung.

Die Erfahrung von Grenzen des eigenen Könnens führen zur Erkenntnis der eigenen Person.

2.3.2 Die Grenzen von Raum und Zeit: Die Grenzen, die Räume und Gegenstände sowie die Zeitabläufe setzen, sind anderer Natur und oft nicht zu überwinden; man kann sie aber erforschen, eine Ordnung darin entdecken und lernen, souverän damit umzugehen. Das Kind lernt, sich ihnen anzupassen. Anpassung in diesem Sinn ist keine ohnmächtige Unterwerfung unter eine stärkere

Macht, sondern Einsicht in die Zusammenhänge, die es erlaubt, sich in den Grenzen von Natur und Kultur klug zu bewegen.

2.3.3 Die Grenzen, die in einer Gemeinschaft von Menschen gelten: Die Grenzen, die Eltern und Erzieher setzen, sind geboren aus sachlicher Notwendigkeit, z.B. um die Gesundheit des Kindes zu schützen oder sie resultieren aus sittlichen und moralischen Erwägungen. Dies sind die Regeln, die in der Gemeinschaft von Menschen gelten, und die auch von Eltern und Erziehern selbst eingehalten werden. Innerhalb solcher Grenzen erfährt das Kind Schutz und Geborgenheit - vor seinen eigenen destruktiven Trieben und vor denen anderer Menschen. Den Sinn dieser Regeln und Grenzen erfährt das Kind ebenfalls durch seine Aktivität und Handlungsmöglichkeiten innerhalb einer Gemeinschaft. Es gewinnt Einsicht, so daß sich das Kind im Lauf seiner Entwicklung den Regeln freiwillig unterordnet.

3. Die Bedeutung der Polarisation der Aufmerksamkeit für die Erziehung zur Freiheit und Disziplin: Es ist die tätige Auseinandersetzung mit der Wirklichkeit, die das Kind einbindet in die Gesetzmäßigkeiten des Lebens. Aber die Tätigkeiten des Kindes dürfen nicht oberflächlich und sprunghaft sein. Erst wenn sich alle Kräfte des Kindes auf ein Ziel hin bündeln, wird es sich auf eine Arbeit wirklich konzentrieren können. Montessori spricht von der (→) „Polarisation der Aufmerksamkeit". Nur ein Kind, das in seine Arbeit selbstvergessen versunken ist, wird Erkenntnis gewinnen, geistige Freude erleben und Liebe zu den Dingen und Menschen entwickeln; und aus der Liebe erwächst die Verantwortung und die Disziplin. „Wir müssen uns vor Augen halten, daß das Phänomen der inneren Disziplin etwas ist, was vollendet werden muß, nicht etwas, was vorher bereits besteht. Unsere Aufgabe ist es, auf den Weg der Disziplin zu führen. Die Disziplin wird dann entstehen, wenn das Kind seine

Aufmerksamkeit auf den Gegenstand konzentriert hat, ..." (Montessori 1972, S. 237)

3.1 Bedingungen für das Zustandekommen der Polarisation der Aufmerksamkeit: Damit das Kind zu einer wirklichen Konzentration gelangen kann, müssen bestimmte Bedingungen erfüllt sein:

Das Kind muß in einer Umgebung leben, die „reich an interessanten Aktivitätsmomenten ist" (Montessori 1967, S. 38), und die seine Aktivität in sinnvolle Bahnen leitet. In dieser vorbereiteten Umgebung findet das Kind ein reichhaltiges Arbeitsmaterial, das ihm selbständiges Handeln ermöglicht, Wiederholungen beliebig oft zuläßt und die Fehlerkontrolle einschließt.

In dieser Umgebung darf das Kind seine Arbeiten frei wählen; so kann es seinen Wachstumsimpulsen folgen, die danach drängen, sich an der Wirklichkeit zu orientieren. Gleichzeitig schult das Kind seinen Willen und trainiert seine Entscheidungsfähigkeit.

Ferner muß sich das Kind zeitvergessen in die Sache vertiefen können. Erst wenn es Zeit und Dauer der Arbeit selber bestimmen kann, ist eine Versenkung in die Arbeit möglich.

Das Kind wird durch Eltern und Erzieher geleitet, die seine Handlungen durch die Schaffung der vorbereiteten Umgebung ermöglichen, seine Aktivitäten einfühlsam interpretieren und diese entweder bejahen und vor Störung schützen oder behutsam begrenzen.

3.2. Die Wirkung der Polarisation der Aufmerksamkeit: Ein Kind, das zur konzentrierten Arbeit gefunden hat, erlebt ein Glücksgefühl. Es „fühlt, daß sein Bewußtsein frei geworden ist und daß in ihm etwas hell aufleuchtet: Das Verstehen ist dann nicht etwas Gleichgültiges. Es ist der Beginn von etwas, manchmal ist es der Beginn eines Lebens, das sich in uns erneuert" (Montessori 1976, S. 203). Wir sprechen heute von „Aha-Erlebnis" oder davon daß „der Groschen endlich gefallen ist" und meinen damit dieses plötzliche innere

Verstehen, das wir weiter nicht erklären können, das wir aber immer wie eine Befreiung erleben. Eine neue Erkenntnis hat plötzlich seinen Platz in unserer inneren Ordnung gefunden. Aus dieser sich in der hingebungsvollen Arbeit neu gewonnenen inneren Ordnung ergeben sich die positiven Merkmale der Persönlichkeitsentwicklung, wie gestärkte Konzentration, Ausdauer, Selbständigkeit, Verantwortungsbereitschaft und Disziplin.

4. *Disziplin als Folge einer gelungenen Erziehung zur Freiheit:* „Aus diesem allem entsteht eine erstaunliche Ordnung und eine spontane Disziplin. Das Kind ordnet sein eigenes Leben... Bedenken Sie, wie wunderbar das ist. Freiheit und Disziplin erscheinen zugleich. Das war eine Entdeckung, denn gewöhnlich meint man, sie seien einander entgegengesetzt. Statt dessen haben wir erfahren, daß es keine Freiheit gibt ohne Disziplin. Freiheit und Disziplin sind eine harmonische Verbindung" (Montessori 1979, S. 34).

Disziplin ist die Folge einer gelungen Erziehung zu Freiheit und Verantwortung und hat nichts zu tun mit der erzwungenen Unterwerfung des Kindes unter die Macht des Erwachsenen. Sie kommt aus der Einsicht vieler Erfahrungen, die durch Eigentätigkeit gewonnen wurde und äußert sich freiwillig. Disziplin darf auch nicht gedacht werden als „stillsitzen" oder „den Mund halten", wie es häufig in der schulischen Erziehung angeordnet wird. Denn „auch Disziplin muß aktiv sein. Es ist nicht gesagt, daß ein Mensch nur dann diszipliniert ist, wenn er künstlich so still wie ein Stummer und so unbeweglich wie ein Gelähmter geworden ist. Hier handelt es sich um einen geduckten und nicht um einen disziplinierten Menschen. Wir nennen einen Menschen diszipliniert, wenn er Herr seiner selbst ist und folglich über sich selbst gebieten kann, wo es gilt, eine Lebensregel zu beachten" (Montessori 1969, S. 57).

Literatur: Montessori, M.: Von der Kindheit zur Jugend. Freiburg 1966; dies.: Grundgedanken der Montessori-Pädagogik. Freiburg 1967; dies.: Die Entdeckung des Kindes. Freiburg 1969; dies.: Das kreative Kind. Freiburg 1972; dies.: Schule des Kindes. Freiburg 1976; dies.: Spannungsfeld Kind-Gesellschaft-Welt. Freiburg 1979; dies.: Montessori-Werkbrief, 23. Jg. 1985, H. 4; dies.: Kinder sind anders. Stuttgart 1986.

Barbara Stein

Embryo, psychischer, sozialer

Montessori studiert und interpretiert die menschliche Entwicklung des Kindes aus der Sicht der Embryologie.

1. Embryonaltheoretischer Ansatz: C.F. Wolff und Ch. Baer gelten als die Begründer der Embryonaltheorie, auf die auch die gegenwärtige Forschung sich stützt (Wuketis 1995, S. 139, 142). Montessori beruft sich ausdrücklich auf sie (Montessori 1994, S. 31).

Die Theorie des strukturierten Keimes nach Wolff/Baer geht davon aus, daß ein organisiertes Wesen aus einem Keim entstehe. Dieser Keim ist bereits organisiert oder strukturiert. In ihm sind die wesentlichen und unveränderlichen Formen, d.h. ursprüngliche Vermögen oder Anlagen der artlichen Besonderheit der Organisation bereits angelegt, wie z.B. aufrechtgehen, sprechen, denken, frei geführte Handlungen ausüben können.

Die Struktur des Keimes ist das innere Prinzip, der „innere und vornehmste Grund" der Bildung. Zur Bildung selbst bedarf es noch des Hinzukommens äußerer Anregungen oder Einwirkungen, etwa das Modell eines gehenden oder sprechenden Menschen.

Aus den ursprünglichen Vermögen können in einer Epigenese die zufälligen und veränderlichen Formen entstehen. Epigenese meint Entwicklung durch Neubildung, z.B. Sprache, Gleichgewicht oder Begabungen zu hohen

37

intellektuellen, künstlerischen oder manuellen Leistungen.

Montessori übernimmt den ebenfalls aus der Embryologie stammenden epigenetischen Begriff der Entwicklungskrise, verstanden als Knotenpunkt, an dem Entwicklungslinien zusammenlaufen und überraschend ein qualitativ neues Verhaltensniveau zutage treten lassen. Sie nennt solche Phänomene eine „Explosion" von plötzlich auftretenden Entwicklungstatsachen. Diese erinnern an die „Krisen des physiologischen Lebens, die so charakteristisch für die Wachstumsperiode sind" (Montessori 1991, S. 90). Das Kind spricht plötzlich sein erstes Wort oder macht seine ersten Schritte. „Ähnliche Krisen treten auch bei dem Entstehen einer psychischen Ordnung auf, die der Beginn für die progressive Entwicklung des inneren Lebens ist" (Montessori 1991, S. 90).

Aus dieser Embryonaltheorie übernimmt Montessori die „Idee eines einheitlichen Bauplanes in der Natur" (Montessori 1994, S. 45), der sogenannten „Konstruktionsmethode", auf die sich auch der Biologe Portmann stützt (Holtstiege 1994, S. 78; Portmann 1969, S. 67).

2. Embryonalentwicklung des Menschen: Zur Beschreibung menschlicher Entwicklungsprozesse verwendet Montessori die Metapher Embryo. Sie dient ihr zur Erhellung von Bildungsprozessen, die analog der frühen embryologischen „Konstruktionsmethode" als „einheitlicher Bauplan der Natur" verlaufen: ein gegebener organisierter oder strukturierter Keim, der als das innere Prinzip der Bildung in Wechselwirkung mit erforderlichen äußeren Anregungen die artlichen Besonderheiten des Individuums hervorbringt.

2.1 Doppeltes embryonales Leben: Der Mensch durchläuft zwei embryonale Perioden. Eine ist pränatal und ähnelt der der Tiere. Die andere ist postnatal und tritt nur beim Menschen auf. Dadurch erklärt sich das Phänomen, das den Menschen vom Tier unterscheidet:

„die lange Kindheit" (Montessori 1994, S. 55; Portmann 1969, S. 126).

Die pränatale Phase ist die Zeit, in der vornehmlich der physische Embryo sich entwickelt, während in der postnatalen (nachgeburtlichen) Phase der embryologische Aufbau von Geist und Psyche dominiert. „In dieser Zeit findet eine Art Erwachen von Potentialitäten statt, die dann die enorme schöpferische Arbeit des Kindes leiten müssen; des geistigen Embryos" (Montessori 1994, S. 65). Montessori spricht vom Kinde als einem Embryo, der aufgrund vorhandener Potentialitäten sich spontan entwickeln, dies aber nur auf Kosten der Umgebung tun kann. Das Wechselspiel innerer Potentialitäten mit je spezifischen kulturellen Umwelten ist der Grund, „warum der menschliche Embryo geboren werden muß, bevor er sich vervollkommnen kann, und weshalb er sich nur nach der Geburt zu entwickeln vermag. Seine Potenzen müssen eben durch die Umwelt angeregt werden" (Montessori 1966, S. 82).

2.2. Embryonale Entwürfe: Die Annahme eines organisierten oder strukturierten Keimes sowie die Konstruktionsmethode, als vom Embryo bewirkte Aufbauarbeit durch organische Differenzierungs- und Integrationsprozesse, lassen Montessori von einem embryonalen Phänomen sprechen: „Der Embryo ist von Entwürfen bestimmt" (Montessori 1994, S. 166). Sie nennt sie „grundlegende" oder „embryonale Entwürfe" (Holtstiege 1994, S. 79), die das Individuum in seiner Entwicklung leiten. Diesen Sachverhalt nennt die Humanethologie heute „Grundkonzepte" im Sinne von „Selbstdifferenzierungen aufgrund der im Erbgut festgelegten Entwicklungsanweisungen" (Eibl-Eibesfeldt 1984, S. 716). Die Genforschung spricht von „genetischen Informationen" (Haken 1995, S. 58). Montessori vergleicht diese embryonalen menschlichen Entwürfe mit den Entwürfen der Vererbung des Verhaltens beim tierischen Embryo. Die Tiere sind bei ihrer Geburt mit allem fertig ausgestattet;

Bewegungsart, Geschicklichkeit, Nahrungswahl, Vertei-
digungsart. Der Mensch muß seine spezifischen Verhal-
tensweisen im sozialen Leben erst ausbilden (Montessori
1994, S. 65).

Montessoris Theorie (→) sensibler Perioden entspricht
von ihrem Grundansatz her den embryonalen Entwürfen,
dem „strukturierten Keim" einerseits und der
„embryonalen Konstruktionsmethode" und ihrem Ent-
wicklungsrhythmus durch punktuell bestimmte „fieber-
hafte Aktivitäten" oder „physiologische Gradienten"
(Sensitivitätspunkte) andererseits.

3. *Metamorphosen - psychischer, sozialer Embryo:*
Die embryonale Konstruktionsmethode - der Bauplan der
Natur - ist wohl der Grund für die Interpretation der
nachgeburtlichen individuellen wie sozialen Entwicklung
mit Hilfe der Metapher Embryo. Montessori spricht vom
psychischen oder geistigen sowie vom sozialen Embryo
in der menschlichen Entwicklung. So wählt sie die
Bezeichnung „geistiger Embryo" in Analogie zum Werden des physischen menschlichen Embryos. Die Bedeutung dieses Embryos sieht sie darin, daß er die Organe
noch nicht endgültig ausgebildet hat und damit Variationen möglich sind (Montessori 1994, S. 45). Für solche
Variationen benötigt er konkrete Angebote aus der äußeren Welt.

„Auch auf psychischem Gebiet bilden sich die Organe
um einen Sensitivitätspunkt ... Aus diesen Sensitivitäts-
punkten entwickelt sich nicht die Psyche, sondern es
entstehen die Organe der Psyche" (Montessori 1994, S.
46). Gemeint sind z.B. koordinierte Bewegung, Sensorik,
Sprache, Bewußtsein, Reflexivität, willentliche Steuerung.

Das Bildwort des Embryos verbindet sich mit der
Vorstellung von Metamorphosen, einem Begriff aus der
Biologie. „Das Kind befindet sich noch in einem Zustand
des Wachstums und der Metamorphose, während der
Erwachsene die Norm der Gattung erreicht hat" (Stan-

ding, o.J., S. 71). Gemeint sind Entwicklungsstadien, in denen durch Metamorphosen Umformungen oder Gestaltwandlungen ans Licht treten, wie z.B. die psychisch-geistige oder die soziale Gestalt des Individuums. Montessori spricht von „Wiedergeburten" (Montessori 1979, S. 23).

3.1 Psychischer oder geistiger Embryo: Es handelt sich um die Zeit von 0-3 Jahren, der „psycho-embryonalen Periode des Lebens, die mit der vorgeburtlichen physisch-embryonalen Periode vergleichbar ist, an die sich niemand erinnern kann" (Montessori 1994, S. 148) (→ absorbierender Geist). In dieser Phase treten Entwicklungen getrennt und unabhängig voneinander auf - so Sprache, Bewegung, Sensorik. So wie sich in der vorgeburtlichen Periode im physischen Embryo die Organe jedes für sich getrennt entwickeln, so entwickeln sich in dieser Periode die Funktionen getrennt. Es besteht noch keine Einheit in der Personalität. Sie kann erst zustande kommen, wenn die Teilbildungen vollständig und damit integrierbar sind. Mit drei Jahren ist die bewußte Erinnerung möglich aufgrund der durch das entwickelte Bewußtsein eintretenden Einheit der Personalität. Montessori vergleicht diese Situation mit einer Wiedergeburt.

3.2 Sozialer Embryo: Mit beginnender Pubertät vollzieht sich eine weitere Metamorphose. „Die Umwandlung ist beachtlich. Man hat diese Epoche mit *Wiedergeburt* bezeichnet ... Das Individuum wird zu einem sozialen Neugeborenen. Es ist ein sozialer Mensch, der zwar noch nicht existiert, aber bereits geboren ist. Er ist bezüglich seines Körpers noch voller Schwächen und voller Bedürfnisse" (Montessori 1979, S. 98). Es ist die Aufgabe dieses sozialen Neugeborenen, den sozialen Menschen zu schaffen, der unter Wahrung seiner individuellen Unabhängigkeit mit anderen Menschen in Harmonie zusammen leben und arbeiten kann.

41

4. Existenz richtunggebender Sensibilitäten: Aus der Annahme grundlegender embryonaler Entwürfe bzw. sekundär erworbener Verhaltensentwürfe (Montessori 1994 S. 168) erhellt sich Montessoris Feststellung, daß auch im geistigen und sozialen Embryo „richtunggebende Sensibilitäten existieren", die sie „sensitive Perioden" nennt, „weil die Sensibilität nur eine bestimmte Zeit dauert, gerade lang genug, um die von der Natur bestimmten Eroberungen zu machen" (Montessori 1966, S. 83) (→ sensible Perioden).

Montessori betont, daß die beschriebenen Annahmen Hypothesen sind, fügt aber hinzu: „Es bleibt aber die Tatsache, daß innere Entwicklungen stattfinden, die durch schöpferische Energien geleitet werden, und daß diese Entwicklungen zur Reife kommen können, ehe sie sich nach außen zeigen. Wenn sie sich dann äußern, sind sie Kennzeichen, welche aufgebaut sind, Züge der Individualität zu bilden" (Montessori 1966, S. 82).

Literatur: Eibl-Eibesfeldt, I.: Die Biologie des menschlichen Verhaltens. München 1984; Haken, H.: Entstehung von biologischer Information und Ordnung. Darmstadt 1995; Holtstiege, H.: Montessori-Pädagogik und soziale Humanität. Freiburg 1994; Montessori, M.: Schule des Kindes. Freiburg [4]1991; dies.: Das kreative Kind. Freiburg [10]1994; dies.: Über die Bildung des Menschen. Freiburg 1966; dies.: Von der Kindheit zur Jugend. Freiburg [3]1979; Portmann, A.: Biologische Fragmente zu einer Lehre vom Menschen. Stuttgart 1969; Standing, M.: Maria Montessori. Frankfurt a.M. o.J.; Wuketis, F.M.: Evolutionstheorien. Darmstadt 1995.

Hildegard Holtstiege

Erdkinderplan

Montessori geht davon aus, daß der Erziehungs- und Bildungsprozeß ausschließlich durch das Kind bzw. den Schüler selbst geleistet wird, das menschliche Wesen sich nur durch seine Existenz verwirklicht, durch handelndes Sein in der Welt. Gemeint ist Selbstentfaltung durch Selbsttätigkeit.

Für das Lebensalter Jugend meint Montessori damit, ausgehend von den besonderen Sensibilitäten (→ Sensible Phasen) dieser Entwicklungsphase, die Anwendung individueller Aktivität auf das soziale Leben, worin für Montessori das Erziehungsziel der weiterführenden Schule besteht, ist doch der Jugendliche auf der Suche nach seiner Position in der menschlichen Gesellschaft.

Weil sie den Einschnitt beim Übergang von der Kindheit zur Jugend für gravierend hält, hat Montessori für das Jugendalter ein Erziehungskonzept entworfen, das in vielem radikal und damit auch fremd erscheint, den von ihr selbst sogenannten *Erdkinderplan*. Sie beschreibt damit eine Lebensform auf dem Land mit drei von den Jugendlichen mit dem Ziel der wirtschaftlichen Unabhängigkeit geführten Einrichtungen: Bauernhof, Geschäft und Gasthaus. Diese sind, neben einem Rahmenprogramm für die Studien, Elemente der vorbereiteten Umgebung einer Erfahrungsschule des sozialen Lebens.

1. Die Erfahrungsschule des sozialen Lebens: (→ Soziales Lernen) Mit ihrer Erfahrungsschule des sozialen Lebens denkt Montessori an eine landerziehungsheimähnliche Einrichtung, in der Jugendliche zusammenleben, lernen und arbeiten in einer wirtschaftlich unabhängigen Gemeinschaft. Der Jugendliche soll in den Stand der wirtschaftlichen Unabhängigkeit versetzt werden bzw. es soll ihm ein erster Begriff dieser Unabhängigkeit vermittelt werden. Diese begreift sie als erzieherischen und nicht als praktischen Wert. Die Möglichkeit des Jugendlichen, durch seine eigene Arbeit Geld zu verdienen, erklärt Montessori zum allgemeinen Prinzip einer sozialen Erziehung. Sie verspricht sich zudem davon einen Persönlichkeitsgewinn, vermittelt durch das Gefühl der Fähigkeit, im Leben durch eigene Anstrengung bestehen zu können.

Die Ziele der Erfahrungsschule des sozialen Lebens bestehen demnach in der Vermittlung der Realität des Lebens, der Persönlichkeitsentwicklung, der Gelegenheit zur sozialen Erfahrung sowie einer umfassenden Allgemeinbildung aller Menschen als Weg, in der Gesellschaft zurechtzukommen.

Zu den Reformen im Hinblick auf die vitalen Bedürfnisse des Jugendlichen zählt Montessori ein Leben auf dem Land. Der Jugendliche soll dort während der schwierigen Reifezeit fernab von der Familie in ruhiger Umgebung leben, von der sich Montessori eine optimale physiologische Entwicklung, aber auch Auswirkungen auf die Psyche, die geistigen Bedürfnisse des Jugendlichen verspricht - er hat die Möglichkeit zur Meditation. Zudem bedeutet es die Verwirklichung eines dem Jugendlichen entsprechenden Lebensrhythmus', eines Freiraums, während das Leben in der Familie unwillkürlich eine Anpassung an elterliche Lebensgewohnheiten bedeutet.

Weil die Jugendlichen durch ihre Arbeit auf dem Land und mit der Erde gleichsam von den Ursprüngen herein in die Kultur eindringen, nennt Montessori die von ihr entwickelte Konzeption einer Jugendschule „die Erdkinder bzw. Landkinder".

Zum Haus der Jugendlichen auf dem Land kommen nach Montessoris Vorstellung verschiedene Beschäftigungsmöglichkeiten hinzu, gleichsam als Elemente einer vorbereiteten Umgebung der Erfahrungsschule: Bauernhof, Gasthaus (Hotel) und Geschäft, wobei jede der genannten Einrichtungen unterschiedliche Erfahrungsschwerpunkte bietet. Der *Bauernhof* dient der Produktion und damit der Ermöglichung eines Kontaktes mit der Gesellschaft durch Handel und Austausch. Durch die

Verwaltung des *Gasthauses* erwirbt der Jugendliche Erfahrungen in der Organisation, der Aufsicht, der finanziellen Kontrolle, insgesamt in der Führung eines Hotelbetriebes. Daneben nennt Montessori aber auch den Aspekt der Gestaltung, also der Einrichtung und Ausstattung eines solchen Hauses. Das *Geschäft* wird von ihr als soziales Haus bezeichnet, das in Anlehnung an das mittelalterliche Vorbild ein Zentrum für Zusammenkünfte und ein Symbol der Geselligkeit sein soll. Neben der alten Sitte, Geschäfte mit Freundschaft zu verbinden und persönliche Kontakte herzustellen, ermöglicht es eine Einführung in Handel und Umsatz, enthält ebenso wie das Gasthaus elementare Erfahrungen aus dem Bereich der Betriebswirtschaft.

2. Der Studien- und Arbeitsplan: Den Ausführungen zum Erdkind fügt Montessori einen von ihr so bezeichneten Rahmenplan hinzu, der ihrer Ansicht nach sehr allgemein gehalten werden muß, da er natürlich aufbauend ist - durch Erfahrung begründet. Grundsätzlich geht es um eine Erweiterung der Wissensgebiete, wobei diese jedoch einer anderen Strukturierung und anderer Methoden der Vermittlung bedürfen. Montessori unterscheidet innerhalb ihres Studien- und Arbeitsplans drei große Bereiche: Moralische Pflege; Leibespflege; Programm und Methoden.

Moralische Pflege: Montessori versteht darunter die Ausbildung der Beziehungen zwischen den Jugendlichen, ihren Lehrern und der Umgebung. Die wesentlichen Forderungen, die Montessori an dieser Stelle aufstellt, sind an den Lehrer (→ Erzieher) gerichtet, den sie auffordert, vor allem Achtung vom dem Jugendlichen zu haben, ihm Handlungsspielraum zu gewähren, Freiheit zur Eigeninitiative, damit die Würde des Jugendlichen unangetastet bleibt. Diese Lehrerhaltung und eine sinnvoll strukturierte (= geordnete) (→) Umgebung, ihre Gestaltung nach progressiven Interessen, entsprechen den jugendlichen Bedürfnissen und erleichtern ihm seine freie Wahl der

Tätigkeit. Die Folge sind Ordnung, Disziplin, Selbstbeherrschung oder, wie Montessori an anderer Stelle sagt, Normalisierung.

Die Leibespflege: Als Medizinerin schenkt Montessori der Leibespflege besondere Aufmerksamkeit, macht doch der jugendliche Körper während der Pubertät enorme Reifungs- und Entwicklungsprozesse durch. Wegen der starken körperlichen Wachstumsvorgänge fordert sie eine medizinische Überwachung des Jugendlichen. Genauer äußert sich Montessori auch zu der Ernährung der Jugendlichen, zur sportlichen Betätigung, Wanderungen am Meer oder im Wald.

Programm und Methoden: Die Inhalte der Studien unterwirft Montessori drei Zielsetzungen:

a) den Weg zu den Möglichkeiten eines persönlichen Ausdrucks des Jugendlichen zu öffnen durch Übungen künstlerischer Natur in freier Wahl aus dem Bereich der Musik, der Sprache (Theaterspielen, Rhetorik) und bildnerischer Arbeiten.

b) Auf das zu antworten, was als die schöpferischen Elemente des psychischen Seins beim Menschen allgemein betrachtet wird. Montessori meint damit den Aufbau der Personalität durch Bildung mit Hilfe der moralischen Erziehung, der Mathematik und der Sprachen.

c) Den Jugendlichen mit der augenblicklichen Kultur in Beziehung setzen durch das Studium der Erde (→ Kosmos) und der lebendigen Natur mit Hilfe der Geologie, Biologie, Kosmographie, Botanik, Zoologie, Physiologie, Astronomie, vergleichende Anatomie; Studien, die sich auf den menschlichen Fortschritt und den Aufbau der Zivilisation durch die Physik und Chemie u.a. beziehen. In diesem Bereich müssen die Schüler die Möglichkeit zu praktischen Experimenten erhalten, damit sie eigene Erfahrungen im Umgang mit Inhalten erwerben können, die wiederum zu eigener Forschung veranlassen. Dabei ist die Handhabung von Maschinen, die das tägliche Leben bestimmen, selbstverständlich. In diesem Kontext weist Montessori vor dem Hintergrund der beschleunigten technischen Entwicklung auf die Notwendigkeit einer neuen individuellen und sozialen Moral des Menschen hin, die Entwicklung einer Verantwortung, die nicht mehr lokal, sondern global zu sehen ist. Es ist das Bewußtsein der globalen Vernetzung, das sich bei Montessori hier schon sehr früh zeigt. Als dritter großer Bereich hat das Studium der Geschichte der Menschheit zu erfolgen, deren Kenntnis so umfassend wie möglich sein soll.

3. Die Methoden: Im Hinblick auf die Methoden liegt die Betonung bei Montessori immer wieder auf der freien Wahl der Arbeit, der Selbsttätigkeit sowie der Abwechslung von praktischen Erfahrungen (Experimenten, Exkursionen usw.) mit Studien. Die erforderlichen Inhalte sollen dem Jugendlichen überblickartig, als Plan, jederzeit vor Augen sein. Montessori berücksichtigt in diesem Bereich mögliche staatliche Vorgaben, sie erwähnt ausdrücklich die Richtlinien der höheren Schule. Die vom Lehrer verwendeten Methoden sollen ein Maximum an Interesse hervorrufen, dem Jugendlichen die Möglichkeit geben, allein zu arbeiten, selbst seine Erfahrungen zu machen und Theorie und Praxis miteinander abzuwechseln. In den von Montessori geforderten Methoden zeigt sich erneut die Achtung vor dem Jugendlichen, die Bewahrung seiner Würde. Alle geforderten Methoden unterstützen den Selbstfindungs- und Selbstbildungsprozeß des Jugendlichen.

Literatur: Ludwig, H.: Montessoris Erfahrungsschule des sozialen Lebens. In: Gesamtschulinformationen, 1988, H. 1-2, S. 140-174; Meisterjahn-Knebel, G.: Montessori-Pädagogik und Bildungsreform im Schulwesen der Sekundarstufe. Frankfurt 1996; Montessori, M.: Kosmische Erziehung. Freiburg 1988; dies.: Von der Kindheit zur Jugend. Freiburg 1966; Tielkes, M.: Der Pädagogische Versuch Maria Montessoris. Amersfoort 1991; Trush, U.: Maria Montessori Farmschool Erdkinder. San Francisco 1979.

Gudula Meisterjahn-Knebel

Erzieher, Leitung (Eltern, Erzieher, Lehrer)

Mit Erzieher wird der erwachsene Mensch bezeichnet, der Heranwachsende in verschiedenen Lebensaltern und Bildungseinrichtungen erzieherisch gegenübersteht und die menschliche Selbsterziehung leitet.

1. Anthropologische Orientierung: (→ Anthropologie) Erziehung muß nach Montessori auf der Entwicklung der Personalität basieren. „Der Mensch selbst sollte Mittelpunkt der Erziehung werden" (Montessori 1994 b, S. 6). Zentrum der Existenz und Entwicklung des kindlichen Menschen sind Geist und Intelligenz, unter deren Führung sich die Personalität in ihrer psycho-physischen Ganzheit bildet. Für Erzieher entsteht die dynamische Aufgabe, dieses „menschliche Werden zu leiten" (Montessori 1995, S. 26).

2. Selbstverständnis - neuer Typus: Die Orientierung am jungen Menschen als werdende Person, als aktives Wesen mit der Tendenz selbständiger Wissensaneignung erfordert eine erzieherische Haltung, die unterstützende Hilfe anbietet. Montessori spricht von Liebe (Montessori 1968, S. 21). Vor diesem Hintergrund rückt die gegebene Dynamik der Erziehungsbeziehung in den Mittelpunkt. Aus deren kritischer Analyse (Holtstiege 1991, S. 32) ergibt sich nach Montessori die Notwendigkeit einer Neugestaltung der Erziehungsbeziehung und die Forderung nach einer anderen „Figur des Lehrers" (Montessori 1978, S. 155), die sich wie folgt skizzieren läßt:

2.1 Diener des menschlichen Geistes: Montessori konkretisiert diese Umschreibung an einem heute ungewohnten Beispiel. In der seelischen Beziehung zwischen Kind und Erzieher ähneln Verhältnis und Technik denen des Dieners. Er hält all das bereit, dessen der „Herr" bedarf, jedoch in einer solchen Haltung, daß dieser die Freiheit der Inanspruchnahme des Vorbereiteten selbst behält. Diese Art nennt Montessori „Dienen, gut dienen, dem Geist dienen", dem die Wahl und Entscheidung nicht abgenommen wird (Montessori 1994 b, S. 254).

2.2 Mitarbeiter: Damit wird die Funktion des Erziehers angesichts der Selbstschöpfung kindlicher Personalität umschrieben, wobei es die „Wege der Kindheit von den Kindern zu lernen" gilt (Montessori 1994 b, S. 47). Gemeint ist die Mitarbeit zum einen mit der Natur (den Entwicklungsgesetzen), zum anderen - religionspädagogisch akzentuiert - aus der Position des Geschöpfes und nicht des Schöpfers (Holtstiege 1991, S. 52) (→ religiöse Erziehung).

2.3 Gehilfe und Beistand: Angesichts der Aufgabe des jungen Menschen, selbst seine sittliche Persönlichkeit zu bilden, muß der Erzieher sich als „Helfer des Aufbaus" verstehen. Dem Kinde zu helfen, „selber zu handeln", erfordert die permanente Abmessung eigenen Handelns. Der Erzieher muß die „Grenzen begreifen lernen, innerhalb derer er pädagogisch handeln darf" (Montessori 1968, S. 7).

2.4 Leiter und Organisator: Um das Leben und die Aktivität der Kinder zu leiten, sind zwei Faktoren zu beachten: - Führung als Aufgabe des Erziehers und - individuelle Übung als Werk des Kindes. Der Erzieher muß das Kind leiten, ohne es seine Gegenwart zu sehr fühlen zu lassen, gleichzeitig aber zu erwünschter Hilfe bereit sein. Dazu gilt als wichtigste Grundregel, niemals hindernd zwischen das Kind und seinen Erfahrungen zu treten (Montessori 1922, S. 75). Die aktive Leitung verläuft indirekt über die Bereitstellung einer altersgemäßen

Anregungsumwelt. Dem Erzieher als Organisator fällt damit die Gestaltung einer komplexen Lernsituation zu, innerhalb derer das Kind in Wahl und Arbeit frei sein muß (→ vorbereitete Umgebung).

2.5 Anreger kindlicher Freiheit: Der Mensch bedarf des Menschen, damit seine geistige Potentialität - durch einen inneren Sinn geleitet zu werden - sich entwickeln kann. „Die echten Beziehungen zwischen Mensch und Mensch, obgleich sie über die Sinne eindringen, bilden sich im Gemüt" (Montessori 1991, S. 305). Die Gemütsbildung ist abhängig vom Aufbau und der Gestaltung dieser Beziehungen. In Bezug auf junge Menschen sagt Montessori: „Wir sind ihre *Anreger*, an denen sich ihre Gefühle üben müssen. Für den Verstand gibt es viele Gegenstände, aber für den Geist sind wir selbst da" (Montessori 1991, S. 310). Es geht um das eigene Gewordensein, die Qualität personaler Existenz des Erziehers, aus der der junge Mensch die ihm gemäßen Anregungen wählen kann.

3. Aufgaben: In Entsprechung der anthropologischen Orientierung und dem daraus resultierenden Erzieherselbstverständnis lassen sich fünf Aufgabenbereiche erkennen:

3.1 Selbstvorbereitung: In ihr stellt der Erzieher sich bewußt ein auf eine positive Sicht der Kinder sowie auf die Arbeit, die ihn erwartet. Dazu muß er die „ihn erwartende Arbeit und die dem *Material* vorbehaltene Aufgabe gut kennen" (Montessori 1994 a, S. 168). Dies bedeutet reflexive Vor- und Nachbereitung.

3.2 Vorbereitung der Umgebung: Diese Aufgabe umfaßt die Kenntnis der Übungen und Materialien sowie die Ordnung und Pflege der vorbereiteten Umgebung. Jeder Gegenstand muß funktionsfähig sein und einen allen Kindern bekannten Platz haben, damit er auffindbar und rückstellbar wird für die freie Arbeit (Montessori 1994 a, S. 69) (→ vorbereitete Umgebung).

3.3 Gewährung von Entwicklungsfreiheit: Innerhalb der vorbereiteten Umgebung ist dem Kind Freiheit zu eigener Wahl und Arbeit zu geben (→ Freiheit). Diese Freigabe umfaßt die Freiheit

- der Wahl,
- des Interesses,
- der Bewegung,
- der Zeit,
- der Kooperation mit anderen und
- des Bildungsniveaus, d.h. der Arbeit in unterschiedlichen Altersgruppen.

Die Freiheit des Kindes kann jedoch nicht darin bestehen, daß es sich selbst überlassen bleibt, vernachlässigt wird (Montessori 1923, S. 55). Sie darf auch nicht dahin mißverstanden werden, daß überhaupt nicht eingegriffen wird oder (→) Fehler nicht korrigiert werden (Montessori 1923, S. 29). Die Freiheit muß durch die (→) teilnehmende Beobachtung unterfangen werden.

3.4 Überwachung und Lektionen: Der Erzieher muß die Konzentration unterscheiden können von Aktivitäten, in denen „die Kräfte des Kindes sich inmitten der Unordnung verlieren" (Montessori 1923, S. 103) (→ Polarisation der Aufmerksamkeit). Angesichts konzentrierter Kinder gilt das Prinzip der Nichteinmischung. Störende Kinder erfordern um ihrer selbst und der konzentrierten Kinder willen ein entsprechendes Eingreifen. Bei sich zeigendem Bedarf obliegt es dem Erzieher, Kinder in ein ihnen unbekanntes Material einzuführen, spezielle Lektionen zu erteilen (Montessori 1994 b, S. 244).

3.5 Warten und Beobachten: Angesichts der vorbereiteten Umgebung und des darin freigegebenen Kindes fällt es dem Erzieher zu, die Arbeit des Kindes abzuwarten, es dabei zu beobachten (→ teilnehmende Beobachtung). Beobachtung ist eine Haltung, die durch Übung entwickelt werden muß. Die eigene Aufgabe wird darin klarer. Die Unterscheidung sinnvoller und störender

51

Aktivitäten wird leichter. Die Person des Erziehers wird stärker eingebunden in die Erziehungsbeziehung. Montessori erkennt im Zentrum der teilnehmenden Beobachtung den Kristallisationspunkt zur Veränderung der Erzieherpersönlichkeit (Holtstiege 1991, S. 39). Dabei entsteht mehr als ein „Interesse am Phänomen". „Vom Kinde inspiriert", verändert sich unmerklich seine Einstellung zu ihm (Montessori 1991, S. 130).

4. Erzieher in Familie und Schule: Allen Erziehern gemeinsam ist das (in 2.) differenziert umschriebene Selbstverständnis, Diener des sich entwickelnden menschlichen Geistes zu sein.

4.1 Eltern als Erzieher: Montessori versteht unter Erziehung, der psychischen Entwicklung von Geburt an zu helfen. Auch für die frühen Jahre des Kindes gilt, daß die Hilfe, die Eltern geben können, in der äußeren Welt, insbesondere in ihrer eigenen personalen Existenz und deren qualitativer Ausprägung liegt (Montessori 1922, S. 8). Wichtig ist eine angemessene emotionale Zuwendung. „Kinder brauchen Sympathie und Ermutigung in der psychischen Welt, sonst leiden sie an geistigem Hunger" (Montessori 1946, 8.10.46). Im Blick auf Erzieher in der Familie spricht Montessori von einer Hilfe, die sie als „bedachte Anteilnahme einer liebevollen Fürsorge" charakterisiert (Montessori 1923, S. 55).

Eltern benötigen dazu dreierlei:

- ein Wissen um die psychisch-geistigen Bedürfnisse des Kindes,
- die Fähigkeit zur Beobachtung solcher kindlichen Äußerungen,
- die Fähigkeit, beobachtete Äußerungen richtig deuten und entsprechend handeln zu können (Montessori 1923, S. 32).

Elterliche Erziehung besteht auch in der Begleitung ihrer Kinder auf ihrem Bildungsweg. Bedeutsam ist dabei die Partizipation an der ganzheitlichen Leitung des personalen Werdensprozesses der Heranwachsenden.

4.2 Erzieher in Kinderhaus und Schule: Für alle Erzieher gelten die (in 3.) beschriebenen Aufgaben. Variationen ergeben sich hinsichtlich der jeweils zu beachtenden (→) sensiblen Perioden und der dem jeweiligen Alter entsprechenden Inhalte der (→) vorbereiteten Umgebung (Holtstiege 1991, S. 101, 103). Für den Sekundarbereich (→ Projekt) ist eine diesem Alter entsprechende Struktur der freien Arbeit zu beachten (Holtstiege 1991, S, 116). Im sonderpädagogischen Bereich wird eine behinderungsspezifische Abwandlung von Prinzipien und die Adaption von Materialien erforderlich. Angesichts verminderter spontaner Aktivität muß der Erzieher dem Kinde ein höheres Maß an direkter Zuwendung, Aufforderung und Ermutigung (→ behinderte Kinder) bieten (Holtstiege 1991, S, 124).

Generell sagt Montessori von der erzieherischen Hilfe, daß sie nicht „im Befolgen eines impulsiven Gefühls" liegt; sie entspricht vielmehr „der disziplinierten Liebe, die mit Verstand angewandt wird" (Montessori 1994 b, S. 253). Die Geschicklichkeit des Erziehers besteht in der „durchdachten Anwendung" von Grundsätzen (Montessori 1923, S. 107).

5. In der Gegenwart wird die beschriebene Sicht des Erziehers als Frage nach dem „guten Lehrer" thematisiert und diskutiert (Ballauf 1985, S. 11).

Literatur: Ballauf, Th.: Lehrersein einst und jetzt. Essen 1985; Bäuerle, S. (Hg.): Der gute Lehrer. Stuttgart 1989; Holtstiege, H.: Erzieher in der Montessori-Pädagogik. Freiburg 1991; Montessori, M.: Die Entdeckung des Kindes. Freiburg [11]1994 a; dies.: Das Kind in der Familie. Wien 1923; dies.: Das kreative Kind. Freiburg [10]1994 b; dies.: Grundlagen meiner Pädagogik. Heidelberg [3]1968; dies.: Kinder sind anders. Stuttgart [10]1978; dies.: Kosmische Erziehung. Freiburg [3]1995; dies.: Londoner Verträge. 1946, unv.;

dies.: Mein Handbuch. Stuttgart 1922; dies.: Schule des Kindes. Freiburg ⁴1991.

Hildegard Holtstiege

Erziehung, musikalische

1. Das Prinzip der musikalischen Erziehung: Montessori und ihre langjährige Mitarbeiterin Maccheroni haben ein Konzept für die musikalische Erziehung entwickelt. Es beinhaltet u.a. ein Materialkompendium, das dem Kind die Möglichkeit gibt, auf individuelle Weise Musik zu erlernen. Dieses Instrumentarium für das Studium der Musik macht die Durchführung der Übungen besonders attraktiv. Getreu ihrem Prinzip, daß die Kinder im tätigen Umgang mit dem Gegenstand Erfahrungen sammeln sollen, werden die Kinder in die Lage versetzt, sich durch eigenständige Tätigkeit mit den Phänomenen der Musik auseinanderzusetzen.

So bilden z.B. aufeinander bezogene Klänge in ihrer Abfolge die Grundlage für den Aufbau von Melodien. Die Gleichzeitigkeit des Erklingens mehrerer Töne führt zum Akkord (Zusammenklang) und die Verknüpfung von beidem zur Mehrstimmigkeit.

Der Rhythmus als Zeitgliederung beruht auf Zahlenrelationen, z.B. ♩ : 𝅝 = 1 : 4. Er soll durch körperhafte Bewegung erfaßt werden. Der Ton setzt ein Werkzeug voraus, das ihn hervorbringt: die menschliche Stimme, ein Instrument. Das bereitgestellte Instrumentarium im Zusammenklang mit der kindlichen Stimme bilden das grundlegende Werkzeug für die musikalische Erziehung. Neben der individuellen Begegnung mit der Musik nimmt auch das gemeinsame Musikerlebnis (Singen und Musizieren) breiten Raum ein. Programmatisch für die musikalische Montessori-Erziehung schreibt Maccheroni:

54

„Unsere Methode basiert vom ersten einzelnen Ton bis zum Vom-Blatt-Singen auf den vier Möglichkeiten des unmittelbaren, sinnfälligen Kontaktes mit der Musik, und zwar: Mit dem Ohr, mit der Stimme, mit dem Auge und der Hand" (Zitat).

„Mit Ohr, Stimme, Auge und Hand" ist sowohl der Titel einer Publikation, in dem von Maccheroni die Handhabung des grundlegenden Materials beschrieben wird, als auch ein Programm, das den ganzheitlichen Prozeß der Begegnung des Kindes mit der Musik deutlich machen soll.

2. Die Tonleiter: Das grundlegende Material für den Umgang mit den Elementen der Musik, den Tönen (Klängen) ist das Glockenmaterial. Die Töne können hiermit hörbar gemacht werden, lassen sich isolieren und wieder in ihren Zusammenhang bringen.

Auf einem Grundbrett mit der Dur-Tonleiterstruktur stehen 2 mal 13 Glocken. Sie umfassen den Tonraum der chromatischen Reihe von c' bis c". Jeder Ton dieser Reihe ist doppelt vorhanden. Die Glocken der einen Reihe sind auf weißen (c', d', e', f', g', a', h', c") bzw. auf schwarzen (cis', dis', fis', gis', ais') und die Glocken der anderen Reihe alle auf holzfarbenen Füßen aufmontiert. Sie stehen lose auf dem Brett. Jede einzelne Glocke läßt sich vom Brett fortnehmen. Die Felder auf dem Grundbrett sind (der Klaviertastatur entsprechend) weiß und schwarz und entsprechen in der Größe den Abmessungen der Glockenfüße.

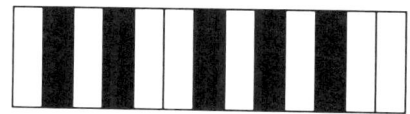

Nach einer Einführung in den Gebrauch dieses Materials lernt das Kind gleiche Klänge zusammenzustellen, zu paaren, indem es zunächst die weiße Glocke anschlägt, auf den Ton horcht, ihn nachsingt und dann die dazugehörige holzfarbene Glocke sucht. Schließlich wird es die Tonreihe aufbauen, zunächst die weiße (diatonische), später auch die schwarzweiße (chromatische) Reihe. Dabei hilft die Reihe mit den weißen und schwarzen Glockenfüßen, die als Kontrollreihe auf dem Grundbrett verbleibt.

3. *Lesen und Schreiben von Musik:* Nach längerer Übungsphase werden die Töne benannt. Die Kinder lernen nun die Namen der einzelnen Klänge, Intervalle, Tonfolgen und einfacher Melodien. Wenn die Kinder dann anfangen, sich für Buchstaben zu interessieren, schreibt man ihnen die Namen der Töne auf runde Papier- oder Pappscheiben, die dann den Glocken zugeordnet werden können. Schließlich wird man die runden Namenscheiben in das Notenliniensystem übertragen. Für all diese Übungen gibt es viele unterschiedliche Materialien, mit deren Hilfe sich die Kinder selbständig das Lesen der Noten, das Abspielen und Vom-Blatt-Singen erarbeiten können.

4. *Die Dur-Tonleitern:* Ein weiteres grundlegendes Material besteht aus Tonprismen (Klangstäben), die den Tonraum von zwei Oktaven umfassen, (ital. *traspositore*). 25 Klangstäbe stehen auf einem Grundbrett mit der Durstruktur. Die Stäbe und die Felder, auf denen sie stehen, sind wieder weiß (Töne der diatonischen Reihe) bzw. schwarz (chromatische Töne). Die Metallstäbchen, auf denen man den Ton erzeugt, sind in Kästchen eingeschlossen. Alle Kästchen sind gleich groß, die Öffnungen, die für das Anschlagen der Metallstäbchen vorgesehen sind, haben ebenfalls gleiche Größe. Die Klangprismen sind also nur am Klang und nicht an der Größe zu unterscheiden. Mit Hilfe dieses Materials wird der zur Verfügung stehende Tonraum auf zwei Oktaven erweitert. Dieses Klangstäbematerial bietet außerdem die Möglichkeit, die verschiedenen Dur- bzw. Molltonarten zu bilden. Durch Verschieben der Klangstäbe ergibt sich auf Grund der Tonleiterstruktur auf dem Grundbrett die

entsprechende Tonart. Das Tonprisma, das auf dem ersten Feld des Grundbrettes steht, gibt die Tonart an. Steht z.B. auf dem ersten Feld der Klangstab mit dem Ton d', so stehen auf den weißen Feldern des Grundbrettes (Tonleiterstruktur) die Klangstäbe d', e', fis', g', a', h', cis", d". Es ergibt sich demnach die D-Dur-Tonreihe.

5. Rhythmik und Metrum: Die Basisübung für die Entwicklung des rhythmischen Gefühls ist das „Gehen auf der Linie". Das Kind soll beim Gehen über eine auf den Boden gezeichnete Linie Sicherheit erlangen, seinen Körper zu beherrschen, seine Bewegungen zu koordinieren. So wie Kinder gern über schmale Gehsteigkanten oder Wegbegrenzungen balancieren, indem sie einen Fuß vor den anderen setzen, versuchen sie auch ihre Füße immer in Längsrichtung auf die Linie zu stellen. Sie sind wie kleine Seiltänzer, die ihr Gleichgewicht halten müssen. Dadurch wird die Körperhaltung aufrechter und gerader und der Gang lockerer und ungezwungener. Während des Gehens erklingt Musik. Sie unterstützt die Bewegungen der Kinder und gibt ihnen gleichsam Halt und Sicherheit. Im Laufe der Zeit wird diese Übung durch Tragen von Gegenständen (gefüllten Wassergefäßen, brennenden Kerzen usw.) erschwert. War die Musik zunächst eine Stütze für die komplizierten Bewegungsabläufe, so wird sie bald ein Faktor, der besondere Aufmerksamkeit beansprucht. Die Kinder fangen an, sich nach dem Rhythmus der Musik zu richten. Sie nehmen das Tempo, den Charakter der Musik auf und bringen ihre Bewegungen damit in Übereinstimmung. So werden im Laufe der Zeit die unterschiedlichen Rhythmen, Maßstrukturen und Charaktere der Musikstücke von den Kindern interpretiert. Dies kommt in der Art der Körperhaltung, des Gehens und in der Mimik zum Ausdruck. Dann kommt irgendwann der Zeitpunkt, daß sie plötzlich das Maß (den Takt) fühlen. Sie spüren leichte und schwere Taktteile usw. Die Übertragung des gefühlsmäßig aufgenommenen Rhythmus' in die entsprechenden Zeichen ist dann kein Problem mehr. Sie werden auf die verschiedenen Formen der Noten aufmerksam und entdecken, daß diese verschiedene Wertigkeit haben.

Dann ist der Zeitpunkt gekommen, mit einigen kurzen Erklärungen die Lektion von den Notenwerten zu geben. Daran schließen sich vielfältige Übungen an, die mit Hilfe von Rhythmusinstrumenten (Tamburin, Triangel usw.) oder mit den Händen ausgeführt werden können. Viele Übungen finden die Kinder in der (→)vorbereiteten Umgebung, z.B. Rhythmuskarten oder Rhythmusbaukasten...

6. Singen: Bei allen Übungen und Aktivitäten vom ersten Ton des Glockenmaterials an, wobei auch das bei uns viel benutzte Orffsche Schulwerk einbezogen wird, ist das Singen durchgängiges Prinzip. Die Kinder sollen schon sehr früh den Sitz der unterschiedlichen Töne in ihrem Stimmorgan erfahren. Das geschieht zunächst mit Hilfe der Glocken. Kleine Motive, Ausrufe, Melodieteile werden immer wieder gesungen. Singend können sich die Kinder unterhalten; bei ganz jungen Kindern ist das selbstverständlich. Im Laufe der Zeit sollte ein umfangreicher Liedschatz erworben werden, damit die Kinder bei vielen sich bietenden Gelegenheiten (Tagesablauf, Jahreskreis, Feste usw.) singen können.

Literatur: Maccheroni, A.M.: Orecchio, voce, occhio, mano. Ed. „Vita dell'Infanzia", Rom o.J. Montessori, M.: Zelfopvoeding II. Amsterdam, Van Holkema und Warendorf o.J.

Hans Wilms

Erziehung, religiöse

1. Begrifflichkeiten: Der Mensch stößt im Laufe seines Lebens immer wieder auf Grenzsituationen, die ihn Sinnfragen stellen lassen. Auf diese Fragen gibt es zwei grundsätzlich verschiedene Antworten: es hat alles keinen Sinn, ist Zufall usw., oder: es hat alles (s)einen Sinn.

Als religiös wird der Mensch bezeichnet, der im Blick auf die Sinnfragen menschlichen Lebens eine transzendensoffene Haltung besitzt oder diese anstrebt.

Religiöse Erziehung hat daher das Ziel, den Menschen transzendensoffen zu halten.

Dieser Offenheit für eine Sinnantwort, die menschliches Erfahren und Begreifen übersteigt, korrespondiert in Geschichte und Gegenwart der Menschheit mit einer Vielzahl von Religionen. Diese Formen bestimmen weitgehend das Denken und Handeln der Menschen im Alltag, zumindest verlangen sie es so, und finden oft in besonderen Vollzügen (Kult) ihren Ausdruck. Was die Menschen, die eine solche gemeinsame Antwort haben und leben, verbindet, nennt man Glauben.

Glaubenserziehung hat daher das Ziel, den Menschen in eine bestimmte (Glaubens-)Antwort auf die Sinnfragen hineinzuführen.

Als besondere Form christlicher Glaubenserziehung hat die konfessionelle Erziehung das Ziel, in die besonderen Glaubensaussagen und kulturellen Formen der christlichen Konfessionen hineinzuführen.

Für die Montessori-Pädagogik ist mithin zu fragen:
- Inwieweit ist und ermöglicht oder fördert sie religiöse Erziehung?
- Inwieweit ist und ermöglicht sie (christliche) Glaubenserziehung?
- Inwieweit ist und ermöglicht sie christlich-konfessionelle Erziehung?

2. *Montessoris Religiosität*: Mit gutem Grund kann man Montessori als religiösen, als gläubigen, als in der Tradition der katholischen Kirche beheimateten aber gleichzeitig weltoffenen Menschen bezeichnen (Schulz-Benesch 1980, S. 60 ff; Böhm 1991, S. 28 f, 129 ff).

Sie geht davon aus, daß der Mensch ein religiöses Wesen ist (Montessori 1979, S. 49), sie übernimmt den christlichen Offenbarungsbegriff (Montessori 1980, S. 164), sie weiß um die Bedrohung des menschlichen Lebenssinnes durch das Widergöttliche (Montessori 1980, S. 165; dies. 1987, S. 327), sie wehrt sich gegen eine Instrumentalisierung des Glaubens (Montessori 1979, S. 57), sie ermutigt zu einem aktiven Glaubensleben als „reichen Ouell von Freude" (Montessori 1979, S. 330).

Zeitlebens hat Montessori sich in der katholischen Kirche beheimatet gefühlt.

Mit der 1913 erfolgten Gründung des „Hauses der Kinder in der Kirche" in Barcelona, wo ab 1916 Montessori ihren Wohnsitz nahm, schien sich die Verbindung von christlich-konfessioneller Erziehung (besser: Liturgiekatechese), eingebettet in das Gesamt der Montessori-Pädagogik, glücklich zu erfüllen (Montessori 1964).

Montessoris pädagogisches Gesamtwerk ist in vielfältiger Weise vornehmlich durch die katholische Kirche gewürdigt worden (Schulz-Benesch 1980; Böhm 1991). Dennoch darf man sagen, daß, wenn auch erwachsen und vollinhaltlich am besten nachvollziehbar auf dem Boden christlich(-katholisch)-abendländischer Weltanschauung, Montessori-Pädagogik unabhängig vom religiösen Kontext dort dem Kinde dienen wird, wo man offen ist für Montessoris Anthropologie der Kindheit (Berg 1994, S. 18 f).

Das Aufblühen der Montessori-Pädagogik im Nachkriegsdeutschland ist vornehmlich engagierten katholischen Pädagogen (z.B. → H. Helming) zu verdanken. Gegenwärtig wirkt Montessori-Pädagogik im Bereich kirchlicher Kindergärten, zunehmend aber auch bei der konzeptionellen Entwicklung kirchlicher Schulen (z.B. → Marchtaler Plan).

3. Gott und das Kind: In zahlreichen Aussagen macht Montessori immer wieder deutlich, daß die Beziehung zwischen Gott und Kind von einer grundsätzlich anderen Qualität ist, als dies beim Erwachsenen je sein kann.

Der Grund dafür ist zu finden in der natürlichen Gottunmittelbarkeit des Kindes. In ihm strahlt auf, was Gott mit den Menschen vorhat. „Wenn man die Gesetze der Entwicklung des Kindes entdeckt, so entdeckt man den Geist und die Weisheit Gottes, der im Kind wirkt." Die schöpfungsgemäßen oder gottgewollten Lebensformen der Menschen sind für Montessori das, was sie andernorts als „normalisiert" (→) bezeichnet.

Gott macht im Kinde dem Erwachsenen deutlich, was er eigentlich für die Menschen will: ein Leben in Frieden, sozialer Harmonie, verantwortlich gestalteter Freiheit.

Daß dieses Leben vom Menschen so nicht geschaffen werden, daß der Mensch sich nicht selbst von dem Absturz ins Widermenschliche/Inhumane erlösen kann, ist Montessoris Grundüberzeugung. Aber sie setzt auf die Kraft der Erziehung und nimmt deren Maßstäbe aus dem im Kinde sich offenbarenden Schöpfungswillen Gottes. Das hat Konsequenzen für die Beziehung Erwachsener-Kind. „Der Gedanke, daß Gott ein Wesen in und durch uns hat wachsen lassen (...) ruft leicht eine große Achtung hervor." Montessori gibt sich damit nicht zufrieden: „Die Einsicht, daß das Kind sowohl in seiner Natur wie in seiner Übernatur mehr als alle anderen die wahre Schöpfung Gottes bewahrt hat, wird uns diese Ehrfurcht erleichtern." Damit fordert Montessori (erneut) einen Perspektivenwechsel: wenn wir als Erwachsene nach Wegen der religiösen und der Glaubenserziehung für das Kind suchen, sind unsere Wegweiser dazu die Kinder. Und von ihrer unverbildeten Offenheit dem Geheimnis gegenüber können wir zudem für unsere (verkopfte und zweifelnde) Religiosität neue Wege des Zuganges zu Gott finden. Achtung, Dank und Ehrfurcht also gebührt dem Kind in doppelter Weise: als Zeichen der (natürlichen) Offenbarung und als Hilfe für die Religiosität des Erwachsenen.

4. Die Aufgabe des Erziehers: Zunächst hat er an sich selbst zu arbeiten. „Wir müssen, um den Kindern Religion zu vermitteln, noch vervollkommneter sein" (Montessori 1979, S. 55). Dann muß ihm bewußt sein, daß die eigentlich religiöse Erziehung durch das Kind selbst erfolgt: „Was wir meinen, ist daß es in dem Kind einen göttlichen Schöpfungsanteil gibt, und daß wir diesem dienen sollten" (ebd., 1979, S. 43). Dabei gilt, daß die Eigenaktivität des Kindes immer Vorrang hat, wobei es dem Erzieher obliegt, durch genaue Beobachtung und Kenntnis auch der (→) religiös-sensiblen Phasen (s.u), dem Kinde eine für die religiöse Dimension offene (→) vorbereitete Umgebung zu schaffen, die das Kind über alle (→) Sinne ansprechen muß: „Worte helfen nicht, die ganze geistliche Welt muß dem Kind eröffnet werden" (ebd., S. 54). "Kinder sind durstig nach einer großen Sicht. Sie brauchen mehr als Worte und Phrasen" (ebd., S. 52).

Ausdrücklich warnt Montessori vor oberflächlichem Moralisieren, und appelliert unermüdlich an die Behutsamkeit, Beobachtungsgabe und Sorgfalt des Erziehers (ebd., S. 54 f).

5. Montessori-Pädagogik als religiöse Erziehung: Sofern religiöse Erziehung zur transzendensoffenen Seinsgestaltung und Sinnfindung führen soll, kann Montessori-Pädagogik an sich als religiöse Erziehung bezeichnet werden.

Es ist P. Oswalds Verdienst, auf diese Konvergenz - er spricht von impliziter religiöser Erziehung - mehrfach hingewiesen zu haben (Oswald 1987, S. 116-122). Ich möchte ergänzend und pointierend hervorheben. Montessori-Pädagogik als solche ist religiöse Erziehung durch:

– Die Einübung in den verantwortlichen Umgang mit Freiheit. Dies geschieht in der Zumutung freigewählter und spontaner Aktivität in (→) vorbereiteter Umgebung. Hier gilt es, die Würde des anderen wahrzunehmen, Verantwortung für die eigene Entscheidung und das eigene Handeln zu übernehmen, sein Gewissen durch Selbstkontrolle zu schulen.

– Die Erfahrung und Vermittlung von Liebe als Grundgesetz gesellschaftlichen Lebens: Die freie, spontane Aktivität findet ihre Grenzen an den eigenen Möglichkeiten, den Bedürfnissen der anderen, der „Würde der Dinge". Der (→) Erzieher lebt in Achtung und dienend vor, daß die Gestaltung mitmenschlichen Lebens dann zum Wohle aller gereicht, wenn man sich selbst und die anderen achtet und annimmt.

– Sinnoffenheit durch Sinnerfahrung: Die so erlebte soziale Humanität überschreitet sich immer auf Lebenssinn und somit auf Gott hin. Unterstützt und gefördert wird dies durch die konsequente Ansprache aller Sinne im Raume der (→) vorbereiteten Umgebung. So kann von einer doppelten Sensibilisierung gesprochen werden: Sinnoffenheit durch (→) Sinn(es)-erfahrung.

– Das Ineinander von Aktion und Meditation: Das Zueinander von vorbereiteter Umgebung und (→) sensiblen Phasen ermöglicht bei (→) freier Wahl das Sichversenken in eine Tätigkeit. Handeln und Besinnen, Aktion und Kontemplation berühren und ergänzen einander. Man kann von tätiger Meditation sprechen. Dies ist ein Grundvollzug im Bereich religiöser Dimension.

Mithin läßt sich sagen: Montessori-Pädagogik, verstanden wie skizziert, ist a priori religiöse Erziehung.

Will sie darüber hinaus Glaubenserziehung sein, ist weiteres erforderlich.

6. *Montessori-Pädagogik und Glaubenserziehung:*
Die vorliegenden Aussagen über religiöse Sensibilitäten
und Glaubensantworten sind skizzenhaft (Montessori
1979, S. 42 ff).

Es zeigt sich jedoch, daß, wenn man spezifische Aussagen des Christentums durch die anderer Hochreligionen
ersetzt, durchaus Glaubensangebote im Bezug zur
Montessori-Pädagogik in anderen Kulturkreisen denkbar
sind.

7. *Montessori - Pädagogik und konfessionelle Erzie-
hung:* „Die Liturgie, die ein großartiger Ausdruck des
Glaubensinhaltes ist, mag wohl die 'pädagogische
Methode' der katholischen Kirche genannt werden"
(Montessori 1964).

In der Konsequenz dieses Verständnisses - zeitgebun-
den hat sie natürlich Recht, wenn man auf die Entwicklungen durch und um die liturgische Bewegung und Pius
X. in der katholischen Kirche zurückgreift - entwickelt
Montessori in Barcelona das „Atrium" als liturgiekate-
chetisch ausgerichtete (→) vorbereitete Umgebung. Dazu
entwirft und skizziert sie bis in das tätige Miterleben des
Kirchenjahres hinein gedachte Arbeitsmittel.

Zu fragen ist, inwieweit dieser liturgie- und vornehmlich eucharistiekatechetische Ansatz in die heutige Kin-
derwirklichkeit hineinpaßt, bzw. nachkonziliar neu vermittelt werden kann (Berg 1994, S. 84 ff; Schmitt 4/95).

Gehen wir auf die drei Ausgangsfragen zurück und
halten fest:

Montessori-Pädagogik ist und ermöglicht religiöse
Erziehung.

Unabhängig von einer bestimmten Weltanschauung,
geprägt jedoch von der christlich abendländischen Tradition und einem entsprechenden Menschenbild, dient sie
Kindern (und Erwachsenen), auf die Grundfragen
menschlichen Lebens Antworten zu finden.

Montessori-Pädagogik fördert Glaubenserziehung.

Das Zu- und Ineinander von vorbereiteter Umgebung und religiösen Sensibilitäten ermöglicht die ganzheitliche Vermittlung von Glaubensinhalten und Glaubensgestaltungen.

Aus diesem Zusammenhang heraus ermöglicht und fördert sie auch christlich-konfessionelle Erziehung.

Dabei wird der Ausgangspunkt die konkrete religionspädagogische Befindlichkeit der Kinder sein. So ist es möglich, daß alle Ebenen ineinandergreifen.

Zu wünschen wäre, daß Montessori-Pädagogik in dieser zentralen Frage menschlichen Lebens wirkliche „Hilfe zum Leben" bietet.

Literatur: Berg, H.K.: Montessori für Religionspädagogen. Stuttgart 1994; Böhm, W.: Maria Montessori. Bad Heilbrunn [2]1991; Montessori, M.: Die Entdeckung des Kindes. Freiburg 1987; dies.: Grundgedanken der Montessori-Pädagogik. Freiburg 1980; dies.: Kinder, die in der Kirche leben. Freiburg 1964; dies.: Spannungsfeld Kind-Gesellschaft-Welt. Freiburg 1979; Oswald, P.: Montessori-Pädagogik und religiöse Erziehung. In: KatBl 1987, H. 2; Schmitt, Cl.: KatBl 1995, H. 4, S. 187-191; Schulz-Benesch, G.: Montessori. Darmstadt 1980

Ulrich Steenberg

Erziehung, sittliche

1. Disziplin an der Sache als Fundament sittlicher Erziehung: Besuchern von Montessori-Schulen fällt meist als erstes die dort herrschende Ruhe auf. Montessori selbst verweist auf die beeindruckende Disziplin in den Klassen gut geführter Schulen. „Eine derartige Disziplin ließe sich nie durch Befehle, durch Ermahnungen und schließlich auch nicht durch die allgemein bekannten Disziplinmaßnahmen erzielen. ... Um Disziplin zu erhalten, ist es ganz nutzlos, auf Tadel, auf überzeugende Reden zu vertrauen. ... Die Anfangsgründe der Disziplin ergeben sich aus der Arbeit" (Montessori 1980, S. 334).

Montessori setzt also weder auf Sanktionen noch appelliert sie an Einsicht und Vernunft. Die Anfangsgründe der Disziplin sieht sie dort, wo ein Kind beginnt, sich tätig auf einen Gegenstand seiner Welt einzulassen, ihn kennenzulernen und so seine Fähigkeiten auszubilden. Das Kind, das auf diese Weise geistige Nahrung erhält, sich ihrer frei bedienen kann, entwickelt sich zum Guten, d.h. es wird ruhig, gütig, diszipliniert. Es normalisiert sich.

Disziplin, Ruhe und Güte sind für Montessori Ausdruck des normalisierten Kindes. Das Kind, das sich selbstvergessen und konzentriert den Dingen zuwendet, sich bewegt, mit den Dingen handelt und so geistige Nahrung aufnimmt, ist gut, entwickelt sich zum Guten.

Nicht die Unterordnung unter Anweisungen und Befehle ist Disziplin, sondern es geht darum, Disziplin an der Sache zu beweisen. „Sich in der Ordnung, in Gehorsam gegenüber den unsichtbaren Geboten des Lebens zu bewegen, das ist Ausruhen" (Montessori 1980, S. 338).

Die Bewegungen den „unsichtbaren Geboten des Lebens" anzupassen und darin Befriedigung zu finden, darum geht es. Das wiederholte Tun, das Üben der einmal gelungenen Handlung führt zur Disziplin. „Die Disziplin läßt sich also auf indirektem Wege erreichen und zwar durch die Entfaltung der Tätigkeit bei spontaner Arbeit" (ebd., S. 335).

Buytendijk bezeichnet es als eine der wichtigsten Entdeckungen Montessoris, daß es ihr gelungen sei, „Situationen von einer höchst verpflichtenden Art erfunden zu haben" (1970, S. 299).

Diese Aussagen zu den Anfangsgründen der Disziplin gelten zuerst und vor allem für das Kleinkind. Zwar behalten sie auch für die folgenden Altersstufen ihre Gültigkeit, doch werden dort andere Fragen der sittlichen

Erziehung wichtig. Die in dieser Phase entwickelte Disziplin an der Sache bildet das Fundament des sittlichen Charakters.

2. Natürliche Disziplin/Universaldisziplin: Es geht hier noch nicht um Gut und Böse, um Gewissen und Gehorsam, sondern um das Verhältnis von Kind und Welt, in welchem sich das Kind in den frühen Jahren bildet. Indem das Kind lernt, dem Anspruch der Dinge zu entsprechen, „sich in der Ordnung, im Gehorsam gegenüber den unsichtbaren Geboten des Lebens zu bewegen, wird ... der Eckstein des neuen Aufbaus zum Guten gelegt". Der Gedanke an das Märchen von „Goldmarie und Pechmarie" legt sich nahe. Die Brote im Ofen rufen „hole mich heraus" und die Äpfel am Baum rufen „schüttle mich". Goldmarie, die diesem Anruf, dieser Stimme der Dinge entspricht, tut das Gute.

Dieses Grundverhältnis des Kindes zu den Dingen, das sich in der Polarisation der Aufmerksamkeit zeigt, gewinnt bei Montessori eine kosmische Dimension. Die „natürliche Disziplin", die normalisierte Disziplin, die der „Stimme der Dinge" gehorcht, sieht sie als Bestandteile einer großen Universaldisziplin, durch die der Mensch in den Kosmos eingebunden ist. „Eine natürliche Disziplin dieser Art scheint über die naheliegenden Dinge hinauszugehen und erscheint als Bestandteil einer großen Universaldisziplin, die die Welt zusammenhält" (Montessori 1985, S. 182).

Durch die Normalisierung wird die ursprüngliche Natur des Kindes zur Geltung gebracht, die zuvor durch die scheinbare Natur des Kindes überlagert war. Das normalisierte Kinde fügt sich den Gesetzen der Natur ein, erkennt die Natur, pflegt sie, dient ihr und hat damit die Grundlage für sittliches Handeln, für das Gutsein, gewonnen. Von dieser Ebene kann das Kind sich erheben, kann aufsteigen zu moralischem und ethischem Handeln. Montessori spricht vom Aufsteigen zur „Supra-Natur".

3. *Moralerziehung und Gewissen:* Die Unterscheidung von Gut und Böse ist Aufgabe der Altersstufe 6-12 Jahre. Nun gilt es, die moralischen und ethischen Entscheidungen auf Einsicht zu gründen. Es wird möglich, über Handlungen zu reflektieren, sie als gut oder böse zu erkennen und zu werten. „Erst nach dem 6. Lebensjahr können wir Missionare der Moral werden, denn sein Gewissen ist zwischen dem 6. und 12. Lebensjahr erwacht und erkennt die Probleme des Guten und Bösen" (Montessori 1978, S. 186).

Doch die Skepsis Montessoris gegenüber einer Moralerziehung, die auf Ermahnen und Räsonieren setzt, kommt auch hier zum Ausdruck, wenn sie von „Missionaren der Moral" spricht. Dieser auf Ermahnungen und Überlegungen sich stützenden Erziehung fehle das Leben, das Feuer. Gleichwohl sieht sie die Notwendigkeit, daß die Erzieher die Frage der Kinder nach Gut und Böse beantworten. Doch sollten moralische Unterweisungen kurz sein wie die zehn Gebote, und selbst diese seien Christus noch überflüssig erschienen, der im Doppelgebot der Liebe alle Gesetzgebung und Moralgesetze zusammengefaßt habe. „Du sollst Gott, deinen Herrn lieben von ganzem Herzen und von ganzem Gemüt. Das andere aber ist ihm gleich. Liebe deinen Nächsten wie dich selbst."

Kenntnisse moralischer Regeln und ethischer Prinzipien genügen nicht, um in jedem Falle Gut und Böse zu unterscheiden. Dazu bedarf es der „Stimme des Gewissens". Diese „innere Stimme" müsse mit dem Leben selbst und nicht mit erworbenen gesellschaftlichen Gewohnheiten in Verbindung stehen. Im Gewissen sieht Montessori nicht ein Produkt der jeweils durchlaufenen Sozialisation, wie es gewisse psychoanalytische Erklärungen tun. Für Montessori ist das Gewissen so etwas wie der Seismograph des Lebens. „Ist es nicht wunderbar, daß es ein inneres Gefühl gibt, das die Gefahren wahrnehmen oder das günstige Lebensumstände erkennen läßt... Er (der Mensch G.K.) baut seine Verteidigung auf der Intelligenz und der Sensibilität des Gewissens für das Gute und Böse auf und erkennt dadurch seine Gefahren" (Oswald/Schulz-Benesch 1987, S. 107).

Gewissen ist für Montessori nicht nur eine Kontrollinstanz, in der Werte und Normen internalisiert wurden, vielmehr hat für sie das Gewissen mit Leben und Sinn zu tun, dem Fühlen des Herzens, der inneren Sensibilität für das Leben, für das Gute. Damit sind wir bei der Frage: Was ist für Montessori das Gute? „Das Gute bedeutet Leben; das Böse bedeutet Tod" (ebd., S. 109).

Die innere Sensibilität des Gewissens gilt es in der Erziehung zu pflegen und zu vervollkommnen. „Eines der wichtigsten Dinge des Lebens ist die methodische Prüfung des eigenen Gewissens; und dazu als Lichtquelle nicht nur die Kenntnisse der Moralgesetze, sondern die Liebe zu besitzen. Nur durch die Liebe vervollkommnet sich diese Sensibilität" (ebd., S. 109). Die Sensibilität für das Leben hängt aber eng zusammen und mit dem „Erkennen" des normalisierten Kindes, das sich den Dingen der Welt zuwendet, sich in sie vertieft, sie ordnet und pflegt, denn auch die Urteilsfähigkeit des sensiblen Gewissens und der Wille, gemäß so gewonnener Einsichten zu handeln, sind in die „Universaldisziplin", in die Verantwortung für das Ganze eingebunden. „... der universale Lehrplan, der den Verstand und das Gewissen der Menschen in einer Harmonie vereinen kann, ist es, was wir durch 'Kosmische Erziehung' beabsichtigen" (Oswald/Schulz-Benesch 1988, S. 26).

Gehorsam/Stufen der Entwicklung des Gehorsams: Auch für Montessori ist die Erziehung ohne Gehorsam nicht denkbar, doch wird sie nicht müde, auf die Gefahren des Mißbrauchs des Gehorsams hinzuweisen. Das Kind, das den Willen einer anderen Person aufnehmen und dementsprechend handeln kann, kann gehorchen. Damit das Kind aber gehorchen kann, ist es wichtig, daß es zuerst seinen Willen ausbildet. Gerade dieses Streben des kleinen Kindes, seinen Willen zu erproben, wird von Erwachsenen oft als Ungehorsam oder Böswilligkeit gedeutet. Nicht blinde Unterordnung unter den Willen der Erwachsenen darf das Ziel sein, sondern bewußtes und willentliches Gehorchen. „Gehorsam ohne Kontrolle (des Verstandes und des Willens) ist ein Gehorsam, der ganze Nationen ins Unglück stürzt" (Montessori 1978, S. 231).

Im Alter von 0-3 Jahren gehorcht ein Kind nur gelegentlich und zwar nur dann, wenn der erhaltene Befehl dem Lebensimpuls entspricht. Es wäre unsinnig, ihm etwas zu befehlen, was es nicht kann.

Im Alter von 3-6 Jahren wendet sich sein Interesse den Dingen zu, und es kann sich mit seinem Handeln ihren Regeln unterordnen. Es ist sich selbst gehorsam. Es kann in diesem Alter aber auch schon Neid auf Erfolge der anderen aufkommen. Hier sieht Montessori das korrigierende Eingreifen der Erziehung für gerechtfertigt an. Auch die Ehrfurcht für Gesetze der Gesellschaft soll gelehrt werden. So muß das Kind z.B. den Regeln der Freiarbeit gehorchen lernen.

Die Phase von 7-12 Jahren ist durch eine besondere Sensibilität für moralische Wertungen bestimmt. Die Kinder entwickeln ein starkes Gefühl für Gut und Böse. Ebenso zeigt sich in dieser Phase eine Neigung zum Gehorsam, zum freiwilligen Anschluß an Menschen und zur Unterordnung. Das Kind ordnet sich einer selbstgewählten Autorität unter und empfindet Freude, dieser Person zu folgen.

In der Phase von 12-18 Jahren ist Gehorsam nicht das zentrale Thema. Diese Phase wird bestimmt durch den wachen Sinn für sittliche Normen, soziale Verantwortung und gesellschaftliches Engagement. Es geht jetzt darum, in Fragen der Moral zu einem selbstbestimmten Handeln zu kommen (ebd., S. 173).

Literatur: Buytendijk, F.J.J.: Gelebte Freiheit und sittliche Freiheit im Bewußtsein des Kindes. In: Wege der Forschung, Band CC,;Schulz-Benesch, G. (Hrsg.): Montessori. Darmstadt 1970, S. 282-303; Montessori, M.: Das kreative Kind. Freiburg 1972, [4]1978; dies.: Die Entdeckung des Kindes. Freiburg 1969, [6]1980; dies.: Kinder sind anders. Stuttgart 1985; Oswald, P./Schulz-Benesch, G. (Hrsg.): Grundgedanken der Montessori-Pädagogik. Freiburg 1967, [8]1987; Oswald, P./Schulz-Benesch, G. (Hrsg.): Maria Montessori: „Kosmische Erziehung". Freiburg 1988.

Gerhard Klein

Erziehung, soziale

Die Erziehungsbedürftigkeit des Menschen im Aufbau seines Soziallebens und Sozialverhaltens vorausgesetzt (Roth, 1984, S. 126-132), sollen hier unter sozialer Erziehung alle intentionalen, aber auch alle indirekten Erziehungsvorgänge verstanden werden, die dem Kinde und Jugendlichen zur Sozialkompetenz verhelfen.

Insofern kann man - und dies wird hier geschehen - direkte und indirekte soziale Erziehung unterscheiden, wobei beides sozialem Lernen zuzuordnen wäre.

1. Montessori-Pädagogik: Erziehung zum Individualismus? In seiner grundlegenden Untersuchung setzt sich G. Schulz-Benesch mit den Hauptvorwürfen gegenüber der Montessori-Pädagogik auseinander. Dies ist neben dem Vorwurf des Naturalismus, insbesondere des Biologismus, des Intellektualismus, schließlich des Individualismus (Schulz-Benesch, 1961, S. 42-105).

Böhm (1977, S. 109-121) und Oswald (1986, S. 45-55) gehen auf unterschiedliche Weise auf die genannte Problemstellung ein, während Holtstiege, diese Diskussion bereits weiter hinter sich lassend, Montessori-Pädagogik als solche als einen Weg zum Hineinfinden in

71

„soziale Humanität" zusammenfaßt (Holtstiege 1994, bes. S. 42-61).

Was theoretisch eigentlich abgehandelt scheint, wird gleichwohl in der Praxis - schließlich sieht man bei Hospitationen immer wieder einzeln arbeitende Kinder - vernehmbar, die alten Vorwürfe werden wiederholt: das Kinderhaus Montessoris sei ein „Beieinander von für sich arbeitenden Individuen, die nur gleichzeitig die Einrichtung des Kinderhauses und die Hilfe der Lehrerin gleichzeitig nutznießen" (Hecker/Muchow 1927).

Montessori sind diese Vorwürfe bekannt, sie kann sie nicht nachvollziehen, denn ihre Grundhaltung ist ebenso eindeutig wie ihre Praxis (→ unten zu 3.): „Das menschliche Individuum kann sich ohne soziales Leben nicht entwickeln" (Montessori 1979, S. 92).

Aus diesem Grunde hebt Montessori auch die Bedeutung des intensiven sozialen Kontaktes zwischen Mutter und Kind zu Lebensbeginn als so bedeutsam hervor, daß dessen Einschränkung sogar als soziale Gefahr von ihr bezeichnet wird (Oswald 1986, S. 49).

Es scheint an den wahrnehmungsleitenden Interessen der Montessori-Kritiker zu liegen, wenn sie aus der Tatsache, daß Kinder andauernd konzentriert arbeiten, Defizite im Erwerb von Sozialkompetenz konstruieren wollen; gibt es doch eine unbestreitbare, anthropologisch ableitbare Beziehung von Individualität und Sozialität (Oswald 1986, S. 47 f). Diesen Zusammenhang macht auch Montessori - allerdings auf ihre Weise - deutlich.

2. Die soziale Entwicklung des Kindes - soziale Sensibilitäten: Der Phase des (→) „psychischen Embryo" folgt etwa ab dem dritten bis zum sechsten Lebensjahr die von Montessori so bezeichnete Zeit des (→) „sozialen Embryo". In Form einer Kohäsionsgesellschaft suchen die Kinder den sozialen Austausch, machen erste wichtige Erfahrungen im Knüpfen und Lösen von Beziehungen im „sozialen Mutterschoß" des Kinderhauses, das in der Atmosphäre der Freiheit des (sozialen) Ausdrucks im

Rahmen der Verantwortbarkeit vor einer auch in sozialer Hinsicht „vorbereiteten Umgebung" (→ Erzieher) zum familienergänzenden, wesentlichen Element im Erwerb von Sozialkompetenz wird (Montessori 1987, S. 209 ff).

Das nunmehr *sozial neugeborene* Kind entdeckt in den kommenden Jahren, etwa bis zum Beginn der Vorpubertät, die größere soziale Gruppe als einen Erfahrungsbereich sekundärer Sozialisation. Es sucht (und verläßt u.U. auch wieder) die organisierte Gruppe (z.B. Pfadfinder oder einen Sportverein usw.), erlernt dabei das Einhalten von Gruppenregeln, Unterordnen der Interessen und auch Personen gegenüber, Gehorsam und Verantwortung gegenüber einzelnen und einer Gruppe (Montessori a.a.O., S. 211 ff; dies. 1973, S. 32 ff).

Mit Beginn der Pubertät verlagern sich die Akzente: „Das Kind hat von seiner Geburt bis zum Alter von zwölf Jahren einen geschlossenen Zyklus vollendet..." Beim Kinde „Nach zwölf Jahren müssen wir bei ihm das Gefühl für die Gesellschaft entwickeln, das dazu beitragen muß, unter den Menschen mehr Verständnis für die Arbeit herbeizuführen und daraus folgend mehr Liebe!" (Schulz 1961, S. 76)

3. Die Praxis sozialer Erziehung bei Montessori: Ähnlich wie bei der (→) religiösen Erziehung läßt sich formulieren: Montessori-Pädagogik als solche ist (indirekt) soziale Erziehung, sie bietet darüber hinaus eine Vielzahl direkter, intentionaler Möglichkeiten sozialer Erziehung.

Die augenfälligste Maßnahme direkter sozialer Erziehung ist sicherlich die sog. Altersmischung. Montessori erwartet, daß mindestens drei Jahrgänge von Kindern ein soziales Beieinander und schließlich Miteinander sind. Jedes Kind kommt in solch einer familienähnlichen Gruppe einmal in die Rolle des jüngsten, des mittleren und des ältesten Kindes. Daraus ergeben sich zahlreiche Möglichkeiten sozialen Lernens, helfen und sich helfen lassen, zurückstehen und sich durchsetzen, Interessen vertreten und die Bedürfnisse anderer wahrnehmen; all dies gelingt und wird gefördert in der jahrgangsgemischten Gruppe, sofern die „Bedingungen der (→) Freiheit" gegeben sind.

Die positiven Wirkungen dieser sozialen Form sind mehrfach dokumentiert (Böhm 1977, S. 111; Oswald 1986, S. 52 f). Im Rahmen der (→) „vorbereiteten Umgebung" finden sich zahlreiche Angebote und Materialien, die unmittelbar zum gemeinsamen Handeln nach bestimmten Regeln auffordern. Als Beispiele seien genannt die Partnerspiele mit dem Sinnesmaterial, die soziale Orientierung zahlreicher (→) Übungen des täglichen Lebens (etwa Tischdecken, Spülen usw.), die Einführung von mathematischen Operationen mit Gruppen (z.B. Division mit dem Perlenmaterial) sowie weiterführende Operationen (Bankspiel) u.v.m.

Die Ordnung der vorbereiteten Umgebung sowie die Regeln der Freiarbeit weisen unmittelbar auf soziale Verantwortlichkeiten. Selbstverständlich verschieben sich die Akzente gemäß dem, was entwicklungspsychologisch und pädagogisch-didaktisch erforderlich ist. So nehmen Gruppenarbeiten im Sekundarbereich signifikant zu.

Anzumerken ist, daß Montessori-Pädagogik selbstverständlich auch den Vortrag vor der Lerngruppe, das gemeinsame Singen, Musizieren, Spielen usw. kennt und praktiziert. Das aber ist eine notwendige und sinnvolle Ergänzung, die sich aus der Situation der Kinder oder der Sachlogik ergibt.

Viel tiefer gehend und wirkend ist das, was man als indirekte soziale Erziehung bezeichnen kann.

Sie ereignet sich im Sinne Montessoris, wenn im Prozeß der Selbstwerdung das Kind auf dem Wege der (→) Polarisation der Aufmerksamkeit zu seiner wahren Identität findet, die sich zusammenfassend als (→) Normalisation bezeichnen läßt und stets unter der Bedrohung der Deviation steht. Montessori beschreibt: „Wenn der Zyklus (der konzentrierten Tätigkeit, der Verf.) vollendet

74

ist, löst sich das Kind zufrieden von seiner inneren Konzentration und verspürt höhere soziale Impulse, wie den, sich jemandem anzuvertrauen, sich in inniger Kommunikation mit anderen Seelen zu setzen" (Montessori 1987, S. 97). Und mehr als dreißig Jahre später bestätigt Montessori diese Grunderfahrung erneut, wenn sie feststellt: „Wenn es (das Kind, der Verf.) aus seiner Konzentration erwacht, scheint es die Welt, die es umgibt, das erste mal zu spüren (...) In ihm erwacht die Liebe für die Personen und die Dinge" (Montessori 1987, S. 246).

Eine idealistische Sicht? Eine Realutopie? Wirklichkeitsfremd angesichts des unsozialen Verhaltens, der Aggressionsausbrüche und Gewalttakte gegen Dinge und Menschen in unseren Erziehungseinrichtungen und darüber hinaus?

Bisweilen schreibt man Montessori-Einrichtungen sozialtherapeutische Kraft zu. Häufig wird dies durch die Praxis verifiziert. Die präventiven Möglichkeiten der Montessori-Pädagogik auch und gerade im sozialen Bereich sind leider immer noch nicht hinreichend im Bewußtsein der politischen Verantwortlichen manifest.

Literatur: Böhm, W.: Soziale Erziehung in der Montessori-Pädagogik. In: Scheid, P./Weidlich, H. (Hg.): Beiträge zur Montessori-Pädagogik. Stuttgart 1977, S. 109-121; Holtstiege, H.: Montessori-Pädagogik und soziale Humanität. Freiburg 1994; Montessori, M.: Spannungsfeld Kind - Gesellschaft - Welt. Freiburg 1979; dies.: Das kreative Kind. Freiburg 1987; dies.: Von der Kindheit zur Jugend. Freiburg [2]1973; dies.: Schule des Kindes. Freiburg 1987; Hecker, H./Muchow, M.: F. Fröbel und Maria Montessori. Leipzig 1927; Oswald, P.: Das Problem der sozialen Erziehung und der Beitrag Montessoris zu seiner Lösung. In: Marchtaler päd. Beiträge 2, Rottenburg 1986; Roth, H.: Päd. Anthropologie, Bd. 1, Hannover [5]1984; G. Schulz(-Benesch), G.: Der Streit um Montessori. Freiburg 1961.

Ulrich Steenberg

Fehler / Fehlerkontrolle

1. Fehler als Orientierungshilfen: Fehler zu machen, wird im allgemeinen als beschämend empfunden, was dazu führt, daß man Fehler am liebsten verdrängt oder leugnet. Diese Einstellung zu Fehlern wird verstärkt durch eine allgemein verbreitete pädagogische Haltung, die suggeriert, es gäbe tatsächlich die Möglichkeit, ohne Fehler zu leben und zu lernen, wenn man sich nur genügend anstrenge. Dementsprechend dienen gemachte Fehler oft dazu, Kinder zu beschämen und ihnen ihre Erziehungsbedürftigkeit vor Augen zu halten. Menschen lernen so, sich vor Kritik zu fürchten und ihre Fehler zu vertuschen.

Dem entgegengesetzt betrachtet Montessori den Fehler als Orientierungshilfe und empfiehlt, „dem Fehler gegenüber ein freundschaftliches Verhalten an den Tag zu legen und ihn als einen Gefährten zu betrachten, der mit uns lebt und einen Sinn hat" (Montessori 1972, S. 222). Denn Fehler zeigen an, wieweit eine Sache beherrscht wird. Sie können helfen, die eigenen Fähigkeiten richtig einzuschätzen, sofern man in der Lage ist, den Fehler zu erkennen und die Ursachen dafür zu analysieren. Jemand, der die eigenen Fehler erkennen und kontrollieren kann, hat ein zusätzliches Maß an Unabhängigkeit und Sicherheit gewonnen.

2. Grundlegende Voraussetzung für die Möglichkeit zur Fehlerkontrolle: Kinder sollen von Anfang an in die Lage versetzt werden, die eigene Handlung auf Richtigkeit zu kontrollieren. Damit Kinder dies können, brauchen sie Eltern und Erzieher, die ihnen eine bestimmte Tätigkeit ruhig und genau vorführen (→ Analyse der Bewegung) und dabei auf Kontrollmöglichkeiten aufmerksam machen. Ferner brauchen die Kinder bei der Durchführung ihrer Arbeit Muße und Zeitfreiheit, denn erst, wenn man eine Übung mit innerer Ruhe durchführen kann, kann man sich auch der Genauigkeit widmen.

Weiter benötigen die Kinder Spiel- und Arbeitsmittel, die ihrer Entwicklungsstufe entsprechen (→ Übungen des täglichen Lebens, → Sinnesmaterial), und die eine Fehlerkontrolle ermöglichen. Damit ein Selbsterziehungsprozeß stattfinden kann, genügt es nicht, daß der Reiz eine Aktivität *wachruft*, sondern er muß diese auch lenken. Das Kind muß nicht nur beharrlich bei einer Übung verweilen, sondern es muß auch dabei beharren, ohne Fehler zu begehen" (Montessori 1976, S. 76).

3. Verschiedene Formen der Fehlerkontrolle:

3.1 Mechanische Fehlerkontrolle durch das Material: Einige Materialien, wie z.B. die Holzblockzylinder haben eine mechanische Fehlerkontrolle. Wenn Fehler beim Einstecken der Zylinder begangen werden, kann die Übung nicht beendet werden, da Zylinder übrigbleiben. Der Fehler macht das Kind auf die Größenunterschiede aufmerksam. Ja, man könnte sagen, erst durch Fehler konzentriert sich das Kind auf den Sinn der Übung.

Die mechanische Fehlerkontrolle ist für das Kind relativ leicht zu handhaben, so daß es oft ohne Hilfe die Übung verbessern und in seiner Arbeit fortfahren kann.

3.2 Fehlerkontrolle durch Vervollkommnung einer Tätigkeit in der wiederholten sachgerechten Übung: Andere Arbeitsmittel, wie z.B. der Rosa Turm beinhalten keine mechanische Fehlerkontrolle. Man kann die Kuben falsch aufeinandersetzen, ohne daß der Turm umfällt und ohne daß ein Kubus übrigbleibt. Die Fehlerkontrolle liegt hier im anschließenden Vergleichen und Kontrollieren mit dem kleinsten Würfel, der jeweils den Unterschied vom einen zum anderen Kubus markiert. Dies erfordert vom Kind eine vermehrte Anstrengung und eine bereits durch Übung gewonnene genaue Beobachtung.

Montessori verweist in diesem Zusammenhang auf die Wichtigkeit der wiederholenden Übung. In der Wiederholung trainiert das Kind seine Wahrnehmungs- und Differenzierungsfähigkeit und erst nach wiederholter Übung kann es feine Abstufungen selbsttätig erkennen.

„Nur die Erfahrung und die Übung korrigieren die Fehler, und die Erwerbung der verschiedenen Fähigkeiten verlangt lange Übung" (Montessori 1972, S. 221).

Montessori betont, daß Erzieherinnen nicht eingreifen sollten, wenn sie sehen, daß ein Kind eine Übung sachgerecht, aber fehlerhaft durchführt. Denn die „Korrektur kann nur durch eine Vervollkommnung des Kindes erfolgen - also durch die *Veränderung*, die sich aus einer langen richtigen Übung mit dem Material ergibt. Solche Fehler gehören in die wohlbekannte Gruppe, die besagt, 'man lerne durch Fehler'" (Montessori 1969, S. 72).

Anders ist es, wenn ein Material nicht sachgerecht gebraucht wird. Fehler, die aus unsachgemäßem Gebrauch entstehen, führen durch Wiederholung nicht zu Einsicht und Korrektur, sondern zu einer Verfestigung der fehlerhaften Arbeit, so daß das Kind keinen Gewinn davon hat. „Eine mißbräuchliche Benutzung des Materials, sei es durch Unordnung oder für andere Bedürfnisse als die, welche es befriedigen kann, macht es nutzlos. Daraus ergibt sich eine Zersplitterung der Energie, Lärm: lauter Dinge, die das Kind von der Möglichkeit, sich zu konzentrieren, also dem Ziel, besser zu werden und sich zu entwickeln, ablenken ... Bei den oben genannten Fehlern läßt sich nicht behaupten, man würde 'durch Fehler lernen', sondern je länger dieser Fehler andauert, desto weiter entfernt sich die Möglichkeit zu lernen" (Montessori 1969, S. 173). In diesem Fall wäre es also Aufgabe der Erzieher, dem Kind den sachgemäßen Gebrauch des Materials noch einmal zu zeigen und die mißbräuchliche Benutzung zu verhindern.

3.3 Fehlerkontrolle durch Vergleich der eigenen Arbeit mit entsprechenden Vorlagen: Außer der mechanischen Fehlerkontrolle und der Fehlerkontrolle, die sich durch Übung und Erfahrung ergibt, nennt Montessori eine dritte Möglichkeit, nämlich die, die eigene Arbeit mit einer Vorlage zu vergleichen. „Zu diesem Vergleich bedarf es einer bemerkenswerten intelligenten Willensanstrengungen des Kindes, das damit unter die wirklichen Bedingungen einer bewußten Selbsterziehung gestellt wird" (Montessori 1976, S. 78). Montessori spricht davon, daß die Fähigkeit, seine Fehler selber zu korrigieren, zu einer höchstmöglichen Unabhängigkeit von anderen führt. „Die Erkenntnis, daß wir einen Fehler begehen können und ihn ohne fremde Hilfe sehen und kontrollieren können, ist eine der größten Errungenschaften der psychischen Freiheit" (Montessori 1972, S. 223).

3.4 Fehlerkontrolle durch die erziehenden Personen: Ein Kind, das eine Arbeit beendet hat, möchte oft von der Erzieherin oder Lehrerin wissen, ob es die Arbeit richtig gemacht hat. Das Kind sucht dabei die persönliche Nähe und die Bestätigung oder Korrektur durch die Person, der es Vertrauen und Zuneigung entgegenbringt. Denn Kinder suchen bei ihren Erfolgen Bestätigung und Mitfreude durch andere Kinder oder Erwachsene. Und bei Mißerfolgen brauchen sie den Beistand von Eltern oder Erziehungspersonen; denn die Fehler führen auch zur Erkenntnis eigener Schwächen, die trotz Mühe nicht überwunden werden können. So lernen Kinder, auch diese Erfahrungen in ihr Selbstbild zu integrieren. Erziehungspersonen sollten jedoch unterscheiden können, ob ein Kind ihren Beistand wirklich braucht, oder ob es der Anstrengung ausweichen will, die die selbsttätige Fehlerkontrolle erfordert.

3.5 Fehlerkontrolle durch Kooperation mit anderen Menschen: Eine weitere Fehlerkontrolle wird von Montessori nicht eigens erwähnt, wird aber in der Praxis durchgeführt. Dies ist die Fehlerkontrolle durch die Kooperation der Kinder mit anderen Menschen. Kinder, die miteinander arbeiten, helfen sich gegenseitig, machen sich auf Fehler aufmerksam und korrigieren diese bereitwillig. So wird durch gemeinsame Anstrengung ein Ziel richtig erreicht. Gleichzeitig werden alle Tugenden geübt, die sowohl für einen sachgerechten Umgang mit der Arbeit nötig sind, wie für das persönliche Miteinander in der Gruppe.

Es gibt auch bestimmte Arbeiten, wie die Überprüfung der Folgerichtigkeit von Gedankengängen oder der Überzeugungskraft von Argumenten, die nur in der Diskussion und Kooperation mit anderen Menschen auf ihre Richtigkeit hin überprüft werden können.

4. Erziehungsprinzip: Fehlerkontrolle:

4.1 Fehlerkontrolle und Einschätzung der eigenen Möglichkeiten: Welche Art der Fehlerkontrolle jeweils durchgeführt wird, hängt vom einzelnen Kind, vom Material, von der Art der Übung und der Gruppensituation ab. Sie sollte sich aber als Erziehungsprinzip durch die gesamte Arbeit ziehen. Ein Mensch, der seine Fehler erkennen und berichtigen kann, hat ein Höchstmaß an Unabhängigkeit erreicht. Dies bedeutet nicht, daß er ein vollkommener Mensch wäre, sondern daß er seine eigenen Möglichkeiten besser einschätzen und sich seiner selbst sicher sein kann (Montessori 1972, S. 225).

4.2 Fehlerkontrolle und Wahrhaftigkeit: Sich selbst in seiner Fehlerhaftigkeit erkennen zu können, ist auch eine Form von Wahrhaftigkeit der eigenen Person, anderen Menschen und den Dingen gegenüber. Die Fehlerkontrolle ist „ein wissenschaftliches Prinzip, das auch ein Prinzip der Wahrheit ist. Was auch immer in der Schule von Lehrern, Kindern oder anderen getan wird, immer treten Fehler auf. Im Leben der Schule muß das Prinzip eingeführt werden, daß nicht das *Korrigieren*, sondern die *individuelle Kontrolle* des Fehlers von Bedeutung ist, die uns drauf hinweist, ob wir recht haben oder nicht" (Montessori 1972, S. 223).

Literatur: Montessori, M.: Die Entdeckung des Kindes. Freiburg 1969; dies.: Das kreative Kind. Freiburg 1972; dies.: Schule des Kindes. Freiburg 1976.

Barbara Stein

Freiheit / Selbständigkeit

Montessori, die das Prinzip Freiheit ihrer Erziehung zugrundegelegt hat, fordert die Notwendigkeit der Interpretation dieser Freiheit (Montessori 1991, S. 12, 73).

1. „Wohlverstandene" Freiheit: Montessori nimmt keine systematische Erörterung ihrer Freiheitsinterpretation vor. Sie geht - so Oswald - „bei konkreten Gelegenheiten auf diese Problematik" in einer Weise ein, die „Wesen und Bedeutung der Freiheit" hervortreten läßt (Oswald 1983, S. 59). Es gibt eine philosophische Differenzierung von Theorie-Ansätzen der Freiheit, die sich auch bei Montessori finden: Freiheit

- „bezieht sich auf das äußere Verhältnis eines Lebewesens zu seiner Umwelt" als Ermöglichung „zu tun, was es will";

- meint ein bestimmtes „Verhältnis des Menschen zu sich selbst und zu seinem Handeln" als „Wollenkönnen";

- meint eine „anthropologische Grundverfassung", durch die der Mensch selbst Ursprung eines bestimmten Wollens im Sinne einer Willensfreiheit ist (Ritter 1972, S. 1088).

1.1 Freiheit im Theoriezusammenhang: Auf der Basis phänomenaler Beobachtungen der Entwicklung menschlicher Freiheit und Unabhängigkeit stellt Montessori drei theoretische Fragen:

- Worin liegt das Ziel der fortschreitenden Eroberung der Unabhängigkeit?
- Worin hat sie ihren Ursprung?
- Wie erlangt das Kind seine Freiheit? (Montessori 1994 b, S. 84)

Ziel ist die Erringung der Freiheit als Bestandteil menschlicher Personalität mit ihrer Basis, der unabhängigen Individualität. Ihren Ursprung hat die Freiheit in der Eigenart des Lebewesens Mensch. Freiheit wird durch zielgerichtete Aktivität im Sinne verantwortlicher Handlungen vollzogen (→ Person, Persönlichkeit, Anthropologie) (Holtstiege 1987, S. 13).

1.2 Freiheit im Lebenszusammenhang: Montessoris Interpretationen beziehen sich primär auf die sich „realisierende" Freiheit im Lebens- und Entwicklungszusammenhang (Montessori 1991, S. 247). Freiheit ist ein Freiwerden, „eine oft erfahrene Tatsache. Es ist eine Wirklichkeit, die wir dauernd erleben" (Montessori 1968, S. 23). Sie stellt sich als Erfahrung zunehmender Unabhängigkeit dar. Geburt, Laufen- und Sprechenkönnen sind z.b. Kennzeichen früher physischer und psychischer Unabhängigkeit (Montessori 1994 b, S. 78 f.). Freiheit realisiert sich durch ständige Tätigkeit, die Montessori als Arbeit bezeichnet (Montessori 1994 b, S. 84). Durch sie entwickelt sich personale Unabhängigkeit, Selbständigkeit.

2. Freiheit - anthropologisches Phänomen: Dem Phänomen sich entwickelnder kindlicher Freiheit als Ausdruck menschlicher Wesensart begegnete Montessori immer wieder in ihren Beobachtungen (Montessori 1985). Es zeigt sich in Äußerungen spontaner Aktivität, die auf die Eroberung von Unabhängigkeit und Freiheit ausgerichtet sind (Montessori 1994 b, S. 77, 139).

2.1 Personale Freiheit - Selbständigkeit: Freiheit, die mit dem Menschsein gegeben ist, bedeutet eine Seinsweise, durch die sich die Person konstituiert. Sie birgt die unvermeidbare Aufgabe personaler Wesensausprägung (Müller 1984, S. 89). Person als „unteilbarer Selbst-Stand eines geistigen Wesens" (Müller 1984, S. 203) äußert sich in Selbständigkeit. Deren Kennzeichen ist Unabhängigkeit (Montessori 1994 b, S. 77 f.). Selbständigkeit ist verbunden mit innerer Disziplin als Ausdruck freier geistiger Bindungen, durch die der Mensch „Herr seiner selbst" sein kann (Montessori 1994 a, S. 57). „Durch Selbständigkeit entwickelt sich der Mensch zur freien Persönlichkeit" (Montessori 1968, S. 9). Personale

82

Freiheit bedeutet Selbstrealisation, und zwar durch Selbstorganisation.

2.2 Handlungsfreiheit: Im Vergleich zum Tier zeigt sich beim Menschen „das Vorhandensein einer gewissen Handlungsfreiheit" (Montessori 1978, S. 51) (→ Psychischer, sozialer Embryo). Sie gründet in der Geistigkeit, im Vermögen des Menschen, aus sich selbst heraus handeln, spontan aktiv werden zu können. Diese „Freiheit zum Handeln" kennzeichnet die Personalität (Montessori 1994 b, S. 185). Sie steht in Beziehung zur Verantwortung, der Bindung des Tuns an Einsichten und der verbindlichen Übernahme entstehender Konsequenzen (Montessori 1994 a, S. 107). Konkret heißt das für Montessori: Für das Kind muß die Möglichkeit entstehen, „selber zu handeln. Und die eigene Handlung wird zur Willensäußerung. Ohne den Vollzug einer Handlung ist keine Willensäußerung möglich. Das Willensleben ist das Leben der Tat. Unsere Kinder leben und handeln frei und selbständig in der Gemeinschaft anderer Kinder und werden so zu willensstarken sozialen Wesen, die selbst die Anforderungen an ihr eigenes Tun immer höher schrauben" (Montessori 1968, S. 23). Handlungs- und Willensfreiheit sind eng miteinander verbunden durch die Freiheit der Selbstverpflichtung (Buytendijk 1970, S. 298).

2.3 Begrenzung - relative Freiheit: Montessori bezeichnet es als generelles Lebensphänomen, „daß man sich nur innerhalb bestimmter Grenzen realisieren kann" (Montessori 1991, S. 201). Sie zeigt Phänomene existentieller Begrenzungen auf: Durch anfängliche biologische Hilflosigkeit findet sich das Individuum von sozialen Bindungen umgeben, aus denen es sich erst langsam befreien kann (Montessori 1994 a, S. 63, 71). Dieses Freiwerden ist nur möglich um den Preis neuer Bindungen. Sozial gesehen hat die Freiheit als Grenze das Gemeinwohl, die Gemeinschaft (Montessori 1994 a, S. 57; dies. 1968, S. 23). Ethisch gesehen besteht die Freiheit des Handelns in der Selbstverpflichtung durch die bindende Übernahme von Verantwortung (Montessori 1994 a, S. 107). Entwicklungspädagogisch ist das Individuum darauf angewiesen, daß der (→) Erzieher in seiner Hilfe die „Grenze zwischen Freiheit und Vernachlässigung" findet und beachtet (Montessori 1991, S. 73). Eine Freiheit in Grenzen und durch Bindungen zeigt sich.

3. *Freiwerden und Freigabe:* Die Freiheit des Kindes besteht in seiner Freigabe zum Freiwerden. Montessori spricht von einem unbewußten Streben des Kindes, „sich durch die Loslösung vom Erwachsenen und durch Selbständigkeit zur freien Persönlichkeit zu entwickeln" (Montessori 1968, S. 9). Erziehung muß dem Kind helfen, selbständig zu werden. Freiwerden bedeutet unabhängig, selbständig werden.

3.1 Prozeß der Selbsteroberung - Genese der Freiheit: „Wer sich selbst erobert, der erobert auch die Freiheit" (Montessori. 1994 a, S. 105). Diese Selbsteroberung geht einher mit dem von Geburt an beginnenden Erwerb der „funktionellen Unabhängigkeit" (Montessori 1994 b, S. 77) durch die entwicklungsabhängige Lösung aus bio-sozialen Abhängigkeiten (Nahrung, Gang, Sprache, Fürsorge). An ihre Stelle tritt im Entwicklungsverlauf Selbständigkeit und Selbstkontrolle (Montessori 1994 a, S. 105). Montessori nennt die darin zum Vorschein kommende Unabhängigkeit „eine primitive Definition" von Freiheit (Montessori 1973, S. 52). „Freiheit bedeutet ... Meister seiner selbst zu sein" (Montessori 1968, S. 23).

3.2 Freiheits- und Selbstvollzug - Konzentration: Unabhängigkeit und Freiheit von Körper und Geist sind nicht statisch. Sie müssen ständig erobert werden durch ständige Arbeit (Montessori 1994 b, S. 84). „Die Arbeit ist der Grundstein für die Freiheit" (Montessori 1968, S. 23). Gemeint sind zielgerichtete Aktivitäten, Konzentrationsprozesse im Sinne der (→) Polarisation der Aufmerksamkeit. In dieser Konzentration entsteht die Disziplin aus und in den Kindern selbst (Montessori 1968, S. 24).

Die sich entwickelnde „Willensqualität der Beständig-keit" als Ausdruck der „Beharrlichkeit in der Arbeit" nennt Montessori eine Eigenschaft der „fortdauernden Einheit der inneren Personalität" (Montessori 1991, S. 168). Freiheit erweist sich als Selbstvollzug, als Vollzug der Personalität (Ritter 1972, S. 1098).

3.3 Freigabe - Weg der Unabhängigkeit: Freigabe bedeutet das Bemühen, „dem Kind zu helfen, selbständig zu werden" (Montessori 1968, S. 9). Erzieherische Hilfe muß darauf gerichtet sein, „das Kind auf den Weg der Unabhängigkeit zu führen" (Montessori 1994 a, S. 64). Unabhängigkeit als Frühform der Freiheit ist dann gege-ben, „wenn das Individuum ohne Hilfe anderer handeln kann mit dem Bewußtsein, eine lebendige Einheit zu sein" (Montessori 1973, S. 52). Die Bildung der so ent-stehenden freien Individualität als Basis der Persönlich-keit vollzieht sich im ersten Lebensjahrzehnt, und zwar durch Möglichkeiten, selber zu handeln (Montessori 1968, S. 23). Freigabe bedeutet nicht, daß das Kind „vernachlässigt und ohne Fürsorge" gelassen wird (Mon-tessori 1991, S. 19). Es gilt, die Grenze zwischen Frei-heit und Vernachlässigung aufzufinden und Überlegun-gen anzustellen, welches „Was" mit der Freigabe ver-bunden werden muß (Montessori 1991, S. 73).

3.4 Freigabe - Situationen verpflichtender Art: Mon-tessori versteht unter dem mit der Freiheit verbundenen „Was" die zur Ermöglichung kindlichen Selberhandelns bereitzustellende Anregungsumwelt, in der das „Vorrecht der freien Wahl" zu gelten hat (Montessori 1985, S. 122) (→ vorbereitete Umgebung). Buytendijk sagt dazu, daß es Montessori gelungen sei, „Situationen von einer höchst verpflichtenden Art erfunden zu haben" (Buyten-dijk 1970, S. 299). Entscheidend sind die freie Wahl und die Entscheidung für den Umgang mit einer Sache, das Sicheinlassen auf sie sowie die Akzeptanz ihrer Eigen-schaften oder Gesetzmäßigkeiten mit ihren Handlungsan-forderungen. Buytendijk interpretiert diese Haltung als

Entfaltung sittlicher Freiheit, „wenn sie durch die Wahlfreiheit hindurchgeht und eine schöpferische Bindung
eingeht: Was einen Akt voraussetzt, in dem das Kind sich
entscheidet, die Verantwortung zu tragen. Dieser Akt ist
derjenige, in welchem das Ich sich erfüllt und sich
darstellt als eine Persönlichkeit in ihrer menschlichen
Würde" (Buytendijk 1970, S. 298). Diese Interpretation
findet sich bei Montessori in einer Kurzformel: „Die
Freiheit der Wahl führt zur Würde des Menschen"
(Montessori 1985, S. 122).

Literatur: Buytendijk, F.J.J.: Gelebte Freiheit In: Schulz-
Benesch, G.: Montessori. Darmstadt 1970, S. 282-303; Helming, H.: Montessori-Pädagogik. Freiburg [14]1992; Holtstiege,
H.: M. Montessoris Neue Pädagogik. Freiburg 1987; Montessori, M.: Die Entdeckung des Kindes. Freiburg [11]1994 a;
dies.: Das kreative Kind. Freiburg [10]1994 b; dies.: Die Freiheit muß aufgebaut werden. In: Montessori-Werkbrief 3/4
(1985), S. 121/122; dies.: Frieden und Erziehung. Freiburg
1973; dies.: Grundlagen meiner Pädagogik. Heidelberg
[3]1968; dies.: Kinder sind anders. Stuttgart [10]1978; dies.:
Schule des Kindes. Freiburg [4]1991; Müller, M. u.a.: Kleines
philosophisches Wörterbuch. Freiburg 1984; Oswald, P.: Der
Freiheitsbegriff bei M. Montessori. In: Montessori-Werkbrief
3/4 (1983) S. 59-67; Ritter, J. (Hg.): Historisches Wörterbuch
der Philosophie, Band 2. Darmstadt 1972.

Hildegard Holtstiege

Friede und Erziehung

*1. Historisch-biographische Einordnung und Quel-
lenlage:* Wenn Montessori 1949, 1950 und 1951 für den
Friedensnobelpreis nominiert wurde, so geschah dies
sicherlich in erster Linie um ihr großes und in der Zwi-

schenzeit mehrfach von der Vernichtung bedrohtes Lebenswerk zu würdigen.

In ihren früheren pädagogischen Schriften, deren Schwerpunkt ja in der Beschreibung ihres Weges der Entdeckung des Kindes und der daraus zu ziehenden ja notwendigen pädagogischen Konsequenzen liegt, spielt der Aspekt des Zusammenhangs von Frieden und Erziehung eher eine nebengeordnete Rolle.

In den Vorträgen „Frieden und Erziehung" (Genf 1932, vor dem internationalen Büro für Erziehung des Völkerbundes) sowie „Für den Frieden" (Europäischer Kongreß für Frieden, Brüssel 1936), der Vortragsreihe „Die Bedeutung der Erziehung für die Verwirklichung des Friedens" (Amersfoort 1936), des Vortrags „Erzieht für den Frieden" (Kopenhagen Mai 1937), der Vortragsreihe „Erziehung für den Frieden" (Kopenhagen 1937, im Rahmen des internationalen Montessori-Kongresses) und schließlich des Vortrags „Erzieht für den Frieden" (London, Juli 1939) nimmt sie zu Fragen des Zusammenhangs zwischen Erziehung und Frieden aus ihrer Erfahrung und ihrer pädagogischen Grundhaltung heraus Stellung. Diese Vorträge finden sich gesammelt in dem von P. Oswald und G. Schulz-Benesch herausgegebenen Sammelband „Frieden und Erziehung", (Montessori 1973).

2. Montessoris Friedensbegriff: Frieden, verstanden als Aufhören vom Krieg, ist Sieg des Krieges (ebd., S. 2). Frieden, erlebt als Unterwerfung unter die Sieger, ist erneute Kriegsursache (Montessori 1973, S. 2). Im Gegensatz dazu definiert Montessori den Frieden positiv. „Der wahre Friede bedeutet Sieg der Gerechtigkeit und der Liebe unter den Menschen: bedeutet eine bessere Welt, in der Harmonie herrscht" (ebd., S. 4). Diese drei Elemente beschreiben die ganze Breite des Montessorischen Friedensbegriffes. Gerechtigkeit umschließt das soziale, ökonomische und rechtliche Feld. Liebe lenkt den Blick auf die moralische und ethische sowie sittlich religiöse Dimension. Harmonie läßt Verschiedenheiten zu, die letzten Endes jedoch zu einer Übereinstimmung in der Verschiedenheit führen dürfen.

3. Montessoris Forderung nach einem Neuansatz der Friedensforschung: Einen ersten Ansatz finden wir in ihrer Forderung, die moralische Begründung von Kriegen und die moralische Begründung von Frieden in ihrer Unterschiedlichkeit zu beschreiben und zu vergleichen. Damit wird deutlich, daß sie Friedens- und Kriegsethik in keinem linearem Zusammenhang sieht (ebd., S. 4). Da nach ihrer Auffassung trotz der vorliegenden zahlreichen historischen und soziologischen Untersuchungen zur Kriegsursachenforschung noch keinerlei konkrete Wegweisung zur Kriegsverhinderung ermittelt worden ist, schlägt sie vor, Friedensforschung auf einem Feld ansetzen zu lassen, das ihrer Auffassung nach bisher nicht berücksichtigt wurde.

„Diese Wissenschaft müßte meiner Ansicht nach besonders zwei Realitäten in Betracht ziehen und ausnützen. Die eine ist die Tatsache, daß es ein neues Kind gibt; daß es uns heute gelungen ist, die notwendigen Mittel für seine normale Entwicklung bereitzustellen, die Gesetze zu entdecken, die uns einen ganz anderen Menschen (...) offenbaren. Die andere ist, daß die Menschheit heutzutage unter vielen Gesichtspunkten eine einzige Nation bildet" (ebd., S. 103 f). Friedensforschung hat also in diesem Sinne einerseits den Auftrag, die Gesetze einer „normalen" Entwicklung des Kindes zu erkunden, andererseits die Aufgabe, die weltweiten Verwobenheiten und Verantwortlichkeiten aufzuzeigen. Beide Elemente müssen in ihrem Zueinander gesehen und für eine Gestaltung und Entwicklung des Friedens erforscht werden.

4. Friedenserziehung im pädagogischen Feld: Wenn Montessori eine Friedensforschung fordert, die weitab von den bisherigen Forschungswegen ansetzen müsse, so tut sie einen ersten, eigenen Schritt in diese Richtung, wenn sie, wenngleich auch nur thesenhaft, deutlich macht, daß eine fehlgeleitete Erziehung durchaus Ursache des Krieges, des Unfriedens zwischen den Menschen und den Völkern werden könne. Folgende Ursachen zeigt sie auf:

- Der Erwachsene sei dazu berufen, dem Kind die von der Gesellschaft gewünschte psychische Form zu verleihen (ebd., S. 14). Hier macht sich der Erwachsene zum Schöpfer des Kindes, mißdeutet damit seine Funktion, mißbraucht seine Macht und stiftet in der kindlichen Seele die Ursache für Unfrieden.

- Der Erwachsene mache seine persönliche Entwicklung zum Maßstab für die Entwicklung des Kindes. „Hier beginnt der Kampf zwischen dem Starken und dem Schwachen, der für die Menschheit verhängnisvoll ist" (ebd., S. 16). Dort, wo der Erwachsene einen Menschen nach seinem Bilde formen will, zerstört, zumindest gefährdet er Individualität, schafft Abhängigkeit und Unfreiheit und verursacht damit Auflehnung, Kampf, Unfrieden. Und dies bereits in frühester Kindheit.

- Verlierer in einer solchen Kampfbeziehung ist aufgrund der vorgefundenen Machtstrukturen in der Regel das Kind. Dieser verlorene Machtkampf hat Konsequenzen für die psychische Struktur des Kindes. „Daraus ergibt sich die schwache und schwankende menschliche Personalität" (ebd., S. 17). Das hier vermittelte und grundgelegte Modell von Siegen und Verlieren kann zum Grundmodell für das soziale Leben werden. Insofern sind die ersten Schritte familialer Erziehung gleichzeitig erste Schritte in Richtung Frieden oder Unfrieden nicht nur im einzelnen Kind und in der Familie, sondern in Folge auch für die Beziehungen der Menschen untereinander.

Nachdem Montessori zunächst den pädagogischen Bezug in seiner Bedeutung für die Gestaltung oder Verhinderung von Frieden grundsätzlich in den Blick nimmt, wertet sie auch den Beitrag der institutionalisierten Einrichtungen der Erziehung für oder gegen den Frieden. Ihre Grundthese ist, daß auch die Praxis der Erziehungsinstitutionen zur Ursache von Unfrieden zwischen den Menschen werden kann. Dabei lassen sich folgende Aspekte aufweisen:

- Wo frei gewählte und selbstverantwortete Tätigkeit nicht zugelassen wird, wird zur Unmündigkeit erzogen. Unmündigkeit aber bildet einen Menschen heran, der sich von anderen abhängig machen läßt (vgl. ebd., S. 18 f).

- Tadel und Entmutigung, auch in Form von sogenannten Zensuren verursachen mangelndes Selbstbewußtsein. Ein entmutigtes und getadeltes Kind wird als Erwachsener unfähig sein, Widerstand zu leisten, besonders dann, wenn er aufgefordert ist, sich Entwicklungen zu widersetzen, die den Frieden zwischen den Menschen gefährden (ebd., S. 19).

- Wo Kindern Gehorsam aufgezwungen wird, wo sie nicht die Möglichkeit erhalten, das, was sie tun, von innen her zu bejahen, werden Erwachsene herangebildet, die bereit sind. sich der Schicksalhaftigkeit der Dinge zu unterwerfen (ebd., S. 19).

- Strafe wie auch Lob vor der Klasse und dem Einzelnen flößen dem Kind Meinungsängste ein, vor allen Dingen dann, wenn damit ein Gefühl von Ungerechtbehandelt-worden-sein verbunden wird. „Und unter diesen und vielen anderen Anpassungen, die zu einem Gefühl der Unterlegenheit führen, öffnet sich der Weg zu Ergebenheit den Führern gegenüber" (ebd., S. 19).

- Eine Einrichtung, in der es verboten wird einander zu helfen, weil man dadurch Leistungsgerechtigkeit und Leistungsbeurteilung nicht mehr gesichert sieht, verführt dazu, denjenigen, der dennoch hilft, zu denunzieren, um einen eigenen Vorteil zu erwirtschaften (ebd., S. 19 f). Diese Erziehung zum Denunziantentum stiftet Unfrieden in den mitmenschlichen Beziehungen.

- Eine Erziehung, die darauf abzielt, Sieger und Besiegte zu schaffen, in dem sie Sieger auszeichnet und Besiegte fallen läßt, schafft Menschen, deren Lebensprinzip Konkurrenz und Sieg wird. Dadurch schafft sie Unfrieden (ebd., S. 20).

An diesen Stichworten wird deutlich, daß Montessori als Grundlage einer Friedenserziehung einerseits eine neue Sicht des Kindes, andererseits aber eine ermutigende zum verantwortlichen Umgang mit (→) Freiheit befähigende, offene Schule als Beitrag zur Friedenserziehung fordert.

5. Leitlinien einer Friedenserziehung im Sinne der Montessori-Pädagogik: Aus dem Gesagten lassen sich einige Leitlinien für eine Friedenserziehung im Sinne Montessoris ableiten. Man könnte sie so zusammenfassen:

- Der Erwachsene muß den Mut zum Perspektivenwechsel haben. Er muß sich und die Welt mit den Augen des Kindes und dessen Möglichkeiten und Fähigkeiten zu sehen bereit sein. Wenn er auf diese Art wieder naiv wird, wird er entdecken, daß der Entwurf des Menschen, wie er im Kinde sichtbar ist, ein Entwurf auf Frieden, Gerechtigkeit und Liebe hin ist. Es ist nun seine Aufgabe, eine Welt zu schaffen, die diesem Entwurf des Menschen weitgehend gerecht wird.

- Wesentliche Aufgabe des Erwachsenen besteht dann darin, dem Kind eine (→) „vorbereitete Umgebung" zu schaffen und zu sein. Insofern nimmt sich der Erwachsene in die Pflicht und in den Dienst. Er wird auf Macht verzichten, um Machtkämpfe zu vermeiden.

- Weil der Mensch in seiner Freiheit ein angefochtener ist, wird der Erwachsene sich in den Dienst des Kindes so stellen, daß er ihm die Einübung in Freiheit mit dem Ziel der Autonomie ermöglicht. Dies geht nur, in dem der Erwachsene dem Kind die Bedingungen zur freigewählter Selbsttätigkeit in vorbereiteter Umgebung schafft.

- Diese zu einer autonomen Moral in Freiheit befähigende Umgebung, deren Gestalter, Anreger und Garant der Erwachsene ist und bleibt, ermöglicht dem Kind Selbstkontrolle, Selbstdisziplin, um damit die Widerstandsfähigkeit gegen Fremdkontrolle und blinde Unterwerfung zu stärken.

- Dabei ist es von Bedeutung, daß die Welt in ihren Zusammenhängen, in ihrer gegenseitigen Verwiesenheit erkannt, wahrgenommen und angenommen werden kann. Von daher haben die Einrichtungen der Erziehung ein vernetztes Denken und das Bewußtsein von Selbstverantwortung und Weltverantwortung zu fördern. Auch dies muß Strukturelement der Erziehungsinstitutionen sein (→ Kosmische Erziehung).

Diese Ansätze sind entfaltet in der pädagogischen Anthropologie und Entwicklungspsychologie Montessoris, sind verwirklicht im System der Montessori-Institutionen, werden konkretisiert im Selbstverständnis des Montessori-Erziehers, sind anschaulich im Montessori-Material als Bestandteil der vorbereiteten Umgebung, führen zur Welt- und Selbstverantwortung in ganzheitlicher und kosmischer Erziehungspraxis.

Montessori hat in Beobachtung, Nachsinnen und Handeln entdeckt, daß das Kind Frieden in sich trägt und Frieden bringen kann, wenn die Bedingungen, die der Beliebigkeit des Erwachsenen unterworfen sind, kindgemäß sind. Daher fordert sie, ernstzunehmen und anzunehmen, was letzten Endes die Summe ihrer Botschaft ist: „Wir sind überzeugt, daß das Kind viel für uns tun kann, mehr als wir für es tun könnten" (ebd., S. 134). So bleibt für denjenigen, der nach dem Frieden fragt und sucht, Montessoris Aufforderung, mit ihr den Weg der Entdeckung des Kindes zu gehen, um dann herauszufinden: „Das Kind würde vor uns als Lehrmeister des Friedens erscheinen" (ebd., S. 134).

Literatur: Montessori, M.: Frieden und Erziehung, Freiburg 1973.

Ulrich Steenberg

Geist, absorbierender

Mit dem Begriff „absorbierender Geist" (absorbent mind) versucht Montessori Phänomene der kindlichen Entwicklung zu fassen und zu verstehen, die wir bei kleinen Kindern immer wieder staunend wahrnehmen. In den ersten Lebensjahren erwirbt ein Kind z.B. seine „Muttersprache" mit allen Feinheiten der Aussprache, des Satzbaus und der Grammatik ohne große Mühe. Die so erworbene Sprache wird zum sicheren Können, ist Teil der Person (→ Sprache, Spracherziehung).

„Die Bewegung ist eine weitere wunderbare Eroberung des Kindes. Als Neugeborenes liegt es monatelang ruhig in seinem Bettchen. Und siehe da, nach einiger Zeit läuft das Kind, bewegt sich in seiner Umgebung, beschäftigt sich, freut sich und ist glücklich ... Viele andere Dinge erlernt das Kind mit erstaunlicher Schnelligkeit. Es macht sich alles aus seiner Umgebung zu eigen: Gewohnheiten, Sitten, Religion prägen sich fest in seinen Verstand ein" (Montessori 1978, S. 24) (→ Bewegung).

Montessori kommt zu dem Schluß: das Kind müsse über eine andere Geistesform verfügen als der Erwachsene, der willentlich, bewußt und oft sehr mühsam neue

Fertigkeiten, neues Wissen erwerben muß. Im Kind dagegen sei noch ein „absorbierender Geist" wirksam, der es ihm in den ersten Lebensjahren möglich macht, Anregungen aus seiner Umgebung mit Leichtigkeit aufzusaugen wie ein Schwamm. Dieses Aufsaugen, dieses Absorbieren geschieht nicht willentlich und bleibt unbewußt.

Drei Merkmale kennzeichnen somit den Aneignungsprozeß, der sich durch den „absorbierenden Geist" im Kind vollzieht: er geschieht unbewußt, leicht und ist von nachhaltiger Dauer. Montessori gebraucht den Begriff „absorbierender Geist" erstmals 1946 in dem in Madras erschienenen Buch „Education for a New World". Allerdings ist mit dem Begriff „absorbierender Geist" mehr gemeint als nur das Aufnehmen von Eindrücken und Anregungen aus der Umwelt. Die Eindrücke formen und bilden zugleich den Geist. „Das Kind erwirbt im Laufe seiner Entwicklung nicht nur die menschlichen Fähigkeiten, die Kraft, die Intelligenz, die Sprache; es paßt gleichzeitig auch das Wesen, das es aufbaut, den Umweltbedingungen an" (Montessori 1978, S. 56).

Es nimmt also Eindrücke aus seiner Umgebung nicht nur passiv auf, sondern formt seine Bewegungen, seine Sprache, seine Wahrnehmung der jeweiligen Umgebung entsprechend und bildet so sein Wollen, Handeln, Denken und Fühlen für seine Welt aus. „Das Kind schafft gleichsam sein 'geistiges Fleisch' im Umgang mit der Umgebung" (Montessori 1978, S. 23).

Den Vorgang des Absorbierens der Sprache vergleicht Montessori mit dem Vorgang beim Entstehen einer Fotographie, wo mühelos und schnell eine Fülle von Gegenständen auf dem Film festgehalten und im Dunkeln entwickelt wird. Dieser Vergleich macht zwar die Leichtigkeit, das Unbewußte und die Dauerhaftigkeit des Aneignungsprozesses deutlich, doch weckt er auch die Vorstellung, das Kind sei als unbeschriebenes Blatt passiv den Eindrücken der Umgebung ausgeliefert. Damit

94

wird die aktive und auswählende Beteiligung des Kindes an dem Aneignungsprozeß unterschlagen. Es ist also Vorsicht geboten im Gebrauch dieses Bildes.

Diese Gedanken Montessoris zur frühkindlichen Entwicklung haben in den letzten Jahrzehnten durch Forschungen der Neurophysiologie in gewisser Weise eine naturwissenschaftliche Bestätigung erfahren. So beschreibt z.B. Frederic Vester (1978), daß bis zur Geburt zwar der größte Teil des menschlichen Gehirns ausgebildet ist, die restlichen Zellen und Verknüpfungen aber erst in den Wochen und Monaten nach der Geburt entstehen. „Natürlich können wir uns an diese früheste Zeit nicht mehr erinnern. Doch diese frühen Informationen durch unser erstes Tasten, Riechen, Schmecken, Fühlen sind ganz ähnlich wie die Erbinformationen (und ebenfalls im Unterbewußtsein oder Unbewußten) fest gespeichert, ja fester sogar als die meisten späteren bewußten Erinnerungen. So arbeitet jeder von uns noch mit genau denselben Zellen, die er schon als Säugling entwickelt hatte..." (Vester 1978, S. 37)

Das Einzigartige dieses nachgeburtlichen Wachstums von Gehirnzellen und deren Verknüpfungen sieht Vester darin, daß die Zellen je nach der vorhandenen Umwelt anders wachsen. „Es ist dies die einzige Zeit, in der sich äußere Einflüsse wie die Wahrnehmung durch das Auge, die Nase, den Geschmack, Hören und Fühlen, in der Ausbildung des Gehirns direkt niederschlagen können, das heißt in anatomischen Veränderungen, in festen Verknüpfungen zwischen den wachsenden Zellen" (Vester 1978, S. 38).

Ähnlich stellt der Neurologe Dichgans fest, daß die strukturelle Entwicklung des Nervensystems beim Menschen mit der Geburt keineswegs abgeschlossen sei, sondern noch über Monate und Jahre sich fortsetze. „Was zunimmt ist die Dichte der Verknüpfungen zwischen Nervenzellen ... Dies geschieht in Auseinandersetzung mit der visuellen Umwelt, wobei Gebrauch und Nichtgebrauch über Art und Dichte der späteren funktionellen Verknüpfungen und den Untergang anderer Potentialitäten entscheiden" (Dichgans 1994, S. 245 f.).

Wie bei Montessori werden auch von der Neurophysiologie diese Prozesse als unbewußt und von nachhaltiger Wirkung beschrieben. Ebenso wird die Bedeutung der jeweiligen Umgebung für die Ausbildung der Gehirnstrukturen deutlich. Vor diesem Hintergrund wird auch verständlich, was Montessori meint, wenn sie von der „Mneme" als einer besonderen Form des Gedächtnisses spricht, das sie als „vitales Gedächtnis" bezeichnet. Das aus dem Griechischen stammende Wort „Mneme", das zunächst einfach Erinnerung und Gedächtnis heißt, wird im Fremdwörterduden ergänzend beschrieben als „Fähigkeit lebender Substanz, für die Lebensvorgänge wichtige Informationen zu speichern".

Die pädagogischen Konsequenzen, die sich aus diesem Verständnis frühkindlicher Entwicklung ergeben, sind naheliegend. Das Kind muß aus seiner Umgebung Anregungen aufnehmen können. Es braucht eine vorbereitete Umgebung zur Ausbildung seiner Fähigkeiten und Fertigkeiten. Montessori fordert darum eine besonders (→) vorbereitete Umgebung schon für den Säugling unmittelbar nach der Geburt. Das Neugeborene soll sich von der Welt angezogen und nicht abgestoßen fühlen. In den ersten Lebenstagen soll das Kind mit seiner Mutter möglichst viel Kontakt haben und vorsichtig behandelt und getragen werden. Das Licht und die Geräusche sollen gedämpft sein (Montessori 1978, S. 91). Bald beginnen die Sinne des Kindes selbst Eindrücke zu suchen. Das Kind paßt sich an die Umgebung an. Allerdings genügt es nicht, für das Kind eine anregungsreiche Umgebung zu schaffen. Die spontane Initiative, die vitale Energie des absorbierenden Geistes kann sich nur entfalten, wenn die Grundbedürfnisse des Kindes nach Nahrung und liebender Zuwendung befriedigt sind und das Kind sich sicher fühlt. Montessori benennt diese

Voraussetzungen mit den Begriffen „Milch und Liebe" (Oswald/Schulz-Benesch 1987, S. 52).

Weil aber die Zeitspanne der Wirksamkeit des absorbierenden Geistes auf die Jahre der frühen Kindheit begrenzt ist, möchte Montessori diese Zeit besonders nutzen, und wo es möglich wäre, sogar ausdehnen. Da wir aber diese Periode nicht verlängern können, ist es wichtig, daß das Kind schon im frühen Alter die Möglichkeit hat, grundlegende Erfahrungen zu machen, Erkenntnisse in dieser unbewußten Form in sich aufzunehmen und zu verwurzeln. Hierin ist der Grund zu sehen, warum Montessori schon im Kinderhaus so anspruchsvolle Dinge wie geometrische Formen und Körper, das Dimensionsmaterial, das goldene Perlenmaterial usw. anbietet.

Aus unserer heutigen Computer-Welt-Sicht mögen sich für den Werdeprozeß des Menschen als Analogien Begriffe wie „Hardware", „Software", „Speicher" anbieten. Wenn Montessori jedoch für die Wirksamkeit des absorbierenden Geistes die theologischen Begriffe „Inkarnation" oder „Fleischwerdung" gebraucht, dann weist sie damit über ein technologisches Verständnis menschlicher Entwicklung hinaus. Sie will damit ihre Vorstellung zum Ausdruck bringen, „in dem Körper eines Neugeborenen sei ein Geist Fleisch geworden, um auf dieser Erde zu leben" (Montessori 1952, S. 48) und nicht nur ein Organismus, der aus dem Nichts kommt. Montessori macht damit deutlich, daß sie in der Entwicklung des Menschenkindes nicht nur einen biologischen Vorgang sieht und darum bewußt Begriffe wählt, die das Geheimnis der Menschwerdung Gottes bezeichnen (→ religiöse Erziehung).

Allerdings beläßt es Montessori nicht bei dem Hinweis auf das Geheimnis, vielmehr betont sie die Verantwortung der Erwachsenen für die Gestaltung der Umgebung, die das Kind absorbiert. Die Bedeutung der alltäglichen Umgebung, in der das Kind mit den Erwachsenen lebt, hebt Montessori nachdrücklich hervor. Die alltäglichen Handlungen, die Art miteinander zu reden, miteinander umzugehen, unsere Wertvorstellungen, Tischsitten, unsere Art, Feste zu feiern, der Tagesablauf, die Arbeit, oder wie wir ein Gewitter erleben, Stimmungen, Freude, Trauer, Streit, Grußformen, alles nimmt das Kind unbewußt in sich auf. „Der absorbierende Geist nimmt alles auf, hofft alles, akzeptiert die Armut wie den Reichtum, akzeptiert jeden Glauben, die Vorurteile und Gebräuche seiner Umgebung: Er inkarniert alles. Das ist das Kind" (Montessori 1978, S. 263).

Mit dem oft unreflektiert gelebten Alltag tragen die Erwachsenen dazu bei, wie ein Kind wird, welche Werte und Vorstellungen sein Denken und Handeln bestimmen werden. In unserem alltäglichen Leben sind wir so nicht nur in der Verantwortung gegenüber unseren Mitmenschen, vielmehr sind wir unausgesprochen auch mit der Frage konfrontiert, wie wir unsere Art zu leben vor der nachwachsenden Generation verantworten; ob wir wollen, daß sie diese Welt, diese Art zu reden, zu denken und zu handeln, in sich aufnehmen; ob wir es vor ihnen zu rechtfertigen vermögen, wenn sie erwachsen sind, warum wir dieses tun und jenes lassen.

In diesem Verständnis des absorbierenden Geistes ist wohl auch der Grund zu sehen, warum sich Montessori mit der (→) religiösen Erziehung, der (→) Friedenserziehung und der (→) kosmischen Erziehung so stark beschäftigt hat. Der Glaube an Gott, die Einbindung des Menschen in den Kosmos, seine Mitverantwortung für die Welt und die Erfahrung des gemeinsamen Lebens in Frieden sollen im absorbierenden Geist verwurzelt werden.

Literatur: Dichgans, J.: Die Plastizität des Nervensystems. Konsequenzen für die Pädagogik. In: Z. f. Päd. Jg. 40 (1994), S. 229-246; Montessori, M.: Das kreative Kind. Der absorbierende Geist. Freiburg [4]1978; dies.: Kinder sind anders.

Stuttgart 1952; Oswald, P./Schulz-Benesch, G.: Grundgedanken der Montessori-Pädagogik. Freiburg [8]1987; Vester, F.: Denken, Lernen, Vergessen. München 1978.

Gerhard Klein

Geist, mathematischer

Maria Montessori war Ärztin und Physiologin genug, um zu wissen, daß das menschliche Gehirn in seinen beiden Hälften die zentrale Instanz ist, von der aus alle Lebens- und Entwicklungsvorgänge des Menschen gesteuert bzw. geregelt werden. Aus anthropologischen Gründen, besonders auch, um die einzigartige Funktionsweise des menschlichen Gehirns im Unterschied zum (höheren) Tier deutlich zu machen, benutzt sie aber bevorzugt den Begriff des „Geistes" (Montessori 1972, S. 164 ff.), wenn sie über Entwicklungsvorgänge der menschlichen „Person" (→) und deren Förderung spricht.

Als Pädagogin war ihr klar, daß alle „Erziehung", wenn sie dem Menschen in seiner psycho-physischen Besonderheit gerecht werden will, „nicht gegen" den Geist des Kindes und Jugendlichen arbeiten kann, sondern nur *mit* ihm, unter Ausnutzung seiner jeweils gegebenen Möglichkeiten. Bei aller Bedeutung, die sie dem Leiblichen, zumal der Bewegung und den Sinnesorganen, zukommen läßt, betont sie, daß alle Erziehung primär den Geist der Heranwachsenden, als schöpferischem Motor aller Lernprozesse (selbst im Sport) anzielen muß. Nur wenn das geschieht, kann sich die „Polarisation der Aufmerksamkeit" (→) (Montessori 1972, S. 180 ff.) einstellen und damit „Bildung" (Montessori 1966, S. 26 ff.) geschehen. Für PädagogInnen, die im Sinne des entwicklungspädagogischen Ansatzes Montessoris („Psycho-Pädagogik", Montessori 1966, S. 29 und 3) arbeiten

99

wollen, ist es daher notwendig, über die Funktionsweisen des Geistes Grundlegendes zu wissen (→ auch: „Absorbierender Geist": Die Geistesform des Kleinstkindes, Montessori 1972, S. 23 ff.).

1. Geist - Intelligenz: „Der Geist neigt von Natur aus dazu, die Eigenschaften unabhängig von den Gegenständen zu unterscheiden" (Montessori 1972, S. 164). Dazu gehört auch die Fähigkeit, generelle „Synthesen zu machen", das heißt, aus den unzähligen Dingen der Umgebung etwas Allgemeines (wie z.B. das Alphabet im Bereich der Wörter und Sätze) herauszuziehen. „Diese Fähigkeit ist die natürliche Veranlagung des Geistes zur Abstraktion" (Montessori 1972, S. 164). Ebenfalls von Natur aus hat der menschliche Geist aber auch „die Fähigkeit, sich Dinge vorzustellen, die er nicht vor sich sieht" (Montessori 1972, S. 164).

Diese zwei Vorstellungsinhalte bilden auch Montessoris „Intelligenz"-Begriff, der in ihren Schriften daher auch nicht genau von „Geist" unterschieden wird:

Die „Intelligenz" des Menschen zeigt sich spezifisch in zwei Ausprägungsformen: 1. der Einbildungsfähigkeit bzw. Vorstellungskraft und 2. in der Abstraktionsfähigkeit (Montessori 1972, S. 164). Beide spezifischen Eigenschaften des menschlichen Geistes stehen beim geistigen Aufbau im Rahmen der Persönlichkeitsentwicklung in enger (vernetzter) Beziehung zueinander. Die erste Fähigkeit zeigt sich, im Unterschied zum Tier, durch ihre Dynamik, die bis ins Unendliche eindringen kann. Die zweite Fähigkeit ist gekennzeichnet durch ihre Entwicklungsmöglichkeit und besondere Plastizität. Dabei sind aber die geleisteten Abstraktionen jeweils genau begrenzt, ja, die „Grenzen sind um so wertvoller, je genauer sie sind" (Montessori 1972, S. 164). „Intelligenz", in dieser weiten Fassung, als dynamische Fähigkeit zum Verstehen und flexiblen Lösen von Problemen, zeigt sich in verschiedenen, analytisch zu unterscheidenden Bereichen des menschlichen Lebens (in Motorik,

Kognition, Denken, Mathematik, Sprache, Poesie, Musik, Forschung, sozialer Interaktion, praktischem Handeln...).

2. Mathematischer Geist: Maria Montessori gibt dem Teil des menschlichen Geistes, „der sich durch die Exaktheit" im Rahmen seiner Abstraktionsfähigkeit aufbaut, einen besonderen Namen: „Mathematischer Geist" (Montessori 1972, S. 165). Sie übernimmt ihn von Blaise Pascal († 1662), dem französischen Philosophen, Physiker und Mathematiker: „Er behauptete, daß die Form des menschlichen Geistes eine mathematische sei; das Abschätzen der exakten Dinge führt zum Wissen und zum Fortschritt" (Montessori 1972, S. 165).

Für die Zuordnung der zwei Intelligenz-Fähigkeiten legt Montessori fest: So ist die Geistesform des Menschen d i e Struktur, „in der sich a l l e durch direkte Wahrnehmung o d e r Vorstellung erworbenen Reichtümer einordnen können, eine fundamentale 'Ordnung'" (Montessori 1972, S. 165). (Sperrg. H. T.)

Somit ist der „mathematisch" genannte Geist ein „umfassend ordnender" Geist, der sich - mit heutiger Formulierung - sowohl im konvergenten als auch divergenten Denken und korrespondierenden Handlungen zeigt. Damit formuliert Montessori nicht nur einen theoretischen Ansatz zur Erkenntnisverarbeitung, sondern auch zur Erklärung von „kreativ"-gestaltenden menschlichen Handlungen. Damit wäre z.B. - für viele überraschend - musikalisches Gestalten ein Ordnen von inneren Vorstellungen und deren Ausdruck in Tönen. Montessoris Formulierungen gehen noch weiter: Prüft man „das Werk derer, die in der Welt Spuren ihrer für den Fortschritt der Kultur nützlichen Erfindungen hinterlassen haben, wird deutlich, daß sie von einer Ordnung ausgingen, von einer Genauigkeit, die sie dazu geführt hat, etwas Neues zu schaffen. Auch auf dem imaginären Gebiet der Musik und Poesie finden wir eine exakte

Basis, die als 'Metrum', das heißt Maß, bezeichnet wird" (Montessori 1972, S. 465).

3. Entdeckung des Mathematischen Geistes: Da
Montessoris Geist-Begriff als ein hypothetisches, d.i. gedankliches, aus Lernvorgängen erschlossenes „Konstrukt" anzusehen ist, ist es methodologisch korrekt, wenn sie angibt, wie sie zu diesem Begriff gekommen ist.

Ein Feld ihrer Beobachtung war der Umgang kleiner Kinder mit den Sinnesmaterialien (→). Diese dienen, im Verständnis Montessoris, ja nicht zur Vermittlung basaler Sinneserfahrungen, sondern zur geistigen Verarbeitung schon gewonnener, vielfältiger Eindrücke. Sie kennzeichnet sie daher als „materialisierte Abstraktion" (Standing o.J., S. 103 ff. und Montessori 1972, S. 165).

„Bei unseren kleinen Kindern hat sich der mathematische Geist auf eine besondere und spontane Weise geäußert. Wenn wir sie die präzise Exaktheit beim Arbeiten lehrten, schien gerade diese Präzision sie zu interessieren" (Montessori 1972, S. 165). Montessori vermutet drei Beweggründe:

1. Die Kinder wollten ein wirkliches Ziel mit ihren Arbeiten erreichen,
2. die genaue Ausführung hielt das Kind konstant bei seiner spontanen Tätigkeit,
3. es konnte einen Fortschritt in seiner Entwicklung - ihm unbewußt - verwirklichen.

Montessoris pädagogisches Fazit lautet daher: „Die Ordnung und die Präzision sind die Richtlinien bei der spontanen Arbeit" (Montessori 1972, S. 165).

Ein zweites Feld der Entdeckung des mathematischen Geistes, auch schon bei kleinen Kindern, war deren Umgang mit dem Mathematischen Material (Montessori 1989, S. 23 ff.). Zunächst war Montessori der (durchaus noch heute verbreiteten) Meinung, „Mathematik" und mathematisches Denken seien viel zu schwer für kleine Kinder; erst Grundschulkinder seien in der Lage, sich damit produktiv auseinanderzusetzen. Ihre teilweise zufällig gewonnenen Beobachtungen im „Kinderhaus" belehrten sie eines besseren: Schon viereinhalbjährige Kinder, denen man das Basismaterial zur Bildung des Zahlbegriffs und zur Einsicht in das Dezimalsystem anbot, waren in der Lage, „das arithmetische System anzuwenden" (Montessori 1989, S. 23). Dies bezog sich sowohl auf den Umgang mit Zahlen und mathematischen Operationen als auch auf die Übertragung zur kompetenten Verwendung der Zeichen des Alphabets und der Bildung von Wörtern und grammatikalisch richtigen Sätzen. Für Montessori ist eine Furcht vor der Mathematik (Arithmetik und Geometrie) und danach auch dem Rechnen durchaus nicht angebracht! Grund: Der menschliche Geist ist von Natur aus schon ein mathematischer Geist! (Helming 1992, 417 ff.) Es kommt nur darauf an, ihn in angemessener Weise im Kinde zu aktivieren! (Igl/Vogl 1992, S. 94 ff.)

4. Prinzipien für die Erziehung: Die Grundrichtung einer den geistigen Entwicklungsmöglichkeiten der Kinder angepaßten Weise der Erziehung formuliert Montessori lapidar: Wir müssen in der Erziehung den zwei „geistigen Eigenschaften Rechnung tragen. Obwohl die eine der beiden in jedem Individuum vorherrscht, müssen beide Eigenschaften nebeneinander bestehen und sich ergänzen. Würde die geistige Erziehung der Kinder nur der Einbildungskraft Rechnung tragen, führte das zu Unausgeglichenheit und schüfe ein Hindernis für die nützliche Orientierung in der Welt, das heißt, um zu praktischer Entscheidung im Leben zu kommen" (Montessori 1972, S. 165).

Literatur: Igl, J./Vogl, E.: Maria Montessori. Rheinfelden/Berlin 1992; Helming, H.: Montessori-Pädagogik. Freiburg [14]1992; Montessori, M.: Die Entdeckung des Kindes. Freiburg [6]1969; dies.: Das kreative Kind. Der absorbierende Geist. Freiburg [5]1972; dies.: Psychoarithmetik - Psico Aritmética, Thalwil/Zürich 1989; dies.: Über die Bildung des

Menschen. Freiburg 1966; Standing, E.M.: Maria Montessori - Leben und Werk. Oberursel i.T., o.J.

Heribert Tilmann

Grunwald, Clara

Clara Grunwald wurde am 11. Juni 1877 in Rheydt geboren, in jener Stadt, in der 20 Jahre später einer ihrer verantwortlichen Mörder zur Welt kam, Joseph Goebbels.

Clara war das älteste von elf Kindern einer jüdischen Kaufmannsfamilie. Der Vater, in der Textilbranche tätig, war geschäftlich ausgesprochen erfolglos. 1880 verließ die Familie Rheydt, wechselte ihren Wohnsitz nach Düsseldorf und Köln-Mülheim, um schließlich 1883 endgültig in Berlin eine Heimat zu finden. Bis zu ihrem Tod sechzig Jahre später wird Clara Grunwald in dieser Stadt bzw. in ihrer Nähe leben und arbeiten.

Wesentlich geschickter als in seinen Geschäften wirkte der Vater wohl in der Erziehung seiner Tochter. Clara hat ihn als lebenslustigen, toleranten, gerechten Menschen geschildert, den sie, im Unterschied zu ihrer Mutter, aufgrund dieser Eigenschaft verehrte und schätzte.

Diese divergierenden Kindheitserfahrungen weckten in Clara den Wunsch, Lehrerin zu werden, um die Erziehung von Kindern nach eindeutigen, neuen Maßstäben zu konzipieren. Über den Besuch der Höheren Töchterschule verwirklichte sie dieses Anliegen, schaffte den Sprung ans Lehrerinnenseminar und schloß dieses 1896 mit dem Examen ab. Es ist jenes Jahr, in dem die junge italienische Ärztin Maria Montessori (→) als Beauftragte ihres Landes zum ersten Mal Berlin besucht und auf einem Frauenkongreß spricht. Noch kennen sich die beiden nicht, Jahrzehnte später aber werden sie in einer intensiven und schließlich tragischen Beziehung miteinander verwoben sein.

Doch bleiben wir in der Biographie Clara Grunwalds. Selbst in einer Metropole wie Berlin und unter den starren bildungspolitischen Strukturen des Kaiserreichs macht sich die junge Lehrerin einen Namen, der für eine demokratische Erziehung, soziales Engagement und die Förderung verhaltensauffälliger Kinder steht.

1913 liest Clara Grunwald das klassische Werk der Reformpädagogik von Maria Montessori, das wir heute unter dem Titel „Die Entdeckung des Kindes" kennen. Ihre Faszination für die Montessori-Pädagogik kann durch den Ersten Weltkrieg nur aufgeschoben werden. Ab 1918/19 wird Clara Grunwald dann jedoch zur „Nestorin dieser Montessori-Pädagogik in Deutschland".

Es können hier nur Schlaglichter auf dieses für sie neue Aufgabengebiet geworfen werden:

- Clara Grunwald ist an der Gründung von Organisationen maßgeblich beteiligt. So wird sie die erste Präsidentin der Deutschen Montessori-Gesellschaft.
- Sie wirkt entscheidend mit an der Eröffnung von Kinderhäusern und Montessori-Schulen.
- Sie absolviert in London den Montessori-Diplomkurs und bildet nachfolgend selbst angehende Montessorianer aus.
- Bildungspolitisch organisiert und engagiert sie sich im Bund der Entschiedenen Schulreformer.
- Sie publiziert zahlreiche Artikel und Broschüren zur Montessori-Pädagogik.

Mindestens genauso bedeutsam wie dieser unermüdliche Einsatz erscheint die inhaltliche Rezeption der Montessori-Pädagogik durch Clara Grunwald.

„Die Kinder mußten volle Freiheit in der Wahl ihrer Beschäftigung haben, es mußte von ihnen abhängen, wie lange sie bei einer Beschäftigung verweilen, wann sie zu einer anderen übergehen oder ruhen wollten ... Sie mußten in all diesen Beziehungen frei sein, sollten die Beobachtungen wirklich wissenschaftlichen Wert erhalten, sollten sie unsere Kenntnis über die physischen und psychischen Bedürfnisse des Kindes, über die Kraft seiner spontanen Aufmerksamkeit, über seine Fähigkeiten usw. bereichern" (Grunwald 1995, S. 91).

„Die Schule, in der die Kinder sich frei bewegen können, lehrt sie nicht durch das Wort des Lehrers, nicht durch moralische Erzählungen, Tugenden, sondern läßt sie durch die Freude an der eigenen Arbeit der anderen gewinnen ..." (Grunwald 1995, S. 99)

Die Freiheit des Kindes, das ist das Zentrum der Montessori-Pädagogik; nur von hier aus sind ihre Phänomene, wie z.B. die tiefe Konzentration zu beobachten und ihre besonderen Materialien wirkungsvoll.

Clara Grunwald steht in den zwanziger Jahren im regelmäßigen Kontakt zu Maria Montessori. Im Laufe der Zeit verschlechtert sich aber ihre Beziehung und eskaliert im Winter 1926/27. Montessori hält sich zu ihrem ersten offiziellen Diplomkurs auf deutschem Boden in Berlin auf. Sie verweigert dann aber zunächst ihre Unterschrift unter diese Diplome, weil ihr die Deutsche Montessori-Bewegung, allen voran auch ihre Präsidentin Clara Grunwald, sozialistisch unterwandert erscheint. Montessori fürchtet, daß ihre Pädagogik vor einen bestimmten politischen Karren gespannt worden ist und trägt mit dieser Einschätzung zur Spaltung der Montessorianer in Deutschland bei.

Clara Grunwald ist von diesen Erlebnissen enttäuscht; ihr Engagement für diese Pädagogik bleibt davon aber verschont. Erst die Machtergreifung Hitlers bereitet diesem ein äußeres Ende. Clara Grunwald erhält sofort Berufsverbot. Aber nicht nur ihre pädagogische Tätigkeit wird abrupt und radikal beendet, die gesamte Montessori-Bewegung wird zerschlagen. Acht Jahre, bis 1941, wird sie nicht mehr als Lehrerin tätig, sondern Juden bei der Ausreise auf legalen und illegalen Wegen behilflich sein. Obwohl sie in ihrer Position sich selbst relativ problemlos aus dem deutschen Machtbereich hätte bringen können, dachte sie nie an Emigration.

Schließlich kommt sie 1941 auf das Gut Neuendorf. Sie wird hier in einem breiten Spektrum, wieder pädagogisch tätig. Sie betreut die Kinder der GutsarbeiterInnen. Einerseits fungiert sie als Tagesmutter für ein Kleinkind, dessen alleinerziehende Mutter in die Produktion muß, andererseits soll sie Kinder im schulpflichtigen Alter unterrichten. Dabei setzen die Faschisten enge Grenzen: So ist der Erwerb der Schriftsprache untersagt. Clara Grunwald führt die Kinder in die Natur und lehrt ihnen, auf Spaziergängen, mit einem Stock im Sand, das Lesen.

Angesichts der permanent drohenden Deportation in den Osten schreibt sie im Dezember 1942 an eine Freundin: „Du kennst ja meine Meinung, daß man hoffen darf, ja zur Hoffnung und Ruhe verpflichtet ist, so lange der Mensch atmet" (Larsen 1985, S. 72). Solche und andere Passagen in ihren Briefen schreibt die 65jährige am späten Abend nach einem voll ausgefüllten Tag.

Vom März 1942 ab laufen die Abtransporte aus Neuendorf. Clara Grunwald gehört zur letzten Gruppe im April 1943, wobei ihr Ziel zunächst nicht Auschwitz, sondern Theresienstadt heißt. Als Frau über 60 Jahren hat sie ein Anrecht auf dieses Altersghetto, indem die Überlebensmöglichkeiten deutlich höher liegen. Doch Clara Grunwald verweigert sich. Sie will „ihre Kinder" nicht verlassen und bittet die SS-Aufseher um eine Verschickung nach Auschwitz. Nach einigen Verhandlungen erhält sie diese Genehmigung; dann fährt Clara Grunwald mit einem Teil der ihr nahestehenden Menschen in den Tod. Irgendwann am 19. oder 20. April 1943 muß die (Sozial)demokratin, Pazifistin und Montessori-Pädagogin Clara Grunwald in Auschwitz ermordet worden sein.

Literatur: Berger, M.: Leben und Wirken der Clara Grunwald. In: Holtz, A. (Hrsg.): Clara Grunwald. Ulm 1995, S. 45-76; Grunwald, C.: Das Kind ist der Mittelpunkt. Ulm 1995; Larsen, E.: Und doch gefällt mir das Leben. Die Briefe der Clara Grunwald 1941-1943. Mannheim 1985.

Axel Holtz

Helming, Helene

Am 6. März 1888 wurde in Ahaus als erstes Kind des Ehepaares Helming die Tochter Helene geboren. Zwölf weitere Kinder sollten folgen. Der Vater arbeitete als Arzt und war kommunalpolitisch aktiv; Helenes Mutter versorgte die Kinder und den Haushalt und engagierte sich sozial, wie wir heute sagen würden.

Nach dem Schulbesuch wurde Helene Lehrerin für „mittlere Schulen", um 1911 ein Universitätsstudium in den Fächern Deutsch, Englisch und Geschichte anzuhängen. An ihrem zweiten Studienort in Berlin übernahm sie schließlich die Stelle einer Lehrerin am Mädchengymnasium der Ursulinen.

Diese Erfahrungen am Umbruch vom Kaiserreich zum republikanischen Deutschland erlebte und reflektierte Helene Helming auch immer als Frau in einer Gesellschaft mit massiv patriarchalischen Strukturen. In diesem Kontext war das Gewinnen von Unabhängigkeit ein entscheidendes Ziel beruflicher und persönlicher Entwicklung. Unmißverständlich ist der entscheidende Bezugspunkt für Helming schon damals das katholische Christentum. Kurz nach dem Ersten Weltkrieg verankert sie sich in der Jugendbewegung und lernt dort Romano Guardini kennen.

„Ob einen die Jugendbewegung erfaßte, das hing ab von einer bestimmten Art zu fühlen und zu denken, von einem angeborenen Willen, unmittelbar an Dinge und

108

Menschen heranzukommen, echter und einfacher im Leben zu stehen, als es im alternden Bürgertum Regel war. Mitten im Individualismus war ein Gefühl für den anderen aufgegangen; daraus kam Freude an der Gemeinschaft und Verantwortung für sie... überall lebte ein waches Gefühl der Freiheit und bewirkte, daß man sich seine eigene Unabhängigkeit bewahrte und die anderen achtete" (zitiert nach Stein 1988, S. 213).

„Die geistige Führung durch R. Guardini schaffte Tagungen und Werkwochen, aus denen geistige und religiöse Erneuerung und Vertiefung geschöpft wurde" (Stein 1988, S. 214).

Die Aktivitäten in der Jugendbewegung finden bei Helming u.a. ihren Niederschlag in der Mitarbeit in der Zeitschrift „Die Schildgenossen".

In dieser Zeit der frühen zwanziger Jahre fällt auch ihr erster Kontakt mit der Montessori-Pädagogik. Zustande kommt er wahrscheinlich durch Helmings neues berufliches Betätigungsfeld.

1922 wird sie in Aachen Leiterin des Fröbel-Seminars und ist somit in der Ausbildung von Erzieherinnen und Jugendleiterinnen engagiert. Die Neugier auf und die Begeisterung über die Montessori-Pädagogik muß groß gewesen sein. 1926 fährt Helming nach Berlin, um Montessori auf ihrem ersten und leider sehr unglücklich verlaufenden Diplom-Kurs in Deutschland zu erleben (→ Grunwald) Die Eindrücke dort wirken nachhaltig. In Aachen entsteht an ihrem Ausbildungsinstitut eine Kindergartengruppe, die nach Montessoris Überlegungen arbeitet. Nun geht es im Eiltempo.

Es folgt eine Schule, ab 1930 die aktive Mitgestaltung einer alternativen Montessori-Vereinigung, die im Unterschied zur Deutschen Montessori-Gesellschaft nun von Montessori persönlich autorisiert wird. Helming eignet sich die italienische Sprache an. Sie will Montessori im Original in deren Muttersprache auf sich wirken lassen. Mit diesen Sprachkenntnissen fährt sie nach Rom und absolviert dort Anfang der dreißiger Jahre ihr Montessori-Diplom.

Doch wie so mancher Tatendrang wurde auch jener von Helming von den deutschen Faschisten nach 1933 mehr oder weniger radikal blockiert. Helming war gerade 47 Jahre alt, als sie ihre Stellung im Fröbel-Seminar verlor. Eine damalige Schülerin von ihr, Maria Wachendorf, erinnert sich: „Es war der 3. Dezember 1935, als man Helene Helming vom Unterricht fort zwangsweise in den Ruhestand schickte ... Die Begründung zur vorzeitigen Pensionierung gereicht ihr noch heute zur Ehre: Die von ihr vertretene und praktizierte Pädagogik der Freiheit und Selbständigkeit war mit nationalsozialistischen Ideen unvereinbar" (Wachendorf 1973, S. 13).

Das Berufsverbot dauerte quasi elf Jahre. 1946 wurde Helming Direktorin der ersten Pädagogischen Akademie des späteren Bundeslandes Nordrhein-Westfalen in Essen-Kupferdreh. Es war in der Situation der unmittelbaren Nachkriegswirren eine außergewöhnliche Berufung, daß eine Frau einem männlichen Hochschulkollegium vorgesetzt wurde. Helming behielt diese Stellung bis zur regulären Pensionierung 1954 inne und nutzte sie u.a. dazu, Nordrhein-Westfalen für Jahrzehnte zum Stammland der Montessorianer in der Bundesrepublik Deutschland zu machen.

Was Clara Grunwald für die Deutsche Montessori-Bewegung nach dem Ersten Weltkrieg gewesen war, wurde Helene Helming für diese nach dem Zweiten Weltkrieg. Sie knüpfte kurz vor deren Tod wieder Kontakte zu Maria Montessori und zeichnete sich federführend für den ersten Montessori-Diplomkurs nach dem faschistischen Terror auf deutschem Boden 1954 verantwortlich. Helming blieb auch im hohen Alter Motor der Montessorianer in Deutschland, der auch verbandspolitisch Akzente setzte. Die wiederbegründete Deutsche-Montessori-Gesellschaft (DMG) erlebte ihre zweite Spaltung nach 1930. Zunächst unter dem Dach der DMG und schließlich in den sechziger Jahren organisatorisch eigenständig war Helming maßgeblich an der Etablierung der „Montessori-Vereinigung für katholische Erziehung" beteiligt. Die Montessori-Pädagogik war für Helming nur in ihrer ganzen Tiefe aus dem „Wahrheitselement" des katholisch-christlichen Glaubens zu interpretieren und zu praktizieren.

Und noch eine weitere bleibende, ja herausragende Markierung wurde von Helming in jenen Jahren errichtet. Als d i e Theoriedozentin in den damaligen Diplomkursen nutzte sie ihre umfangreichen Erkenntnisse und Erfahrungen, um im Ruhestand ein Standardwerk der Montessori-Pädagogik zu schreiben und 1958 zu publizieren. Fast unverändert durch mittlerweile 15 Auflagen (Stand 1994) ist dieses Buch knapp vier Jahrzehnte ein beachtlicher und beachteter Fels in der Montessori-Literaturlandschaft geblieben. Und dies trotz gewisser Detailkritik (Oswald 1988) zurecht.

Nicht aus dieser, sondern einer viel älteren Veröffentlichung soll Helming zum Schluß selbst zu Wort kommen: „Wir hatten oft von Freiheit gesprochen. Hier nun stand plötzlich das uralte Wort von Pädagogik: der Gehorsam ... In diesem Ja des Gehorsams kann die Vielfalt unserer Wünsche den Frieden finden ... und wir verstanden das Sterben als einen Vorgang zu Leben" (Helming zitiert nach Stein 1988, S. 222). Am 5. Juli 1977 starb Helene Helming.

Literatur: Helming, H.: Montessori-Pädagogik. Freiburg [15]1994; Oswald, P.: Helene Helmings Montessori-Buch. In: Montessori-Werkbrief, Jg. 26, 1988, H. 1, S. 234-243; Stein, B.: Helene Helming. Sorge um den Menschen in unserer Zeit. In: Montessori-Werkbrief, Jg. 26, H. 1, S. 209-224; Wachendorf, M.: Fröbelseminar Aachen. In: Montessori-Werkbrief, Jg. 11, 1973, H. 33/34 (Festschrift für Helene Helming).

Axel Holtz

111

Integration behinderter Kinder und Montessori-Pädagogik

Integration in die Gesellschaft ist zu einem übergreifenden Ziel pädagogischer und sozialer Bemühungen um behinderte Menschen geworden (→ Montessori-Pädagogik). Die Teilhabe behinderter Menschen am Leben der Nichtbehinderten wird heute auf vielfältige Weise angestrebt. In Bereichen des Wohnens, der Freizeit, der Arbeit und in den Schulen wird versucht, so viel Gemeinsamkeit wie möglich zu schaffen. Damit soll den Kräften entgegengewirkt werden, die auch heute noch behinderte Menschen aus dem allgemeinen gesellschaftlichen Leben verdrängen und isolieren. Arbeit, Beruf und Freizeit haben sich als sehr schwierige Felder für die Integration behinderter Menschen erwiesen. Die intensivsten Bemühungen um Integration haben sich in den vergangenen Jahrzehnten auf Kindergarten und Schule konzentriert, so daß mit dem Begriff „Integration" vielfach nur die Vorstellung von gemeinsamer Erziehung und gemeinsamem Unterricht behinderter und nichtbehinderter Kinder verbunden wird.

Viele Modellversuche haben gezeigt: bei kleinen Gruppen und zusätzlicher sonderpädagogischer Betreuung können behinderte Kinder einen allgemeinen Kindergarten besuchen. Die zusätzlich notwendigen Maßnahmen hängen jeweils vom Schweregrad und der Art der Behinderung ab. Bei schwerstbehinderten Kindern stößt die gemeinsame Erziehung oft an Grenzen. Ein besonderes Problem stellen Kinder dar mit schweren Verhaltensstörungen. Im Bereich der Schulen können für körperbehinderte und sehgeschädigte Kinder, sofern sie in ihren kognitiven Fähigkeiten nicht beeinträchtigt sind, durch sonderpädagogische Beratung, rollstuhlgerechtes Bauen und apparative Hilfen die Voraussetzungen für den Besuch allgemeiner Schulen geschaffen werden. Für

Kinder mit anderen Behinderungen und Beeinträchtigungen wurden in der Bundesrepublik eine Vielzahl von Modellversuchen entwickelt und durchgeführt, die gemeinsamen Unterricht zum Ziel haben. Dabei stellte man als Voraussetzungen für den gemeinsamen Unterricht fest: Die Klassenstärke einer Integrationsklasse sollte nicht mehr als 20 Schüler betragen und eine zweite sonderpädagogisch ausgebildete Lehrkraft muß hinzukommen. Bei solchen Voraussetzungen können zwei bis fünf behinderte Kinder gemeinsam mit 15 bis 18 nichtbehinderten Kindern unterrichtet werden. Entscheidend ist dabei immer die Zusammenarbeit der Lehrenden, die sich allerdings in vielen Fällen als schwierig erwiesen hat. Grundvoraussetzung für das Gelingen gemeinsamen Unterrichts für behinderte und nichtbehinderte Kinder ist ein differenzierender und individualisierender Unterricht, der jedem Kind seinen Fähigkeiten entsprechende Aufgaben bietet und durch vielfältige Präsentationsformen den Zugang zu neuen Themen und Aufgaben auch schwachen Schülern erschließt. Hierin ist der Grund zu suchen, warum in vielen Integrationsklassen versucht wird, im Sinne Montessoris zu arbeiten. Wo jedes Kind seine Aufgaben so auswählt, daß sie seinem Interesse und seinem Leistungsvermögen entsprechen, kann eine Klasse sehr heterogen sein, was den Kenntnisstand und das Leistungsvermögen betrifft. Vor allem fällt durch die individuelle Wahl der Aufgaben der konkurrierende Vergleich weg, der bei einheitlichem Frontalunterricht die Schwächen und Schwierigkeiten behinderter Kinder ständig bewußt macht. Die Möglichkeiten zur Selbstkontrolle bewahren die Schüler vor beschämenden Korrekturen ihrer Fehler und vor Bloßstellungen ihres Versagens. Auch das zieldifferente Lernen, das heute zu einem der wesentlichen Merkmale integrierter Klassen zählt, ist ein implizites Moment der Freiarbeit in der Montessori-Pädagogik.

Schließlich sind noch die didaktischen Prinzipien zu nennen, die sich in der Montessori-Pädagogik und der Sonderpädagogik weitgehend entsprechen. Bewegung, vor allem Handbetätigung, Wiederholung, Anschauung, Isolierung der Schwierigkeiten, (→) Fehlerkontrolle, kleine Schritte, Selbsttätigkeit, das alles sind sonderpädagogische Prinzipien, die wir in der Montessori-Pädagogik wiederfinden (wobei die Frage berechtigt ist, ob es nicht auch Prinzipien der allgemeinen Didaktik sind oder sein sollten). Schon 1973 hat Karl Neise darauf hingewiesen, daß sich die Prinzipien der Sonderpädagogik und der Montessori-Pädagogik in weiten Teilen entsprechen. Eine Reihe von Untersuchungen hat bestätigt, daß positive Wirkungen bei behinderten Kindern beobachtet werden konnten, die im Sinne Montessoris unterrichtet wurden (Neise 1984; Suffenplan 1984; Biewer 1992). Besonders hervorgehoben werden die Wirkungen auf die (→) Konzentration, das Interesse und das Arbeitsverhalten. Die wesentlichen Gründe, warum es in Montessori-Klassen leichter gelingt, behinderte Kinder gemeinsam mit Nichtbehinderten zu unterrichten, als in frontal geführten Klassen, sind damit genannt.

Allerdings muß jetzt noch auf einige Probleme hingewiesen werden.

1. Die Erfahrung, daß in Montessori-Klassen behinderte Kinder relativ leicht integriert werden können, hat bei Eltern behinderter Kinder zu der Vorstellung geführt, Montessori-Klassen seien Integrationsklassen. Für viele Eltern wurde so Montessori-Pädagogik als Mittel zum Zweck der Integration verstanden. Wo nun Grundschulklassen lernen sollten, im Sinne Montessoris zu arbeiten und gleichzeitig die Aufnahme behinderter Kinder damit verbunden war, kam es zu erheblichen Problemen und vor allem zu einer maßlosen Überforderung der Lehrkräfte, während Grundschulklassen, die schon einige Jahre erfolgreich nach Montessori arbeiteten, Kinder mit

Down-Syndrom ohne große Probleme und oft auch ohne zusätzliche Hilfe aufnehmen konnten.

2. Montessori-Pädagogik wurde und wird gelegentlich mißverstanden als eine anwendbare Methode, die bei psychophysischen Schwächen behinderter Kinder besonders indiziert sei, weil durch sie bestimmte Schwächen oder Funktionsdefizite ausgeglichen werden könnten. So werden z.B. die Sinnesmaterialien als Materialien zum Training weniger entwickelter Funktionen eingesetzt. Es ist eine unzulässige Verkürzung der Montessori-Pädagogik, wenn man die methodischen Prinzipien und die Materialien herauslöst aus dem anthropologischen Kontext, aus dem Verständnis der Entwicklung des Kindes bei Montessori. Wenn Entwicklungsfortschritte eines Kindes durch seine Eigenaktivität sich vollziehen, wenn das Kind „der Baumeister des Menschen" ist, dann kann es nicht im Sinne Montessoris sein, aus den Sinnesmaterialien ein Trainingsprogramm zu machen. Die Rolle des Erziehers ist bei Montessori nicht die des Trainers oder Therapeuten, sondern die des Helfers, der die Handlungsintentionen des Kindes nur dort unterstützt, wo ihn das Kind bittet.

3. Das Problem des gemeinsamen Unterrichts für behinderte und nichtbehinderte Kinder hat Montessori nicht beschäftigt. Was sie beschäftigte, war die Frage, wie behinderte und sozial vernachlässigte Kinder eine angemessene pädagogische Förderung erfahren können, und sie hat darum die Einrichtung von Sonderschulen und die Ausbildung von Sonderschullehrern in Italien angeregt. Ihre ersten grundlegenden pädagogischen Erfahrungen machte sie in speziellen Einrichtungen für behinderte und sozial benachteiligte Kinder. Auch hat sie ihre ersten Materialien für diese Kinder entwickelt.

4. Montessori-Pädagogik kann den gemeinsamen Unterricht von behinderten und nichtbehinderten Schülern wesentlich erleichtern, aber nicht alle Integrationsprobleme lösen. Brigitte Ockel (1978, S. 320) weist auf-

grund ihrer Erfahrung in den Münchener Integrations-
klassen auf die Grenzen der Eingliederung behinderter
Kinder auch in Montessori-Klassen hin (→ Montessori-
Heilpädagogik).

Abschließend bleibt festzuhalten: Montessori-Pädagogik kann gemeinsamen Unterricht von behinderten
und nichtbehinderten Kindern ganz wesentlich erleichtern. Dies gilt vor allem für die Grundschule. Voraussetzung für ein gutes Gelingen des gemeinsamen Lernens
ist allerdings, daß Montessori-Pädagogik qualifiziert als
Pädagogik praktiziert und nicht nur als Methode angewandt wird. Wo Montessori-Pädagogik nur als Vehikel
der Integration dienen soll, sind Schwierigkeiten zu
erwarten. Auch in Klassen, die nach Montessori geführt
werden, ergeben sich Grenzen für den gemeinsamen
Unterricht. Montessori-Pädagogik wurde zwar nicht als
Integrationspädagogik entwickelt, wenn wir aber heute
feststellen, daß sie für behinderte und nichtbehinderte
Kinder in gleicher Weise gute Lern- und Entwicklungsmöglichkeiten bietet, dann ist in der Montessori-Pädagogik die Trennung in eine Pädagogik für behinderte
und eine Pädagogik für nichtbehinderte Kinder überwunden und ein wesentlicher Schritt zur Integration getan.

Literatur: Biewer, G.: Montessori-Pädagogik mit geistigbe-
hinderten Schülern. Bad Heilbrunn 1992; Hellbrügge, Th.:
Unser Montessori-Modell. München 1977; Hellbrügge,
Th./Montessori, M. (Hrsg.): Die Montessori-Pädagogik und
das behinderte Kind. München 1978; Klein, G.: Montessori-
Pädagogik und das behinderte Kind. In: Montessori-Z. f.
Montessori-Pädagogik Jg. 32, 1994, S. 105-118; Neise, K.:
Empirische Untersuchungen über Effekte Montessori-orien-
tierten Unterrichts bei geistigbehinderten Schülern. In: Z. f.
Heilpäd. Jg. 35, 1984, S. 389-397; Ockel, B.: Die soziale
Integration mehrfach und verschiedenartig behinderter Kin-
der in der Münchener Montessori-Schule. In: Hellbrügge,
Th./Montessori, M. (Hrsg.), a.a.O. 1978, S. 313-320; Suffen-
plan, W.: Empirische Untersuchungen über Effekte Montes-

sori-orientierten Unterrichts bei lernbehinderten Schülern.
In: Z. f. Heilpäd., Jg. 35, 1984, S. 398-414.

Gerhard Klein

Kind / Kindheit

Montessori versteht das Kind als konkretes menschliches Lebewesen im beobachtbaren Vollzug seiner individuellen Existenz.

1. Kind als Mensch: Vom Kinde sagt sie, daß es der Ursprung jedes Menschen ist, und die Kindheit nennt sie eine schöpferische Periode, in der das Kind die menschliche Personalität in der Dimension ihrer Individualität schafft (Montessori 1994, S. 20; dies. 1995 a, S. 26). Sie stellt sich dar in der Heranbildung der Handlungsfreiheit als Unabhängigkeit (→ Person, Persönlichkeit, Anthropologie).

2. Studium „vom Kinde aus": Das Studium der Persönlichkeitsentwicklung unternimmt Montessori, indem sie vom Kinde selbst ausgeht (Montessori 1968, S. 37; dies. 1995 b, S. 54). Untersuchungsmethodisch befaßt sie sich mit der (→) Beobachtung seelischer Äußerungen (Phänomene) als Kundgebungen innerer Formungen (Montessori 1968, S. 45). Nicht vorgefaßte Theorien über Kinder, sondern beobachtbare Tatsachen bilden die Basis des Verstehens von Kindern und deren Kindheit. Darin unterscheidet sie sich von anderen Kindheitskonstruktionen (Scholz 1994, S. 8). Ihr Ansatz hat aber Gemeinsamkeiten mit jüngeren, phänomenal ansetzenden Arbeiten zur „Theorie der kleinen Person" (Matthews 1995, S. 40, 52).

3. Kindheit - eigene Lebensform: Es gibt Phänomene, die auf „zwei verschiedene Lebensformen" im menschlichen Leben hindeuten. „Das Kind ist ein wichtiges menschliches Wesen in sich selbst" (Montessori 1995 a, S. 17). Kind und Erwachsener müssen als verschiedene Lebensformen gesehen werden, „die gleichzeitig da sind und aufeinander Einfluß haben" (Montessori 1995 a, S. 17). In der Kindheit schafft das Kind die Dimension der Individualität in der menschlichen Personalität. Humanbiologisch gesehen bedeutet das Phänomen der „langen Kindheit" den Schutz der Individuation (Montessori 1966, S. 76).

4. *Kindliche Geistesartung:* Psychologen fanden heraus, daß Erwachsene sechzig Jahre harter Arbeit benötigen, um das zu erreichen, was ein Kind in den ersten drei Jahren in sich aufbaut (Montessori 1994, S. 5). Montessori stellt daher die Frage nach der Beschaffenheit kindlichen Geistes und kindlicher Intelligenz in den frühen Jahren.

4.1 Absorbierender Geist: Die genannte Arbeit verlangt eine Geistesform, die sich von der des Erwachsenen unterscheidet. Die wesentlichen Merkmale der Erwachsenengeistigkeit sind Bewußtsein, kritische Reflexivität, willentliche Steuerung und ausgeprägte Individualität (Oswald 1970, S. 15). Kennzeichen des kindlichen Geistes sind Unbewußtheit sowie Mühelosigkeit, Leichtigkeit und Leidenschaftlichkeit seiner Aktivitäten. Aktives, brennendes, eingehendes und dauerndes Sichversenken in Beobachtungen sind Merkmale kindlicher Geistigkeit. Montessori spricht von der „Schaukraft der Liebe", die das Kind einen „leidenschaftlichen Intellektuellen" sein läßt (Montessori 1978, S. 144; dies. 1973, S. 90). Es handelt sich um die „unbewußte Art des Kindes zu lernen, unbewußt nimmt es alles in sich auf und wechselt allmählich vom Unbewußten zum Bewußten über auf einem Weg, der voller Freude und Liebe ist" (Montessori 1994, S. 23). Wenn die Geistesform des Erwachsenen bewußt genannt werden kann, muß die des Kindes als eine unbewußte bezeichnet werden. „Es besteht in dem kleinen Kind eine unbewußte Geistesform, die eine

118

schöpferische Kraft besitzt. Wir nennen sie den 'absorbierenden Geist'" (Montessori 1966, S. 83). Die kindliche Geistesform unterscheidet sich durch eine besondere Form von Intelligenz. In ihr ist eine Art „geistiger Chemie" am Werke. „Wir sind Aufnehmende, wir füllen uns mit Eindrücken und behalten sie in unserem Gedächtnis. Das Kind hingegen erfährt eine Veränderung. Die Eindrücke inkarnieren sich in ihm. Das Kind schafft gleichsam sein 'geistiges Fleisch' im Umgang mit den Dingen seiner Umgebung" (Montessori 1994, S. 23).

Montessori nennt diese Aktivität eine Tätigkeit der unbewußten Intelligenz. Der absorbierende Geist als Tätigkeit der unbewußten Intelligenz stellt sich als ein simultanes ganzheitliches Erfassen von Umwelteindrükken dar, die in „Engrammen" hinterlegt werden. „Das Unterbewußte ist voll dieser Engramme, durch die die Intelligenz viel stärker wächst als durch das bewußte Gedächtnis" (Montessori 1995 b, S. 51). Der absorbierende Geist durchzieht die ersten sechs Lebensjahre des Menschen (Montessori 1994, S. 16). Die Zeit von 0-3 Jahren offenbart eine Form von Geist, auf die der Erwachsene keinen direkten Einfluß nehmen kann. „Von 3-6 Jahren bleibt die Geistesform die gleiche, aber das Kind beginnt in einer bestimmten Weise beeinflußbar zu werden. Diese Periode ist durch große Veränderungen im menschlichen Individuum gekennzeichnet" (Montessori 1994, S. 17). Die beiden Perioden sind durch eine deutliche Entwicklungsqualität unterschieden - das im dritten Lebensjahr ans Licht tretende Bewußtsein. Bis zu drei Jahren ist keine bewußte Erinnerung möglich. „Wenn das Bewußtsein eintritt, besteht Einheit in der Personalität und somit Erinnerung" (Montessori 1994, S. 148).

4.2. Sensible Perioden (→): Die Tätigkeit der unbewußten Intelligenz im absorbierenden Geist vollzieht sich nicht wahllos, sondern „unter Führung innerer Sensibilitäten" (Montessori 1966, S. 83). Sensible Perioden sind Zeiten erhöhter Empfänglichkeiten. Sie treten im Kin-

desalter der Lebewesen auf und sind ethologisch-phäno-
menologisch beobachtbar. Sensibilitäten sind von vorübergehender Dauer „und dienen nur dazu, dem Wesen
die Erwerbung einer bestimmten Fähigkeit zu ermöglichen" (Montessori 1978, S. 61). Montessori hat aufgrund gezielter Beobachtungen an Kindern eine Reihe
elementarer Sensibilitäten ermittelt (Holtstiege 1995, S.
90).

5. Funktionen des Kindes: Die besondere Funktion
des Menschenkindes besteht darin, daß es die spezifischen Kennzeichen der eigenen Art erst nach der Geburt
aufbauen muß (Montessori 1966, S. 78). Es besitzt eine
vitale Sensibilität, die der Erhaltung des Individuums
dient (Montessori 1978, S. 251).

5.1 Vitale Aufgaben: Das Kind vollzieht in der Kindheit die „Inkarnation der Individualität" (Montessori
1973, S. 15). In der Ausprägung der Frühform der
menschlichen Personalität geht es um die Entwicklung
der psycho-physischen Funktionen, die dem Kinde Unabhängigkeit ermöglichen (Montessori 1973, S. 52). Eine
weitere vitale Funktion besteht in der Regeneration des
Erwachsenen. „Ohne das Kind, das ihm ständig hilft,
sich zu erneuern, würde der Mensch degenerieren"
(Montessori 1978, S. 148). Das Kind und der Erwachsene wirken aufeinander und sollen in Harmonie sein
(Montessori 1995 a, S. 17). Die dritte vitale Funktion
sieht Montessori in seiner Bedeutung für die Regeneration der Menschheit. Sie hält das Kind, dessen Funktion es
ist, den Menschen zu schaffen, gerade deshalb für fähig,
„eine bessere Menschheit zu schaffen" (Montessori
1973, S. 35). Montessori geht aus von der Erfahrung,
daß Kinder, die in einem geeigneteren Lebensklima auf-
wachsen, andere Eigenschaften zeigen. Daraus folgert
sie, daß sich die Menschheit in ihren Ursprüngen - den
Kindern - bessern kann (Montessori 1973, S. 35).

5.2 Erste Skizze des Menschen: Die Aufgabe der frühen Jahre der Kindheit besteht darin, aufgrund der Inkar-

nation der fundamentalen Entwürfe die „erste Skizze des Menschen" auszuarbeiten (Montessori 1966, S. 51). Montessori bezeichnet dies als Inkarnation im Sinne von Fleischwerdung, Verkörperung oder Verleiblichung des Geistes. Es geht um die ganzheitliche Konstitution des menschlichen Individuums.

- *Erwerb der Kennzeichen der Art:* „Das Kind muß eine besondere Funktion haben. (Es) unterscheidet sich von den Tieren gerade im Hinblick auf die Vererbung. Es erbt offensichtlich keine Kennzeichen, sondern die Vermögen, sie zu bilden. Nach der Geburt also werden erst die Kennzeichen der Art, zu der das Kind gehört, aufgebaut" (Montessori 1966, S. 78) (→ Physischer, sozialer Embryo). Zu diesen Kennzeichen gehört der aufrechte Gang, die Sprache und das intelligente Handeln. Das Nichtvorhandensein von festen Leittrieben wie beim Tier „deutet auf das Vorhandensein einer gewissen Handlungsfreiheit, die erst langsam heranreifen kann" (Montessori 1978, S. 51). Die Entwicklung von Handlungsfreiheit ist rückgebunden an die geist- und intelligenzgeleitete Entwicklung psycho-physischer Systeme, die menschliches Verhalten und Handeln ermöglichen und tragen. Mit dieser Entwicklung von Handlungsfreiheit geht die Entwicklung von Bewußtsein, Reflexivität und Willentlichkeit einher, die weitere Kennzeichen des Menschen sind (→ Freiheit).

- *Erwerb der Kennzeichen der Gruppe:* Der Mensch, der mit einer offenen Struktur zur Entwicklung seiner Handlungsfreiheit geboren wird, muß auch die Fähigkeiten der Teilnahme am sozialen Leben ausbilden. Montessori spricht vom Aufbau eines „lokalen Verhaltens" im Hinblick auf die Sprache, Sitten und Bräuche der das Kind umgebenden Menschen (Montessori 1994, S. 78). „Soziale und moralische Gewohnheiten, die die Gesamtheit der Personalität bilden, entstehen während der Kindheit" (Montessori 1994, S. 59) (→ Soziale Erziehung).

5.3 Anpassung des werdenden Individuums: Zur Integration des werdenden Individuums in die gegebene komplexe Umgebung verfügt das Kind über ein biologisches Anpassungsvermögen (Montessori 1994, S. 57). „Der Mensch besitzt ein unbegrenztes Anpassungsvermögen. Er kann in allen Zonen der Erde leben und zahllose Gewohnheiten annehmen. Er ist zu einer unbegrenzten Entwicklung seiner Tätigkeiten in der Welt fähig" (Montessori 1966, S. 75). Eine vitale Funktion des Kindes besteht also in der Anpassung des werdenden Individuums an die Umgebung lokaler, geographischer, physikalischer, sozialer, kultureller und geschichtlicher Art (Montessori 1994, S. 4).

6. Resümee: Montessoris Aussagen über das Menschenkind und seine Kindheit beruhen auf humanbiologisch und humanethologisch sowie tiefenpsychologisch fundierten Phänomenbeobachtungen und Interpretationen. In deren Darstellung tauchen - unnötigerweise - mythische Konstruktionsmodelle auf (Montessori 1973, S. 134; dies. 1978, S. 301; vergl. Lenzen 1985, S. 28).

Literatur: Holtstiege, H.: Modell Montessori. Freiburg ⁹1995; Lenzen, D.: Mythologie der Kindheit. Reinbeck 1985; Montessori, M.: Über die Bildung des Menschen. Freiburg 1966; dies.: Das kreative Kind. Freiburg ¹⁰1994; dies.: Frieden und Erziehung. Freiburg 1973; dies.: Gott und das Kind. Freiburg 1995 a; dies.: Grundlagen meiner Pädagogik. Heidelberg ³1968; dies.: Kinder sind anders. Stuttgart ¹⁰1978; dies.: Kosmische Erziehung. Freiburg ³1995 b; dies.: Von der Kindheit zur Jugend. Freiburg ³1979; Matthews, G.B.: Die Philosophie der Kindheit. Weinheim 1995; Oswald, P.: Die Anthropologie M. Montessoris. Münster 1970; Scholz, G.: Die Konstruktion des Kindes. Opladen 1994.

Hildegard Holtstiege

Kosmos, Kosmische Erziehung

1. Kosmos philosophisch, anthropologisch: Philosophisch wird unter Kosmos die Welt als ein geordnetes
Ganzes im Sinne einer Weltordnung betrachtet (Müller
1984, S. 145). Anthropologisch hat Meinberg den Homo
Oecologicus kreiert, der als Leitbild für eine „rechte"
Wiederherstellung der „Weltordnung" - des Kosmos -
dienen soll (Meinberg 1995, S. 19). Der biophile Homo
Oecologicus ist ein „Weltwesen mit Betonung auf
Umwelt", der das Leben liebt und sein Leben gut leben
möchte (Meinberg 1995, S. 18, 71). Er versteht sich aus
seiner „Co-Existenz", die auf alles Nicht-Menschliche
ausgedehnt ist (Meinberg 1995, S. 69, 84). Diesem
menschlichen Selbstverständnis entspricht eine „co-exi-
stentielle" Moral oder Ethik (Meinberg 1995, S. 69),
deren Hauptprämissen in einer „kosmischen Verantwortung" kulminieren (Meinberg 1995, S. 84).

2. Montessoris kosmische Erziehung: Vor dem Hintergrund einer beobachteten menschlichen Disproportionalität, in der die innere Entwicklung des Menschen hinter seinem äußeren Fortschritt zurückgeblieben ist, erarbeitet Montessori in den 30er und 40er Jahren ihr Konzept einer kosmischen Erziehung (Holtstiege 1994, S.
67). Es beinhaltet die kosmische Theorie als zentrale Idee
und die kosmische Erziehung als konkrete Vorstellung
der zentralen Idee (Holtstiege 1994, S. 69, 71).

3. Kosmische Theorie - zentrale Idee: Montessori
steht in der philosophischen Tradition, die den Kosmos
als ein geordnetes Universum betrachtet. Sie interpretiert
diesen Kosmos theologisch als Schöpfungsordnung. Ihre
kosmische Theorie geht aus von einem einheitlichen, aber
unvollendeten Schöpfungsplan (Montessori 1995, S. 29)
Alle Dinge sind „Teil des Universums und miteinander
verbunden, um eine große Einheit zu bilden" (Montessori
1995, S. 41). Innerhalb der Wechselbeziehungen ergeben
sich spezifische kreatürliche „Kosmische Aufgaben"

(Montessori 1995, S. 21). Diese bestehen im Tun des je „Seinigen bei der Umwandlung der Welt" als Vollendung der Schöpfung (Montessori 1995, S. 58, 68). Der Mensch als ein in der Schöpfung Hinzugekommener ist mit Geist und Intelligenz ausgestattet. Als kosmisch Handelnder übt er eine „verändernde Funktion" auf die Natur aus (Holtstiege 1994, S. 79). Er schafft Kultur und vermag es, zum „Bewußtsein seiner kosmischen Verantwortung" zu gelangen durch die Entwicklung eines universalen Bewußtseins.

4. Kosmische Erziehung - Prinzipien: Montessori sieht die Notwendigkeit einer kosmischen Zentrierung des menschlichen Selbstbewußtseins. Durch eine solche Lenkung des sich bildenden individuellen Bewußtseins vermag der junge Mensch selbst herauszufinden, welchen „Platz im Universum" die Dinge und er selbst haben (Montessori 1995, S. 42).

4.1 Fundamentales Bildungsprinzip: Gemäß der Zielperspektive einer kosmischen Bewußtseinsorientierung und -bildung nennt Montessori als fundamentales Bildungsprinzip die „Wechselbeziehung aller Dinge und ihre Zentrierung in dem kosmischen Plan" (Montessori 1995, S. 100). Ein integratives „co-existentielles" Selbstverständnis ist zu entwickeln, das sich als „soziale Personalität" bezeichnen läßt (Montessori 1994, S. 2) (→ Person → Anthropologie).

4.2 Kosmische Aufgabe: Das „Tun des Seinigen" bedeutet für den Menschen, seine ihm eigene „verändernde Funktion" auszuüben. Als die aktivste der kosmischen Wirkkräfte ist er dazu bestimmt, die Umgebung - seinen eigenen Lebensraum - zu schaffen und zu vervollkommnen, Kultur aufzubauen (Montessori 1995, S. 21, 22). Die so gegebene Mitarbeit an der Vollendung der Schöpfung (Holtstiege 1994, S. 76) muß kreatürlich „in Gemeinschaft unter den Lebewesen" erfolgen (Montessori 1973, S. 47).

4.3 Kosmische Verantwortung: Gemeint ist die notwendige Entwicklung einer „größeren Verantwortung" des Menschen für seine kosmische Aufgabe (Montessori 1995, S. 68). Dies betrifft einmal die ethische Verantwortung für die geschaffene Kultur, den erreichten Fortschritt. Dabei gilt es, die Disproportionalität aufzuarbeiten, die darin besteht, daß der Mensch aufgrund seiner inneren Entwicklung nicht in der Lage ist, den von ihm geschaffenen Fortschritt zu beherrschen. Er ist orientierungs- und hilflos (Holtstiege 1994, S. 84). Zum anderen betrifft die Verantwortung die Herbeiführung einer sozialen Harmonie im Zusammenwirken der Menschheit sowie in der „Gemeinschaft unter den Lebewesen" (Holtstiege 1994, S. 77) (→ Soziale Erziehung). Den Ausdruck solch „veredelter Wirkweisen" des Menschen durch die „zentrale Idee" sieht Montessori in der Liebe bzw. in der „grundlegenden Ehrfurcht" vor der „kosmischen Ordnung" (Montessori 1966, S. 22). Beide konkretisieren sich in wechselseitiger Hilfe, gegenseitiger Achtung, Solidarität, Gerechtigkeit und sozialer Anerkennung.

5. Kosmische Erziehung - Phasen: In dieser Perspektive entsteht die entwicklungspädagogische und didaktische Frage, „wann und wie" die zentrale Idee vorgestellt werden kann (Montessori 1995, S. 46).

5.1 Alter 0-6 - indirekte Vorbereitung - Medium Hand: Diese Periode erweist sich als kreativ-konstruktiv für die Entwicklung von Intelligenz und Gewissen durch den Übergang unbewußter geistiger Aktivitäten zu bewußten. Die kosmische Aufgabe des Menschen - für eine harmonische Wechselwirkung aller Dinge der Umgebung „durch die Arbeit seiner Hände" zu sorgen - hat strukturierende Bedeutung für die Gestaltung der kindlichen Umgebung als „verkleinerte Welt" (Holtstiege 1994, S. 92, 100). Im Sinne einer indirekten Vorbereitung hat Montessori in den Londoner Verträgen die kosmische Relevanz der elementaren didaktischen Materialien aufgewiesen (Montessori 1946; Holtstiege 1994,

S. 100). Ganzheitlich aufgenommene Bildeindrücke sowie Erfahrung von Ordnungsstrukturen durch ein „Sehen mit den Händen" (Montessori 1946, 23. Vorl.) sind fundierend für die „Konstruktion der Einbildungskraft", der Imagination (Montessori 1946. 5. Vorl.).

5.2 Alter 7-12 - Vision des Ganzen - Medium Imagination: In dieser „Periode von Sozialinteresse und Geistesschärfe" vollzieht sich die Erweiterung der kindlichen Sicht und Vorstellung der Welt unter Anwendung der im sittlichen Bereich gewonnenen Einsicht in ihrer Bedeutung für die soziale Organisation der Menschen. „Das Kind muß jetzt immer seine Phantasie (Imagination) zur Hilfe nehmen" (Montessori 1979, S. 47), die sich durch Genauigkeit leiten lassen muß. Imagination ist das Zentrum der Geistesschärfe - der extrovertierenden Intelligenz -, die ein „Sehen über die Dinge hinaus" möglich macht. Die Imagination - die „Fähigkeit, zu sehen, was nicht da ist" (Montessori 1946, 24. Vorl.) - ist die Grundlage der Abstraktion, die in dieser Phase die intellektuelle Führung übernimmt (Holtstiege 1994, S. 95). Die Umgebung als „erweiterte Welt" (Montessori 1966, S. 52) muß die „Vision des ganzen Universums" im Sinne „panoramaartiger Überblicke" bieten durch die „Zubereitung einer riesigen Wissensmenge" im Sinne eines „universalen Lehrplanes" (Holtstiege, S. 102). Durch Vision und Imagination vermag das „Bild der Wirklichkeit" zu entstehen. Montessori fordert dazu ein präzises und exaktes (vernunftkontrolliertes) Arbeiten der Imagination durch eine „Art Studienplan": „Das Ganze geben, indem man das Detail als Mittel gibt" (Montessori 1979, S. 49). Dazu hat sie eine Reihe didaktischer Hilfen entworfen (Holtstiege 1994, S. 102).

5.3 Alter 12-18 - Platz im Universum - Medium Menschheit: Das sich zeigende Bedürfnis, Gefühle für Gerechtigkeit und persönliche Würde zu entwickeln, mit dem sich das Werden eines „sozialen Wesens" verbindet, äußert sich konkret in der Suche nach der Rolle in der

126

Gesellschaft (Montessori 1979, S. 93). Es geht darum, den Platz, die Aufgabe und Verantwortung im ganzen des Universums herauszufinden. Dies bedeutet Mitwirkung an der „verändernden Funktion" der Menschheit (Holtstiege 1994, S. 97). Die durch die „verändernde Funktion des Menschen" konstruierte „Super-Natur" (Kultur und Fortschritt) ist in dieser Zeit die zu „gestaltende Umgebung" (Holtstiege 1994, S. 103). Sie muß gemäß dem Bedürfnis nach praktischer Tätigkeit die Teilnahme an sozialer Arbeit ermöglichen. Soziale Erfahrungsfelder müssen prinzipiell „in die Natur und in die Kultur" einführen, „von den Ursprüngen her in die Kultur eindringen lassen" (Montessori 1979, S. 104), mit dem Ziel, dabei den eigenen Platz in der Menschheit und in der Geschichte zu begreifen (→ Erdkinderplan). Durch die nun dominierende Führung des Willens wird die Imagination praktisch. Sie führt vom Sehen hin zum Tun des Seinigen in der Menschheit und im Universum. Soziale Verantwortung entwickelt sich, geführt von der Erfahrung (Holtstiege 1994, S. 97). Entwürfe sozialer Erfahrungsfelder liegen in der Montessori-Praxis vor (Holtstiege 1994, S. 104).

6. Forschungs- und Praxisstand: Die entstehende Diskussion des kosmischen Konzeptes Montessoris im deutschsprachigen Raum geht von den beiden Systematisierungsansätzen Oswalds von 1977 und 1989 aus (Oswald 1977 a, S. 14; Oswald 1989 b, S. 124). Auf sie gestützt erschienen im Jahre 1991 Kratochwils Thesen (Kratochwil 1991). Eine Untersuchung Ludwigs aus dem Jahre 1992 akzentuiert deren ökologische Perspektive (Ludwig 1992). 1994 wurde eine eigene Untersuchungsarbeit zur Struktur der kosmischen Erziehung Montessoris vorgelegt (Holtstiege 1994, S. 62-114). Kosmische Erziehung als unterrichts- und schulstrukturelle Realisierung steckt in den Montessori-Einrichtungen in Deutschland noch in der Anfangsphase, in einem Prozeß des Suchens und der Versuche (Holtstiege 1995, S. 155).

Literatur: Holtstiege, H.: Montessori-Pädagogik und soziale Humanität. Freiburg 1994; dies.: Modell Montessori. Freiburg ⁹1995; Kratochwil, L.: Die pädagogische Bedeutung der Dimension des Kosmischen im Werk M. Montessoris. In: Montessori-Werkbrief 1991, H. 2, S. 69-82; Ludwig, H.: Kosmische Erziehung In: Pädagogische Rundschau Jg. 46, 1992, H. 4, S. 389-405; Meinberg, E.: Homo Oecologicus. Darmstadt 1995; Montessori, M.: Das kreative Kind. Freiburg ¹⁰1994; dies.: Frieden und Erziehung. Freiburg 1973; dies.: Kosmische Erziehung. Freiburg ³1995; dies.: Londoner Vorträge, 1946 unv.; dies.: Über die Bildung des Menschen. Freiburg 1966; dies.: Von der Kindheit zur Jugend. Freiburg ³1979; Müller, M. u.a.: Kleines philosophisches Wörterbuch. Freiburg 1984; Oswald, P.: Kosmische Erziehung In: Montessori-Werkbrief 1977 a, 47/48, S. 12-24; ders.: Wirklichkeit und Vision In: Montessori-Werkbrief 1989 b, H. 4, S. 124-128.

Hildegard Holtstiege

Marchtaler Plan

1. Geschichte des Marchtaler Planes: Der Marchtaler Plan ist der Erziehungs- und Bildungsplan für die katholischen Freien Grund- und Hauptschulen in der Diözese Rottenburg-Stuttgart. Er stellt eine in sich geschlossene und durchgängige Konzeption von Erziehung und Bildung von Klasse 1 der Grundschule bis Klasse 10 der Hauptschule dar. Da die den Plan tragenden Prinzipien vorwiegend an der Kirchlichen Akademie der Lehrerfortbildung Obermarchtal entwickelt wurden, wurde ihm der Name „Marchtaler Plan" gegeben. Die Intentionen dieses Planes sind vor allem eine ganzheitlich personale und soziale Erziehung, um die werdende Persönlichkeit des jungen Menschen allseitig zu entfalten und zu fördern.

Er wurde von zwei Seiten her erarbeitet: Die theoretischen Grundlagen im Bereich der Theologie und Philosophie und der Pädagogik wurden seit 1978 an der Kirchlichen Akademie der Lehrerfortbildung in Obermarchtal erarbeitet. Man besann sich auf die so wichtige Epoche in der Geschichte der Pädagogik: die Reformpädagogik. Hier war es besonders die italienische Ärztin Maria Montessori, deren radikal andere Sicht des Kindes den Ausschlag gab, eine andere Form von Schule zu wagen. Ihre christliche (→) Anthropologie (jedes Kind ist einmaliges, unverwechselbares Geschöpf) und ihre schulpraktischen Konsequenzen (Freiarbeit, Stilleübungen, Friedenserziehung, kosmische Erziehung, Handwerkserziehung, soziales Lernen) waren überzeugend. Gleichzeitig liefen viele, sorgfältig geplante und begleitete Unterrichtsversuche an verschiedenen Schulen zur didaktischen, methodischen und organisatorischen Umstrukturierung der herkömmlichen Schule. 1983 waren die Vorversuche mit gutem Erfolg abgeschlossen und die Ergebnisse wurden im Marchtaler Plan zusammengefaßt, der dann 1984 in einer Erprobungsfassung veröffentlicht wurde. Nach Erprobung und erneuter Überarbeitung wurden die Grundlagen des Planes dann 1987 endgültig in Kraft gesetzt. *Band 2* mit den Vernetzten Unterrichtseinheiten folgte im Jahre 1990. Im *Band 3*, der 1992 erschien, wurden die anthropologischen Teilaspekte der jeweiligen pädagogischen Fundamente entfaltet.

2. Prinzipien des Marchtaler Planes: Der Marchtaler Plan geht von zwei Voraussetzungen aus. Zum einen: Die im Erziehungs- und Bildungsplan auf einer mittleren Konkretionsebene in den Unterrichtseinheiten ausgewiesenen Inhalte. Die nach den herkömmlichen Fächern zu vermittelnden Stoffe werden fächerübergreifend zu einer ganzheitlichen Größe vernetzt. Hierin sind die jeder Unterrichtseinheit innewohnenden und zugrundeliegenden theologischen, ethischen und personalen Aspekte, also jeweils relevante Schwerpunkte des christliche Men-

schenbildes, eigens ausgewiesen. Zum anderen: Von
größter Bedeutung ist das Schulleben, vielleicht besser
und zielgerichteter gesagt die Schulkultur. Dies besagt,
daß - sollen religiöse, ethische, soziale und humane Anlagen und Fähigkeiten ausgebildet, entfaltet, gefördert und
vervollkommnet werden, eine Atmosphäre, ein mensch-
lich-humanes Beziehungsfeld geschaffen werden - ein
Lebensraum zur Verfügung gestellt werden muß, in welchem durch Leben und Tun, in stetiger Einübung, das
Anzustrebende gelebt und in seiner Werthaltigkeit erfahren wird. Lernen durch Tun ist der königliche Weg. Der
zu beschreitende Weg fordert den einzelnen und zugleich
alle heraus. Jeder in seiner Eigenart, in seiner Individualität, soll sich angenommen wissen; alle sollen sich wohl
fühlen können und trotz *Schule* in ihr ein *zu Hause*
haben. Die Gestaltung des erzieherischen Umfelds und
die Bereitstellung einer von den genannten hehren Prinzipien (→) vorbereiteten Umgebung ist eine dynamische
Größe. Pädagogische Konferenzen und die enge Zusammenarbeit der Kollegen treiben diesen Prozeß ständig
voran.

Eine radikal andere Form von Schule verlangt eine
andere Organisationsstruktur.

3. Strukturelemente des Marchtaler Planes: Haupt-
sächlich vier Strukturelemente sind dabei konkrete Antworten für den Schulalltag.

3.1 Der Morgenkreis (MK): Der Morgenkreis eröffnet am Montag in der ersten Stunde die Schulwoche für
alle Klassen und kennzeichnet den Wochenanfang als
eine neu geschenkte Gabe und Aufgabe. Die Schulwoche
soll rhythmisiert und ritualisiert werden, damit die Schüler sich besser wiederfinden können, Halt bekommen.
Ritualisierung ist eine stete Wiederkehr einer Form, sich
mit Dingen und über sie mit sich selbst auseinanderzusetzen. Das geschieht zunächst in äußerer Form: gleiche
Zeit, gleiche oder ähnliche Umstände wie Sitzform,
Stille, ruhig gesprochenes Wort, ausgesuchte Medien.

Stundenplan einer Hauptschulklasse

der Bodensee-Schule St. Martin
Katholische Freie Grund-, Haupt- und Werkrealschule
Marchtaler-Plan-Schule in Ganztagsform

	Montag	Dienstag	Mittwoch	Donnerst.	Freitag
8.00					
	Mittagsfreizeit			Mittagsfreizeit	
			unterrichts-frei		
15.40					

○ Morgenkreis, Abschlußkreis   ▦ Fachunterricht

▨ Freie Stillarbeit   ▨ Handwerkserziehung

▤ Vernetzter Integrierter Unterricht   ▥ Arbeitsgemeinschaften Freizeitgruppen

131

Aber auch die innere Form will bedacht sein: neue Beziehungen sehen lernen, bekannte Beziehungen neu sehen lernen. Sammlung und Konzentration führen zu sich selbst und schließlich zu Gott. Sie schaffen Atmosphäre, sie machen empfänglicher für Werte und den Glauben und regen an zu Kreativität und Spontaneität. Elemente des Morgenkreises sind Anschauung und Besinnung: Hören lernen - Ohr sein, Sehen lernen - Auge sein, Ruhigwerden lernen - Stille sein.

3.2 Die tägliche Freie Stillarbeit (FSA):

(1) Die Freie Stillarbeit ist keine Unterrichtsmethode, sondern eine radikal andere Form von Schule. Sie ist eine Form schulischen Arbeitens, die die Individualität des Kindes in die Mitte des pädagogischen Bemühens stellt und seinen (→) sensitiven Phasen (M. Montessori) Rechnung trägt. Der Lehrer führt das Kinde mittels der vorbereiteten Umgebung an das Bildungsgut heran. Sie fordert vom Lehrer:

- Achtung vor der spontanen Selbstverwirklichungskraft des Kindes;
- Respekt vor der Würde des Kindes;
- Bereitschaft, dem Freiheitsanspruch in Verantwortung den jeweils größtmöglichen Spielraum zu geben;
- Bereitschaft, das Kind mit liebender Zuwendung in das soziale Beziehungsgefüge aufzunehmen, ohne das eine Persönlichkeitsentwicklung nicht denkbar ist;
- Bereitschaft, dem Kind einen spezifischen Weltzugang zu ermöglichen, ohne den kein Menschsein möglich ist;
- Personwerdung zu gestatten im ganzheitlichen Sinn;
- Orientierung am Kinde als Mensch.

(2) Die Freie Stillarbeit ist Einübung in die Freiheit und ihre Begrenzung. Inneres Prinzip der Freien Stillarbeit ist die Selbsttätigkeit. Dadurch überschreitet sie die Konsumhaltung des Kindes im Unterricht; statt den

Unterricht über sich ergehen zu lassen, wird es aktiv. Dem Kind wird zugetraut und zugemutet:

(a) Freie Wahl des Arbeitsthemas.

(b) Freie Arbeitseinteilung.

(c) Freie Zeiteinteilung

(d) Freie Wahl des Arbeitspartners

3.3 Vernetzter Unterricht: Der vernetzte Unterricht überschreitet die herkömmliche Gliederung der Stoffe nach Fächern. Er stellt die Sachen, eben die zu behandelnden Inhalte, so dar, daß die ihnen innewohnenden Aspekte fächerübergreifend zum Tragen kommen und zu einer ganzheitlichen Größe vernetzt werden. Die relevanten fachlichen Gegenstände, ihre sachlichen Wechselbeziehungen, ihre theologische, ethische, soziale und personale Bedeutung und die Situation sowie die Belange des Heranwachsenden sind integrierte Seiten der zu behandelnden Unterrichtseinheiten.

Die im Unterricht jeweils zugrundeliegende Sache, fachlich umschrieben und mit anderen wesentlichen Komponenten vernetzt, bildet die didaktische Basis der Unterrichtseinheiten.

Im Unterricht begegnen sich Kind und Sache und treten zueinander in Beziehung. Wissen und Können, Leistung und Leistungswillen, Sinnfindung und Vermittlung des Glaubens entfalten und fördern die Anlagen und Fähigkeiten des jungen Menschen; sie dienen der Entwicklung seiner (→) Persönlichkeit. Vernetzter Unterricht wendet sich immer an den ganzen Menschen.

Folgende Unterrichtsfächer sind im Marchtaler Plan vernetzt:

Grundschule: Religionslehre, Heimat- und Sachunterricht

Hauptschule: Religionslehre, Geschichte, Gemeinschaftskunde/Wirtschaftslehre, Erdkunde, Physik, Chemie, Biologie

Vernetzter Integrierter Unterricht
an der Bodensee-Schule St. Martin

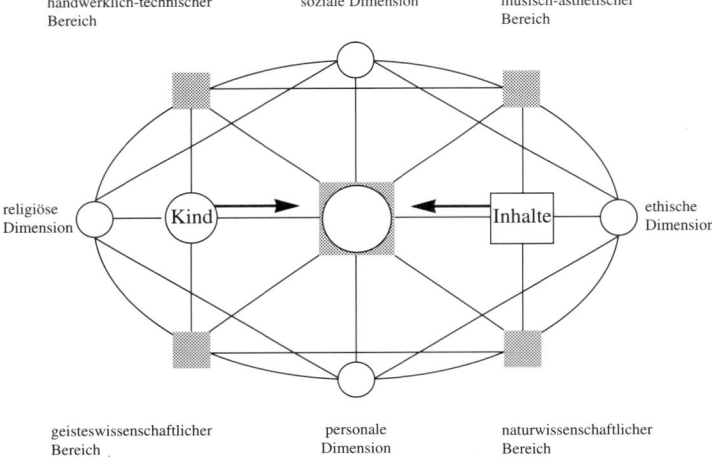

handwerklich-technischer Bereich · soziale Dimension · musisch-ästhetischer Bereich · religiöse Dimension · Kind · Inhalte · ethische Dimension · geisteswissenschaftlicher Bereich · personale Dimension · naturwissenschaftlicher Bereich

Die Inhalte des Faches Deutsch werden vom Lehrer grundsätzlich mit den Unterrichtseinheiten vernetzt.

Die Fächer Bildende Kunst und Musik sowie Technik, Textiles Werken und Hauswirtschaft werden nach Bedarf in die Vernetzung einbezogen.

Der Marchtaler Plan weist für jedes Schuljahr ein Leitmotiv aus, das unter Berücksichtigung entwicklungspsychologischer Gegebenheiten Hinweise für die Jahresarbeit gibt. Die vernetzten Unterrichtseinheiten bestehen aus dem pädagogischen Fundament, den Inhalten und den Hinweisen. Das pädagogische Fundament hat zwei Teile; einen fachlichen und einen anthropologischen. Der anthropologische Teil umfaßt dabei die theologische, ethische, soziale und personale Dimension. Das pädagogische Fundament erschließt zum einen das zu behandelnde Thema in seinen fachlichen Aspekten. Zum anderen verweist es auf Einstellungen, Haltungen und Werte, die als Orientierung für den jungen Menschen und zum Aufbau seiner Persönlichkeit unerläßlich sind. Die Gehalte der anthropologischen Fundamente sind in einem inneren Zusammenhang zu sehen. Sie bilden die Grundlage für den gesamten Unterricht an einer katholischen Schule. Sie müssen vom Lehrer getragen und von seinem persönlichen Vorbild und Zeugnis entschieden angestrebt werden.

4. Der Fachunterricht: Von der Schulleitung werden der jeweiligen Klasse die Stunden eingeräumt und mit Lehrern benannt, die nötig sind, um die Stundentafel zu erfüllen. Trotz des Klassenlehrerprinzips sind noch Stunden abzudecken. Da die Mathematik meist in der Freiarbeit angesiedelt ist, bleiben oft nur noch die Fächer Englisch, Sport, Technik und Hauswirtschaft/Textiles Werken als zu erteilender Fachunterricht übrig. Falls diese Fächer einen Vernetzungsbeitrag leisten können, so ist das wünschenswert. Von der Planungsseite her bemüht man sich, den Fachlehrer der Klasse als zweite Person in die Freie Stillarbeit zusätzlich einzusetzen, um den Klassenlehrer zu ergänzen. Der neue Weg ist also, der jeweiligen Klasse Menschen zuzuordnen, die den Unterricht in eigener Verantwortung, in eigener Absprache untereinander planen und organisieren. Der Freiraum, damit aber auch die Verantwortung, ist für den Lehrer größer geworden.

5. *Zusammenfassung:* Der Marchtaler Plan stellt die Schule mit allem Nachdruck auf die Prinzipien, wie sie die katholische Soziallehre enthält. Ihre Baugesetze (an den katholischen Schulen viel zu wenig beachtet) als Ordnung menschlichen Zusammenlebens sind das Prinzip der Personalität, der Solidarität und der Subsidarität. Für junge Menschen, die die Schule absolvieren, brauchen und können die Sozialprinzipien nicht theoretisch weit und breit erörtert werden. Aber ihre Ausfaltung hinein ins praktische Leben ist so reich, ja nahezu unerschöpflich, so daß dafür Schule ein vorzügliches, ja fast einmaliges Feld darstellt.

Alfred Hinz

Montessori-Heilpädagogik

1. Die geschichtlichen Wurzeln der Montessori-Heilpädagogik: Es gehört zu den Merkwürdigkeiten der Montessori-Pädagogik, daß sie als „Reform-Pädagogik" ausschließlich im pädagogischen Geschehen angesiedelt ist. Dabei wird außer Acht gelassen, daß die maßgeblichen Grundlagen dieser ärztlichen Pädagogik begründet sind in den Erkenntnissen, die in der Mitte des vorigen Jahrhunderts von dem Neurophysiologen Claude Bernard, dem „Audiopädagogen" und HNO-Arzt Jean Gaspard Itard, und vor allem von dem Psychiater Edouard Seguin in Paris gewonnen wurden.

Itard erfand „Die psychologische Erziehung der Idioten" zur Förderung von geistig behinderten Erwachsenen. Diese neurophysiologische Basis einer handelnden Pädagogik wird in einem pädagogischen System, das auf Theorien und philosophisch-historischen Phänomenen aufbaut, kaum gesehen. Der 18. Internationale Montessori-Kongreß in München 1978 war deswegen ein Meilenstein für die Internationale Montessori-Pädagogik, weil er sich erstmalig systematisch mit gestörten und behinderten Kinder beschäftigte. Es ist das Verdienst von Hellbrügge und Aurin, die in der Montessori-Pädagogik gelegenen Chancen für wie auch immer behinderte Kinder erstmalig praktiziert und beschrieben zu haben.

2. Die wesentlichen Elemente der Montessori-Heilpädagogik:

2.1 Einsatz als Therapie: Lernen durch Sehen, Hören, Fühlen und Riechen sowie durch Bewegung, Kinästhetik, „Lernen" durch auditive und visuelle Eindrücke, durch Geschmacks-, Tast- und Geruchssinn. Durch Benutzung der Geräuschbüchsen, der Farbtäfelchen, Geruchs- und Geschmacksbüchsen, das Ertasten unterschiedlicher Rauhigkeiten und Formen lernt das Kind über Greifen „Begreifen", versteht Formen, Größe, Farben, Intensität, Grad oder Qualität. Es lernt Kontraste verstehen und schließlich die graduelle Abstufungen von Kontrasten.

2.2 Förderung der Integration behinderter Kinder in die Familie: Unter dem Stichwort „Montessori-Therapie" ist beschrieben, wie die Einzel- und Kleingruppentherapie das Ziel verfolgt, die familiäre Umgebung und die gesamte Familie in den Förderprozeß einzubeziehen. Die Eltern erleben ihre Chancen als Therapeuten. Das Kind lernt über seine Eltern, ohne daß diese zu pädagogischen Personen werden, selbständig und spielend.

2.3 Integrative Erziehung im Kindergarten: Sie dient in erster Linie der Förderung der Sozialentwicklung des Kindes mit dem Prinzip: „Nur wer hilft, wird selbständig und glücklich", indem z.b. das mental-retardierte Kind den Rollstuhl des körperbehinderten Kindes schiebt, wächst es in seiner Selbständigkeit, indem das mathematisch erfahrenere Kind dem weniger erfahrenen Kind anhand des Montessori-Materials die Mathematik erklärt, begreift es diese noch besser. Diese Erkenntnis wurde von den Römern schon vor 2.000 Jahren beschrieben: „docendi discimus" (wer erklärt, lernt besser).

Letztlich fördert also die gemeinsame Erziehung von nichtbehinderten mit mehrfach- und verschiedenartig behinderten Kindern die Sozialentwicklung, die Selbständigkeit und die Kontaktfähigkeit, auch den kognitiven Lernprozeß, denn selbständig arbeitende Kinder sind denjenigen überlegen, die nur rezeptiv tätig werden dürfen. In München hat sich eine Gruppenstärke von 25 Kindern bewährt und davon - je nach Schweregrad der Behinderung - fünf bis acht behinderte oder von Behinderung bedrohte Kinder. Sie sollten aber verschiedenartig behindert sein (blind, taub, geistig behindert, motorisch behindert usw.).

2.4 Integrative Erziehung in der Schule: Die gleichen Prinzipien der Montessori-Heilpädagogik haben sich auch bei der gemeinsamen Erziehung mehrfach- und verschiedenartig behinderter Kinder mit nichtbehinderten Kindern in der Grund- und Hauptschule bewährt. Auch hier hat sich eine Klassenstärke zwischen 20 und 25 Kindern mit fünf bis sieben verschiedenartig behinderten Kindern als sinnvoll erwiesen. Die Art der Behinderung spielt eine geringere Rolle als der Stand der Sozialentwicklung, d.h. die Selbständigkeit und die Fähigkeit des Kindes, mit anderen Kindern zusammenzuarbeiten. Die Erfolge der Integrativen Montessori-Schulen lassen sich in folgenden Beispielen erläutern:

– Von 17 bei der Einschulung als geistig behindert eingestuften Kindern erreichen acht Jahre später zwei Kinder einen qualifizierten Hauptschulabschluß, sieben einen Lernbehindertenabschluß und nur acht blieben bei einem Abschluß für geistig behinderte Kinder;

- Von 16 bei der Einschulung zum gleichen Zeitpunkt als lernbehindert eingestuften Kindern erreichten acht einen qualifizierten Hauptschulabschluß und acht blieben bei einem Lernbehindertenabschluß;
- Von fünf bei der Einschulung als erziehungsschwierig eingestuften Kindern erreichten vier einen qualifizierten Hauptschulabschluß, ein Kind einen Lernbehindertenabschluß.

Diese Erfolge werden dadurch erhärtet, daß sowohl die Beurteilung bei der Einschulung als auch bei der Abschlußprüfung von fremden pädagogischen Institutionen vorgenommen wurden.

3. Soziales Lernen: Der Erfolg der gemeinsamen Erziehung behinderter und nichtbehinderter Kinder liegt maßgeblich in den durch die Unterschiedlichkeit der Kinder gegebenen sozialen Lernprozessen durch Helfen und Helfenlassen.

Ein großer Vorteil der Montessori-Pädagogik liegt auch darin, daß sie keine Jahrgangsklassen kennt, so daß Lernprozesse zwischen unterschiedlichen Kindern möglich sind. Diese sozialen Interaktionen werden in einem Klassenverband, in dem die Fähigkeiten einzelner Kinder noch stärker variieren, noch verstärkt.

Die Montessori-Pädagogik beweist, daß unser Sonderschulwesen, das weitgehend auf pädagogisch definierten Defiziten aufbaut, eher eine Ideologie darstellt und nicht vom Kind her bedacht wird. Es konnte auch nur bestehen, weil unser normales Schulsystem zu stark auf dem verbalen Lehren des Lehrers aufbaut und nicht das Handlungslernen des einzelnen Kindes in den Mittelpunkt stellt.

Montessori-Heilpädagogik wird weltweit bislang allein im Rahmen des Internationalen Lehrganges für Montessori-Heilpädagogik der „Aktion Sonnenschein" in

München angeboten. Dieser Lehrgang ist noch der einzige Lehrgang der Association Montessori Internationale, der sich mit behinderten Kindern und deren Förderung beschäftigt. Er schließt mit einem internationalen, weltweit gültigen Diplom ab und befähigt die Absolventen je nach Schwerpunkt zur Durchführung von Einzel- und Kleingruppen-Therapie zur Leitung eines Montessori-Kindergartens oder einer Montessori-Schule.

4. *Montessori-Therapie:* Aus der Montessori-Heilpädagogik heraus ergab sich die Chance, die von Seguin bzw. Itard stammenden Montessori-Elemente bei wie auch immer gestörten, geschädigten und damit potentiell behinderten Kindern auch als Therapie einzusetzen. Die sinnesphysiologischen Grundlagen erlauben es optische, akustische, haptische und sensorische Fähigkeiten zu fördern und dabei insbesondere Mutter-Kind-Interaktionsstörungen durch Verhaltensmodifikation zu beeinflussen. Dabei beinhalten besonders die Möglichkeiten der Sprachförderung in der Montessori-Pädagogik eine Chance, die international weitgehend noch unbeachtet geblieben sind.

Die Sprachförderung beispielsweise ist nicht so sehr - wie das auch aus der Logopädie heraus entwickelt wurde - als eine Verbesserung der Mundmotorik oder der perioralen Störungen zu sehen, sondern liegt schon begründet in den „Übungen des täglichen Lebens".

Als ein scheinbar seltsam anmutendes Beispiel sei die „Löffelübung" herangezogen. Die willkürlich gewählte Übung setzt sich aus folgenden Dingen zusammen: 1 Eisbecher, 1 Tablett, 1 Kaffeelöffel, 1 hohes Schraubglas, 3 niedrige Schraubgläser.

Jeder Gegenstand stellt mit seinem Namen einen Begriff dar, zusätzlich enthalten sind Begriffe wie niedrig oder hoch. Der Eisbecher oder die Schraubgläser sind mit Material gefüllt, das „gelöffelt" werden kann. Was ist das? Woher kommt es? Wer benutzt es außer dir? Wie sieht es aus? Wie schmeckt es? So entsteht aus der

Beschäftigung mit dem Löffel in Gegenwart der Mutter ein ganzes Sprachgebäude wie: das Schraubglas hat einen oberen Rand, einen Boden, Glaswülste zum Aufschrauben des Deckels, der dazugehörige Deckel hat einen Rand usw. Man läßt das Kind erleben, daß das Schraubglas rund oder eckig, hart oder kühl, leer oder voll ist, bespricht die Farbe, die Form des Deckels oder des Eisbechers (halbkugelförmig usw.).

Das Grundprinzip einer solchen therapeutischen Übung liegt aber in der Konzentration des Kindes, das das alles selbst erleben und entdecken muß. Die Schwierigkeit ist dadurch gegeben, daß die Mutter ihm diese Konzentration oft nicht erlaubt oder glaubt, eingreifen zu müssen. Aus diesem Grunde ist es sinnvoll, den Therapieraum durch eine Einwegscheibe abzugrenzen, durch die die Mutter dies miterleben kann, ohne die direkte Möglichkeit des Eingreifens.

Eine solche „Lektion" gibt der Mutter aber Gelegenheit, über die Möglichkeiten des Einsatzes von Übungen des praktischen Lebens im eigenen Haushalt nachzudenken. So wurden ihre Erkenntnisse in der Montessori-Therapie in den Alltag des Kindes übertragen und - was bei nichtbeeinträchtigten Kindern automatisch und unbedacht abläuft - nun als „Programm" aus der Familie heraus helfend deutlich zu machen.

Die Einzeltherapie kann verstärkt werden durch Kleingruppentherapie, in der zwei oder drei verschiedenartig gestörte Kinder sich nebeneinander oder gemeinsam an Übungen beteiligen. Dabei wird die in dem Montessori-Material liegende automatische Fehlerkontrolle auch in das Erleben der anderen Kinder miteinbezogen. Pestalozzis Feststellung, daß Kinder von Kindern lieber lernen als von Erwachsenen, wird als therapeutisches Element der Förderung ergänzt.

Entscheidend in der Therapie ist auch die vorbereitete Umgebung und das Einbeziehen der Eltern.

Die Chancen der Montessori-Therapie wurden bislang noch kaum genutzt, da sich weltweit die Montessori-Pädagogik auch nur mit dem sogenannten normalen Kind beschäftigt und die entsprechenden Ausbildungslehrgänge in den Montessori-Kursen die einzigartigen Chancen praktisch unbeachtet lassen.

Die Chancen der Montessori-Therapie beziehen sich natürlich im Schulalter auf Kinder mit Dyskalkulie (Rechenschwäche), Legasthenie, Konzentrationsstörungen und Interaktionsstörungen mit anderen Kindern. Das goldene Perlenmaterial und anderes mathematisches Material erlaubt den Kindern, die Schwierigkeiten in ihrem abstrakten Verhalten haben, mathematische Begriffe zu „begreifen".

Montessori-Therapie soll und kann nur Anregungen geben. Sie darf nicht isoliert gesehen werden. Sie muß als Übertragung von Chancen aus dem neurophysiologischen Material in die familiäre Welt des Kindes betrachtet werden.

Weitere Informationen: Aktion Sonnenschein - Hilfe für das mehrfach behinderte Kind e.V.
Heiglhofstraße 63   81377 München
Tel.: 089/71009-312, Fax: 089/7193610

Theodor Hellbrügge

Das Montessori-Kinderhaus

1. Der Begriff: Wenn Montessori ihre Einrichtung für die noch nicht schulpflichtigen Kinder als „casa dei bambini" bezeichnet, als „Haus der Kinder" oder verkürzt "Kinderhaus", so geschah dies sicherlich auch in Abgrenzung zum Fröbelschen „Kindergarten". Dieser macht durch seine Bezeichnung metaphorisch deutlich,

142

daß es in ihm um den behutsamen erzieherischen Umgang mit dem einmaligen „Saatgut" Kind geht. Der „Kindergärtnerin" (sei es die Mutter oder eine besonders gebildete Fachkraft) ist dieses Saatgut Kind zur Pflege und zum Wachstum anvertraut.

Dagegen nimmt sich Montessoris Bezeichnung eher nüchtern aus: sie fordert und verwirklicht ein Haus für Kinder, in dem sich Architektur und Einrichtung, die Haltung des Lehrers (den Begriff (→) Erzieher benutzt sie kaum) und sein Verhalten an Maßstäben orientiert, die sich zunächst und nahezu ausschließlich nach dem richten, was Kinder zur gedeihlichen Entwicklung brauchen. Das Zueinander von Umgebung, Kindern und Erziehern macht im Kinderhaus das ganze pädagogische Konzept Montessoris buchstäblich sichtbar. Neuerdings wird der Begriff Kinderhaus undifferenziert für verschiedenartigste Einrichtungen verwendet, die sich in einem oder mehreren Elementen (z.B. Ganztagesbetreuung und Aufnahme von Kindern ab dem zweiten bis zum zwölften Lebensjahr, Gestaltung familienähnlicher Altersmischungen über drei Jahre hinaus usw.) von der Form des überkommenen Kindergartens unterscheiden (wollen). Insofern ist es angezeigt, der Eindeutigkeit halber von einem „Montessori-Kinderhaus" zu sprechen, wenn man damit eine Einrichtung meint, die nach den Grundsätzen der Montessori-Pädagogik und unter Einhaltung der entsprechenden Standards arbeitet. In der Regel sind dies Einrichtungen für Kinder im Alter zwischen drei und sechs Jahren. Neue und erweiterte Formen des Montessori-Kinderhauses zu erproben wird Aufgabe der nächsten Jahre sein.

2. Pädagogische Standards: Von entscheidender Bedeutung für die pädagogische Qualität eines Montessori-Kinderhauses ist die Haltung und Einstellung der Erzieherin dem Kind und ihrer Aufgabe gegenüber. Dies wird andernorts beschrieben (→ Erzieher/Lehrer).

Diese Haltung herbeizuführen bedeutet bisweilen eine Umkehr in der Sichtweise der eigenen Arbeit vorzunehmen, und das braucht Zeit. Aus diesem Grunde ist eine gründliche Ausbildung der Erzieherin in Montessori-Pädagogik nicht nur eine Vermittlung von pädagogischen Techniken, sondern sie ist verbunden mit einer radikalen Anfrage an das Selbstverständnis als Pädagogin.

Daher ist die Absolvierung eines Montessori-Diplomkurses etwa nach den Standards der Montessori-Vereinigung Sitz Aachen e.V. (→ Montessori-Organisationen, Vereine) nicht nur der Nachweis einer qualifizierenden und unerläßlichen Grundbildung in Montessori-Pädagogik, sondern immer auch der Hinweis darauf, daß sich der Erzieher über einen Zeitraum von ca. zwei Jahren auf eine möglicherweise neue Sichtweise seines Auftrages vorbereitet hat.

Nicht ohne Grund verlangen Träger von Montessori-Einrichtungen in der Regel den Nachweis dieses Diplomes zumindest von der Gruppenleiterin (→ Diplomkurs).

3. Einrichtungsstandards: Das Montessori-Kinderhaus ist eine pädagogisch-didaktisch (→) vorbereitete Umgebung. Das hat sehr konkrete Konsequenzen:

Bereits die Garderobe sollte es dem Kind möglich machen, in Ordnung und mit hinreichendem Raum seine Kleidung aus/anzuziehen und angemessen (jeder hat seinen eindeutig gekennzeichneten eigenen Haken, eigenen Platz für Schuhe, eigenes Fach für kleine Arbeiten usw.) unterzubringen.

Türen sind für Kinder leicht und leise zu öffnen und zu schließen, wenn sie nicht übermäßig schwer und die Griffe in kindgemäßer Höhe angebracht sind. Flure sind ebenfalls Zonen der Tätigkeit und entsprechend (Fußbodenbelag) gestaltet. Es gibt klare Regeln für den Aufenthalt außerhalb der Gruppenräume.

Die eigentlichen und Kernzonen des Kinderhauses sind die Gruppenräume. Hier gilt für die Gestaltung neben dem Prinzip, daß genügend Fläche zur Arbeit auf

144

dem Boden frei bleiben muß, das sog. Raumteilverfahren. Das heißt, der Gruppenraum, eingerichtet mit kindgemäßem und von Kindern leicht bewegbarem Mobiliar (Einzeltische), frei von allen Schablonen, bietet den Kindern verschiedene Tätigkeitszonen an: Rollenspielbereich, Bauteppich, Leseecke, Maltisch, Frühstückstisch u.a. Die Einzeltische und der Bodenbereich dienen der Arbeit mit dem Montessori- oder ergänzendem Material, sowohl für Lektionen wie für weitere Arbeiten. Von entscheidender Bedeutung ist die freie Verfügbarkeit des Montessori-Materiales dadurch, daß es in offenen Regalen und in kindgemäßer Höhe angeboten wird. Für den Umgang mit dem Material gelten die bekannten Regeln: jedes Material hat einen und seinen Platz, jedes Material wird nach Benutzung an diesen Platz gebracht, jedes Material wird so behandelt, daß das nächste Kind gerne mit ihm arbeiten kann. Dabei kann es natürlich sein, daß Kinderarbeiten mehrere Tage andauern und das Material also einem andern Kind nicht zur Verfügung steht (→ Soziale Erziehung).

Die Darbietung des Materials im Raum richtet sich nach seinen Funktionen: so sind die Übungen des täglichen Lebens, die Sinnesmaterialien, die mathematischen und die Sprachmaterialien, die Angebote zur kosmischen Erziehung, die Arbeitsmittel zur religiösen Erziehung, klar in sich geordnet und entsprechend präsentiert, aber auch an voneinander unterscheidbaren Plätzen aufbewahrt und angeboten.

Wollen Kinder sich zu Stille oder Gebet zurückziehen, sollte der Raum eine Stille- oder Gebetsecke enthalten, die optisch ein wenig abgeteilt ist und etwa durch religiöse Symbole, Bilder, Kerze usw. besonders einladend ist.

Zu den Übungen der Stille gehört das Gehen auf der Linie. Es wäre zu wünschen, daß ein Ausweichraum ein solches Oval mit einer Längsachse von ca. vier bis fünf

Metern als weiße Linie enthält (im Gruppenraum wird diese Linie oft zugestellt).

Den Alltag im Kinderhaus zu beschreiben ist hier nicht der Raum (vgl. Helming 1987, S. 28-34; Steenberg 1993, S. 78-87). Bedeutsam ist jedoch hervorzuheben, daß das Montessori-Kinderhaus in der gegenwärtigen Diskussion um den situationsorientierten Ansatz sowohl in seinem pädagogischen Grundkonzept wie in seiner praktischen Umsetzung Maßstäbe setzt. Das Montessori-Kinderhaus ist in seinem Grundkonzept offen, nach innen und in der Beziehung der Gruppen untereinander (freie Fluktuation nach Maßgabe der kindlichen Möglichkeiten), in der Öffnung zu Familien (regelmäßige Elternarbeit, Gastmöglichkeit für Eltern), in der Öffnung zur Schule (gleitender Übergang, wo der Gesetzgeber es zuläßt), in zahlreichen Angeboten zur Hospitation und Fortbildungsmaßnahmen.

Die häufig gestellte Frage nach den Kosten eines Montessori-Kinderhauses läßt sich so beantworten, daß ein Montessori-Kinderhaus nicht teurer ist als ein vergleichbarer sog. Regelkindergarten. Die Ersteinrichtung mit Montessori-Material ist sicherlich kostenaufwendiger. Allerdings muß man dabei berücksichtigen, daß die Qualität des Materials und der pädagogisch begründete Umgang mit ihm längerfristig eher eine kostengünstigere Lösung bedeutet.

Montessori-Kinderhäuser sind keine Einrichtungen für soziale Eliten. Sie finden sich in sozialen Brennpunkten ebenso wie inmitten von Villenvororten. Das Gelingen ihrer Arbeit hängt nicht einmal von einer gloriosen Architektur ab, so wünschenswert dies auch ist, auch nicht von dem Vorhandensein grandioser Außenspielflächen usw. Innenstadtkinderhäuser in umgebauten Privatwohnungen, Kinderhäuser in Containern beweisen dies. Entscheidend ist, wie gesagt, die Art und Weise, wie der Erwachsene (als Eltern und Erzieher) dem Kind entgegenkommt. Das kann man lernen.

146

Literatur: Helming, H.: Montessori-Pädagogik. Freiburg 1987; Steenberg, U.: Kinder kennen ihren Weg. Ulm 1993.

Ulrich Steenberg

Montessori, Maria

Am 31. August 1870 wird Maria Montessori als einziges Kind des Finanzbeamten Alessandro Montessori (1832-1915) und seine aus einer Gutsbesitzerfamilie stammenden Frau Renilde, geb.Stoppani (1840-1912), in Chiaravalle bei Ancona/Italien geboren.

Nach dem Besuch der sechsjährigen Grundschule (1876-1883), die Familie wohnt nunmehr in Rom, setzt sie es, gegen den Willen des konservativen Vaters, unterstützt von der Mutter, durch, daß sie die naturwissenschaftlich-technische Sekundarschule (1883-1890) besuchen darf. Damit ist ihr der Zugang zur Hochschule ermöglicht. Ihr überraschender Wunsch, Medizin zu studieren - ursprünglich hatte die mathematisch sehr begabte Schülerin Ingenieurin werden wollen - wird, weil das Medizinstudium für Frauen in Italien nicht möglich ist, zunächst abgelehnt. Also studiert sie von 1890-1892 Naturwissenschaften an der Universität Rom. Gegen den Willen ihres Vaters und unter Inkaufnahme zahlreicher Diskriminierungen erreicht sie es schließlich, als erste Frau Italiens von 1892-1896 ein Medizinstudium zu absolvieren.

Am 10. Juli 1896 promoviert Maria Montessori zur ersten Ärztin Italiens - ihre Freunde bezeichnen sie späterhin oft als die „dottoressa".

Dies erregt international Aufsehen, so daß sie im September 1896 zu einem internationalen Frauenkongreß in Berlin geladen wird und Vorträge hält für die Emanzipation der Frau.

Im November 1896, noch Assistenzärztin in der chirurgischen Klinik, ist sie ab 1897 in der psychiatrischen Klinik der Universität Rom tätig. Ein Schlüsselerlebnis bei Kindern in einer sogenannten Heilanstalt (die Entdeckung des Montessori-Phänomens: (→) Polarisation der Aufmerksamkeit) läßt sie nach neuen Wegen für die pädagogische Arbeit mit Geistigbehinderten suchen.. Sie studiert die medizinisch-heilpädagogischen Schriften der Franzosen Itard und Seguin. In deren Folge adaptiert und entwickelt sie didaktisches Material, das auf dem Weg von Sinnesübungen Entwicklungsrehabilitation ermöglicht. Ab 1898 arbeitet sie konsequent in diesem Sinne mit sogenannten schwachsinnigen Kindern und bewirkt aufsehenerregende Erfolge, die sie danach fragen lassen, welche Ergebnisse diese Art der Arbeit wohl bei normalbegabten Kindern zeitigen würden. Doch der Weg hierzu bleibt ihr vorerst versperrt.

Ab 1899 übernimmt sie eine Dozentur am Ausbildungsinstitut für Lehrerinnen in Rom. Sie unterrichtet Hygiene und Anthropologie. 1900 wird sie zur Leiterin eines pädagogischen Institutes zur Ausbildung von Lehrern für behinderte Kinder berufen. Dort wird unter ihrer Anleitung ihre Methodik zur Erziehung und Unterrichtung geistigbehinderter Kinder vermittelt.

Persönliche Umstände - ihr Sohn Mario wird 1898 geboren, der Vater bricht ein Versprechen, Mario wächst bis zum 13. Lebensjahr bei einer Amme auf, erst dann nimmt Montessori ihn zu sich - bewegen sie dazu, 1902 die übernommenen Aufgaben abzugeben und sich vertieft dem Studium der Pädagogik zu widmen.

In den Jahren von 1904 bis 1908 hält sie Vorlesungen über Anthropologie und Biologie am pädagogischen Institut der Universität Rom und arbeitet in verschiedenen Formen bei der Ausbildung von Lehrerinnen mit.

Etliche medizinische Publikationen erscheinen. Die Grundelemente ihrer Pädagogik sind gedacht, die Wesenselemente ihrer Methodik erprobt, als sich eher

148

zufällig für sie endlich die Möglichkeit bietet, ihre Erkenntnisse und Praxis bei normalbegabten - allerdings eher sozial geschädigtem Milieu entstammenden - Kindern zu überprüfen und anzuwenden.

Am 6. Januar 1907 eröffnet sie die erste „Casa de Bambini" (Kinderhaus) im römischen Proletarierviertel San Lorenzo. Die überraschenden pädagogischen Erfolge, die Montessori bei ihrer Arbeit mit Geistigbehinderten hatte, wiederholen sich auf aufsehenerregendem und viel höherem Niveau mit diesen Kindern sozial schwacher Familien. So wundert nicht, daß alsbald auch das vornehme Rom solche Einrichtungen für seine Kinder fordert und über Stadt und Land hinaus „case dei bambini" erstrebt sind. Scharen von Besuchern aus aller Welt stellen sich ein, um das „Wunder von San Lorenzo" - die sozialen, emotionalen und kognitiven Fortschritte bei den Kindern zu beobachten. In der Folge gibt Montessori ihre Erkenntnisse in Ausbildungskursen national und international weiter, ein erster Kurs findet 1909 statt. Gleichzeitig veröffentlicht sie ihre wesentlichen Grundgedanken.

Im Jahre 1911 gibt sie ihre Arztpraxis auf, um sich ausschließlich der internationalen Verbreitung ihrer Pädagogik zu widmen. Es folgen längere Reisen in die Vereinigten Staaten, wo ihre Pädagogik begeistert gefeiert wird. 1916 siedelt sie nach Barcelona über, um dort ein Haus der Kinder, die in der Kirche leben, zu gründen und pädagogisch zu betreuen.

Verschiedene Reisen führen sie nach England sowie in die Niederlande, durch Italien und auch nach Deutschland. Parallel dazu finden ihre nationalen und internationalen Ausbildungskurse statt.

International werden immer mehr Montessori-Schulen und Montessori-Kinderhäuser gegründet. Der Einflußbereich der Montessori-Pädagogik erstreckt sich von Europa in die Vereinigten Staaten über den indischen Subkontinent bis nach Japan.

Die unermüdlich reisende und tätige Maria Montessori kämpft in den zwanziger Jahren zunehmend für die Erhaltung des Friedens. In aufsehenerregenden Vorträgen macht sie deutlich, in welchem Maße Erziehung und Frieden zusammenhängen.

Mit dem Aufkommen des Nationalsozialismus in Deutschland (1933) und dem Sieg der Faschisten in Spanien (1936) wird ihr bisheriges Werk in diesen Staaten zerstört. Sie muß aus Barcelona fliehen und nimmt 1936 Wohnsitz in Amsterdam. Dort, wo totalitäres Denken, sei es faschistisch, sei es kommunistisch, Montessori-Pädagogik nicht als Feind totalitärer Gesinnung erkennt und vernichtet, blühen weiterhin Montessori-Einrichtungen. Im deutschsprachigen Raum allerdings wie auch in der Sowjetunion sind sie alsbald verboten. Montessori-Pädagogen müssen fliehen, gehen für ihre Weitsicht ins Gefängnis, werden mit Berufsverbot belegt (Helene (→) Helming) oder verlieren gar ihr Leben (Clara (→) Grunwald).

1939 verläßt Montessori Europa und lebt zunächst als Italienerin, nach Ausbruch des Zweiten Weltkrieges von den Engländern gemeinsam mit ihrem Sohn Mario interniert, bis 1946 in Indien. Dort entwickelt sich eine kraftvolle indische Montessori-Bewegung.

Als Maria Montessori 1946 nach Europa zurückkehrt, ist ihr Lebenswerk im kriegszerstörten Europa nahezu vernichtet. Doch sie gibt nicht auf. Noch einmal bricht sie nach Indien, Ceylon und Pakistan auf, um 1949 endgültig nach Europa zurückzukehren.

Unermüdlich reisend in Kursen und zahlreichen Vorträgen tätig, erlebt die nahezu 80jährige und weltweit geehrte Maria Montessori zumindest in den Niederlanden, zunehmend aber auch im übrigen Europa ein Wiederaufblühen ihres Lebenswerkes.

Am 6. Mai 1952 stirbt sie überraschend in Nordwijk aan Zee/Niederlande.

Literatur: Heiland, H.: Maria Montessori. Reinbeck 1991; Kramer, R.: Maria Montessori. München 1977; Standing, E.M.: Maria Montessori. Oberursel i.T. 1970.

Ulrich Steenberg

Normalisierung

1. Zum Begriff Normalisierung: Unter einem normalen oder normalisierten Kind versteht Montessori ein psychisch gesundes Kind, das sich gemäß seinen Wachstumsimpulsen harmonisch entwickeln konnte. Es zeichnet sich durch ein stabiles Arbeits- und Sozialverhalten aus, das durch Selbständigkeit, Ausdauer, Konzentrationsfähigkeit und Disziplin bestimmt wird. Montessori schreibt:

„Die Entfaltung der Persönlichkeit muß in voller Harmonie geschehen. Der Mensch muß sich seinem eigenen Rhythmus gemäß formen, disziplinieren und bilden können. Unser Ziel ist die Gesundheit der Psyche; und mit dieser Gesundheit entstehen in jedem normalen Kind soziale Haltung, freiwillige Disziplin, Gehorsam und Willensstärke" (Montessori 1967, S. 35).

Das normalisierte Kind ist das Kind, das von den Erwachsenen richtig verstanden wurde, und das für sein Wachstum die notwendigen Bedingungen vorfand. Das nicht normalisierte Kind wurde von den Erwachsenen in den Äußerungen seiner Lebensenergie behindert, so daß es Abweichungen von seiner normalen Entwicklung hinnehmen mußte. Mit ihren Begriffen von normalen und anormalen Kindern wendet sich Montessori gegen eine weitverbreitete Auffassung, die besagt, Kinder seien typischerweise unordentlich, unruhig und widerspenstig. Dies wird oft als „normal" angesehen. Genau dies hält

151

Montessori aber für anormal. Sie schreibt: „Wir haben bei diesen Betrachtungen zwei verschiedene Naturen des Kindes erkannt. Die bekannte, ..., mit der jeder Pädagoge rechnet und die wir „anormal" nennen, und die verborgen gebliebene Natur des Kindes, die wir die „normale" nennen...

Das Kind, das wir normal nennen, ist organisch verknüpft mit den Uranfängen seines eigenen Lebens, und sein ganzes Wesen, das sich im Stadium der Entwicklung befindet, ist durch ein inneres Gleichgewicht in Harmonie gebracht. Das andere Kind ist das, das vom Erwachsenen nicht verstanden wurde und dessen inneres Wachstum erstickt worden ist und in Spaltungen sich kümmerliche Wege suchte" (Montessori 1967, S. 43).

2. *Normalisierung durch Polarisation der Aufmerksamkeit:*

2.1 Die Bedeutung von Eltern und Erziehern: Wenn ein psychisch gesundes Kind mit den „Uranfängen seines eigenen Lebens organisch verknüpft sein muß", so bedeutet dies, daß der Erziehung schon ab den ersten Lebenstagen des kleinen Menschen entsprechende Bedeutung beigemessen werden muß.

Der Säugling ist bereits ein Mensch mit einem eigenen Willen und einer eigenen Zielrichtung für sein Leben. Er beginnt recht bald, dies auch zu zeigen, nämlich dann, wenn er in Kontakt zu Menschen und Dingen treten kann. Sein Streben nach Selbständigkeit äußert sich in dem Willen, krabbeln, sitzen und laufen zu lernen; es zeigt sich in der Energie, die es aufwendet, die Umwelt mit all seinen Gegenständen erforschen zu wollen; es drückt sich in seinen Impulsen aus, zu handeln, sich zu bewegen und seine Bewegungen zu koordinieren. Trifft das Kleinkind nun auf Eltern, die seine Aktivitäten richtig interpretieren und ihm helfen, diese zu äußern, so bleibt es auch mit den „Uranfängen seines Lebens" richtig verbunden. Es fühlt sich angenommen, erkannt und unterstützt. Trifft das Kleinkind jedoch auf Eltern, die seine Äußerungen nicht richtig zu deuten wissen, findet eine starke Verunsicherung statt. Das Kind fühlt sich nicht wirklich angenommen, es fühlt sich verkannt gerade von den Menschen, die es am meisten liebt, und die es für sein Wachstum dringend benötigt.

Montessori fordert von Eltern und (→) Erziehern eine neue Haltung dem Kind gegenüber. Sie muß geprägt sein von dem Wissen, daß das Kind die Zielrichtung seines Lebens bereits in sich trägt und daß es Erwachsene braucht, die seine Lebensenergie richtig interpretieren und einfühlsam leiten können.

2.2 Vorbereitete Umgebung und Arbeitsmaterial: Damit das Kind gesund heranwachsen kann, braucht es ganz konkrete Gegenstände und Handlungsmöglichkeiten, um seine Aktivität zu schulen. In einer Umwelt, die ganz auf die Bedürfnisse von Erwachsenen hin zugeschnitten ist, fehlen jedoch solche Möglichkeiten. Wieder ergeben sich Hemmnisse, die zu einer Abweichung von der normalen Entwicklung führen können. Deswegen müssen Eltern und Erzieher eine Umgebung schaffen, die auf die Entwicklungsbedürfnisse von Kindern hin gestaltet wurde, und die reich an interessanten Handlungsmöglichkeiten ist. Denn das Kind hat ein tiefes Interesse an allen Aktivitäten, die ihm erlauben, seine Persönlichkeit zu organisieren. Das bedeutet, es sucht nach Tätigkeiten, an denen es seine Bewegungen, seine Koordination, sein Denken, Wollen und Fühlen erproben kann. Aufbau der Personalität ist die große Arbeit, die jedes Kind vollbringen muß, und sie ist nur durch Mühe und eigene Erfahrung zu erreichen (Montessori 1972, S. 85).

Eine solche Umgebung nennt Montessori die (→) „vorbereitete Umgebung". Das Kind findet hier Arbeitsmittel vor, die ihm bei der Erforschung der Umwelt helfen und es findet vielfältige Möglichkeiten für elementare und komplexe Handlungen. Das (→) Sinnesmaterial z.B. hilft dem Kind, sich an der Wirklichkeit zu orientieren und dabei Ordnung und Klarheit in seine geistigen

Kräfte zu bringen. Die (→) Übungen des täglichen Lebens bieten reiche Möglichkeiten, einfache Bewegungen und komplexe Handlungen zu trainieren und dabei auch seinen Platz in der Gemeinschaft zu finden. Gemäß seinem Wachstum und seinen Entwicklungsbedürfnissen findet auch das ältere Kind Arbeitsmittel vor, die ihm erlauben, durch Selbsttätigkeit in die Gesetzmäßigkeiten von Natur und Kultur einzudringen.

2.3 Freie Arbeitswahl und Zeitfreiheit: Nicht nur die Eigentätigkeit als solche ist für das Kind wichtig; ebenso wichtig ist die Freiheit der Wahl und Arbeit in relativer Zeitfreiheit. Das Kind muß Zeit haben, sich in die Arbeit zu versenken und darin so lange zu verweilen, bis ein innerer Sättigungsgrad erreicht ist. Und damit es eine Arbeit findet, die eine wirkliche Versenkung ermöglicht, muß diese ein tiefes Interesse in ihm auslösen. „Die Normalisierung kommt von der Konzentration auf eine Arbeit. Zu diesem Zweck müssen sich Motive in der Umgebung befinden, die geeignet sind, diese Aufmerksamkeit wachzurufen; ..." (Montessori 1973, S. 184)

Montessori betont das Wort „Konzentration" und unterscheidet diese von „Beschäftigung". Eine Beschäftigung kann man auch zum Zeitvertreib durchführen, sie bindet einen nicht ganz, sondern läßt Raum, gedanklich auch anderswo zu sein (Montessori 1973, S. 184). In der konzentrierten Arbeit jedoch geht man ganz auf, sie bündelt alle leib-seelischen Kräfte auf ein einziges Ziel hin. Montessori spricht deswegen auch von (→) „Polarisation der Aufmerksamkeit" (Montessori 1976, S. 70). Diese ist der Mittelpunkt ihrer pädagogischen Bemühungen. Aus der Gewöhnung an konzentriertes Arbeiten erwachsen alle Tugenden, die die Personalität des Menschen formen: Selbständigkeit, Freiheit in Verantwortung, Konzentrationsfähigkeit, Liebe und Disziplin.

3. Normalisierung als Genesung: Ein psychisch gesundes Kind kann an seinen Lebensäußerungen von einem entwicklungsgestörten Kind unterschieden werden.

Denn: „Nur die normalisierten Kinder offenbaren in ihrer sukzessiven Entwicklung die wunderbaren Fähigkeiten, die wir beschreiben; die spontane Disziplin, die ständige, freudige Arbeit, die sozialen Gefühle der Hilfe und des Verständnisses für die anderen" (Montessori 1972, S. 185).

Kinder, die in ihren Aktivitäten oft gestört wurden, und die keine ausreichenden Möglichkeiten hatten, ihr Tun, Wollen und Denken in sinnvolle Tätigkeit umzusetzen, entwickeln alle jene Merkmale, die wir von unruhigen, schnell ablenkbaren Kindern kennen: Unlust, Unkonzentriertheit, Ungeschicklichkeit, Bindungsschwerfälligkeit, usw. Der Weg der Heilung liegt darin, das Kind wieder an Anstrengung und Aktivität in einer auf seine Wachstumsbedürfnisse hin konzipierten Umgebung zu gewöhnen. „Man muß das Kind in Lebensbedingungen bringen, die ihm ermöglichen, seine Persönlichkeit wieder zum Normalen, zur Gesundheit zurückzuführen ... Wir müssen dem Kind die Reorganisation seiner Persönlichkeit ermöglichen" (Montessori 1967, S. 38).

Je älter das nicht-normalisierte Kind ist und je mehr sich Unkonzentriertheit, Unlust oder fehlende Anstrengungsbereitschaft manifestiert haben, desto mehr braucht das Kind die konsequente und fürsorgliche Anleitung durch die Erwachsenen; diese sind Ärzten vergleichbar, die sich zunächst darum kümmern müssen, daß das Kind auf den Weg der Gesundung gebracht wird (Montessori 1967, S. 38). Kann einem normalisierten Kind beim Arbeiten in der vorbereiteten Umgebung Wahl- und Zeitfreiheit eingeräumt werden, so bestimmt bei einem nicht-normalisierten Kind zunächst die Erzieherin oder Lehrerin, wieviel Freiheit einem Kind gegeben werden kann. Denn es muß eine Begrenzung erfahren, damit es nicht mit oberflächlichen Beschäftigungen seine Zeit vertändelt und sich selbst an der Versenkung in eine Arbeit hindert (Montessori 1979, S. 20). Montessori bezeichnet in diesem Zusammenhang die Normalisierung auch als „Gene-

155

sung" (Montessori 1972, S. 185). Normalisierung ist Genesung von falschen und abwegigen Entwicklungen, die durch eine fehlerhafte Erziehung zustande gekommen ist.

Literatur: Montessori, M.: Grundgedanken der Montessori-Pädagogik. Freiburg 1967; dies.: Das kreative Kind. Freiburg 1972; dies.: Schule des Kindes. Freiburg 1976.

Barbara Stein

Person, Persönlichkeit

Montessori verwendet die Begriffe Person und Persönlichkeit synonym. Sie spricht aber auch von der psychischen Persönlichkeit (Montessori 1994 a, S. 346) und deren Verschmelzung mit der Erziehung (Montessori 1991, S. 111) (→ Anthropologie).

1. Verständnis Person, Persönlichkeit: „Die Persönlichkeit ist eine und sie ist unteilbar, und alle geistigen Anlagen hängen von einem Zentrum ab" (Montessori 1995, S. 45). Damit ist Individualität und Vereinzelung in Bezug zur Gemeinschaft ausgesagt. Einheit, Gleichheit und Kontinuität sind Kriterien der Person. Unter Einheit wird die Identität im Blick auf die eigene Person verstanden (Krings 1973, S. 1060). Gleichheit und Kontinuität beziehen sich auf die Einheit im Zeitablauf. Hinsichtlich der individuellen Entwicklung spricht Montessori von der „fortdauernden Einheit der inneren Persönlichkeit" (Montessori 1991, S. 168). Das personale Zentrum bilden Geist und Intelligenz, deren Kennzeichen die menschliche Freiheit (→) ist (Montessori 1973, S. 52). Entfaltung der Personalität bedeutet, daß der Mensch vom Beginn seines Lebens an „er selbst" sein und werden kann (Montessori 1973, S. 58). Selbstverwirklichung als

156

Aufgabe der Person kommt damit zum Ausdruck. In der Philosophie wird dieses Personverständnis auf einige Kurzformeln gebracht. Person bedeutet „geistbegabtes Einzelwesen", „geistige Einzelexistenz" oder der „unteilbare Selbst-Stand eines geistigen Wesens", gegründet in Freiheit mit der Aufgabe der Selbstverwirklichung (Müller 1984, S. 203).

2. *Psychische Persönlichkeit:* Montessori geht vom „Begriff einer aktiven, denkenden und Gedanken verbindenden Persönlichkeit" aus, die sich durch spontane Aktivität auszeichnet (Montessori 1991, S. 75). Sie spricht von einer „dynamischen Einheit", deren Strukturen sich durch aktive Erfahrungen in der Umwelt wandeln, verändern (Montessori 1994 b, S. 74). Geist und Intelligenz sind die Gestaltungsprinzipien dieser Persönlichkeitsstrukturen, der psycho-physischen Systeme, die menschliches Verhalten und Handeln ermöglichen, tragen und zentrieren (Montessori 1994 b, S. 56). Grob skizziert handelt es sich bei diesen Strukturen um die menschlichen Antriebe sowie das Fühlen, Denken, Wollen und Handeln. Die Entwicklung der Persönlichkeit vollzieht sich durch Differenzierungs- und Integrationsprozesse solcher Persönlichkeitsstrukturen (Holtstiege 1995, S. 17 f.). Montessori spricht von der „sich organisierenden Persönlichkeit" (Montessori 1991, S. 156, 163). Die Organisation der Persönlichkeit versteht sie in ihrer gelungenen Form auch als Geordnetheit, in der eine innere Disziplin zum Vorschein kommt, durch die der Heranwachsende „Herr seiner selbst" wird. „Wer sich selbst erobert, der erobert auch die Freiheit" (Montessori 1994 a, S. 105). - Im heutigen Verständnis wird trotz erkennbarer Uneinheitlichkeit die psychische Persönlichkeit definiert als „relativ stabile Organisation motivationaler Dispositionen einer Person, die durch die Interaktion mit biologischen Trieben und der sozialen und physikalischen Umwelt entsteht" (Arnold 1993, S. 1577).

3. Entwicklung der Persönlichkeit: Montessori versteht darunter den selbsttätigen „Aufbau der Persönlichkeit" oder die „Entfaltung der Personalität" (Montessori 1979, S. 31; dies. 1973, S. 61). Der „Prozeß der Bildung der Personalität" vollzieht sich durch eine „komplexe Bildung der psychischen Persönlichkeit" (Montessori 1966, S. 18; dies. 1994 a, S. 346).

3.1 Komplexe Bildung: Die komplexe Bildung stellt sich einmal als „Verschmelzung" von Persönlichkeit und Erziehung in einem psychologisch-pädagogischen Sinne dar (Montessori 1991, S. 111). Zum anderen findet - so Montessori - in der kindlichen Persönlichkeit eine Verschmelzung von natürlichen, sozialen und religiösen „Tugenden" statt in einem ethischen Verständnis (Montessori 1994 a, S. 350). Komplexe Bildung bedeutet ferner die Ordnung der Persönlichkeit - motorisch und psychisch gesehen (Montessori 1994 a, S, 335). Gemeint ist die durch das Zusammenspiel von Entwicklung und Erziehung sich vollziehende Organisation der psychischen Persönlichkeit im Sinne einer Differenzierung und Integration von Persönlichkeitsstrukturen (Antriebe, Fühlen, Denken, Wollen) zu einer „funktionellen Einheit der Personalität" (Holtstiege 1995, S. 17). Komplexe Bildung impliziert, daß im Erziehungsprozeß sowohl „die ganze Persönlichkeit des Kindes beansprucht werden muß" als auch das Kind selbst „mit seiner ganzen Persönlichkeit handeln" darf (Montessori 1995, S. 45).

3.2 Selbsttätige Schöpfung der Personalität: Gemeint ist die personale Aufgabe der Selbstverwirklichung vom Beginn des Lebens an. „Die Personalität kann sich nur durch selbsttätige Übung entwickeln" (Montessori 1994 b, S. 229). Durch spontane innere Aktivitäten, die dem Personkern inhärent sind und sich in Konzentrationsprozessen äußern, vollzieht sich die „Organisation der Persönlichkeit" (Montessori 1991, S. 87). Zur selbsttätigen Persönlichkeitsorganisation bedarf der Mensch eines „geistigen Raumes" im Sinne einer komplexen

Umgebung (Montessori 1994 b, S. 56; dies. 1973, S. 59), und der Freiheit der Wahl unter den darin gebotenen Anregungen. „Die Freiheit der Wahl führt zur Würde des Menschen" (Montessori 1985, S. 122) (→ vorbereitete Umgebung).

3.3 Entwicklungsphasen der Personalität: Montessori unterscheidet die Individualität von der Personalität (Montessori 1973, S. 51). Die Personalität wird als gelungene Integration von Individualität und Sozialität verstanden. In der Genese der Personalität unterscheidet Montessori zwei Intervalle: „Die Entwicklung der Individualität und die Anwendung der individuellen Aktivität auf ein soziales Leben" (Montessori 1973, S. 96). Diese nehmen in den verschiedenen Perioden der Entwicklung verschiedene Formen an. Die Entwicklung der Individualität erstreckt sich über das erste Lebensjahrzehnt. Ihr Inhalt ist der Erwerb einer individuellen Freiheit mit ihren persönlichkeitsstrukturellen Voraussetzungen. Freie Individualität ist die Basis der Persönlichkeitsentwicklung. Sie ist dann gegeben, „wenn das Individuum handeln kann mit dem Bewußtsein, eine lebendige Einheit zu sein" (Montessori 1973, S. 52). Montessori nennt dies eine primitive Definition für die Freiheit. „Die individuelle Persönlichkeit könnte sich ohne die individuelle Freiheit nicht verwirklichen" (Montessori 1973, S. 52). Im zweiten Entwicklungsjahrzehnt geht die Individualität über in die Periode der Anwendung der individuellen Aktivität auf das soziale, gesellschaftliche Leben. In ihr vollzieht sich die volle Entfaltung und Verwirklichung der Personalität. Die Integration von Individualität und Sozialität stellt sich in der Weise dar, daß die einzelne Person sich mit anderen Personen in Harmonie zusammenschließen und dabei gleichzeitig ihre Individualität als Unabhängigkeit bewahren kann (Montessori 1973, S. 96). - In der Philosophie ist das Individuum durch seine Sonderung und Vereinzelung definiert, während die

„Person auf die Gemeinschaft hin angelegt" gesehen wird (Arnold 1993, S. 1571).

4. Qualitäten der Persönlichkeit: Montessori nennt die Gesamtheit der Ausprägung der Persönlichkeit eines Individuums Charakter (Montessori 1991, S. 169). Sie spricht aber auch von „Charaktereigenschaften" der inneren Persönlichkeit im Sinne von phänomenal verstandenen „Qualitäten" (Montessori 1991, S. 72; dies. 1985, S. 122).

4.1 Charakter: Unter Charakter versteht Montessori „das zum Fortschritt treibende Verhalten des Menschen" im Sinne einer Vervollkommnung des Menschen und der Menschheit (Montessori 1994 b, S. 91). Charakter gilt ihr aber auch als Verschmelzung eines natürlichen Verhaltensfortschritts mit individuellen, sozialen und religiösen Tugenden „im bewußten Bereich der Sittlichkeit" (Montessori 1994 a, S. 350). Persönlichkeitsorientiert spricht Montessori global von der Eroberung seiner selbst, die identisch ist mit der Eroberung der Freiheit (Montessori 1994 a, S. 105). - Charakter ist ein Begriff, der in der neueren Persönlichkeitspsychologie kaum noch auftaucht (Ritter 1989, S. 351).

4.2 Qualitäten: In einer phänomenal zugänglichen Weise nennt Montessori die ans Licht tretenden Eigenschaften der Persönlichkeit auch Qualitäten (Montessori 1985, S. 122). Als „bedeutendste Wesensqualität" beschreibt sie das aus der „Beharrlichkeit in der Arbeit" (Polarisation der Aufmerksamkeit) hervorgehende „Merkmal der Beständigkeit". „Diese Eigenschaft ist in der Tat Ausdruck einer fortdauernden Einheit der inneren Personalität. Ohne diese wäre das Leben eine Serie von Episoden" (Montessori 1991, S. 168). Diese grundlegende Eigenschaft wird als Charakter bezeichnet, weil in ihr die Treue - zu Worten, Überzeugungen und Gefühlen - zum Ausdruck kommt (Montessori 1991, S. 169). Montessori spricht aber auch hinsichtlich eines „neuen Menschen" von „wahren Qualitäten": Liebe, die nicht

Anhänglichkeit bedeutet; Disziplin, die nicht Unterwerfung bedeutet; und Realitätsbezug, der nicht Phantasie
bedeutet (Montessori 1973, S. 36). - Erikson hat die
Tugend (virtus) als „bestimmte menschliche Qualitäten"
im Sinne von Ich-Stärken bezeichnet (Erikson 1971, S.
97).

5. Person als Erziehungsprinzip: Am Ende ihrer
Wirksamkeit formuliert Montessori die menschliche Personalität als Prinzip ihrer Erziehung. „Die menschliche
Personalität muß in den Blick genommen werden und
nicht die Erziehungsmethode" (Montessori 1966, S. 16).
Entsprechend der Einheit der menschlichen Personalität
in allen Entwicklungsstufen fordert sie die einheitliche
Gestaltung und Kontinuität von Bildungseinrichtungen
zwecks Beistand und Hilfe im „Prozeß der Bildung der
Personalität" und als „Hilfe für die menschliche Person,
ihre Unabhängigkeit zu erobern" (Montessori 1966, S.
16, 17).

Literatur: Arnold, W. u.a.: Lexikon der Psychologie, Band 2.
Freiburg [9]1993; Erikson, E.H.: Einsicht und Verantwortung,
Frankfurt a.M. 1971; Krings, H. u.a.: Handbuch philosophi-
scher Grundbegriffe, Band 4. München 1973; Montessori,
M.: Die Entdeckung des Kindes. Freiburg [11]1994 a; dies.:
Schule des Kindes. Freiburg [4]1991; dies.: Das kreative Kind.
Freiburg [10]1994 b; dies.: Über die Bildung des Menschen.
Freiburg 1966; dies.: Frieden und Erziehung. Freiburg 1973;
dies.: Spannungsfeld Kind-Gesellschaft-Welt. Freiburg 1979;
dies.: Kosmische Erziehung. Freiburg 1988; dies.: Die Frei-
heit muß aufgebaut werden. In: Montessori-Werkbrief 3/4
(1985), S. 122; Holtstiege, H.: Modell Montessori. Freiburg
[9]1995; Müller, M. u.a.: Kleines philosophisches Wörterbuch.
Freiburg 1984; Ritter, I. (Hg.): Historisches Wörterbuch der
Philosophie, Band 7. Darmstadt 1989.

Hildegard Holtstiege

Polarisation der Aufmerksamkeit / Konzentration

1. Beschreibung des Phänomens: Unter Polarisation der Aufmerksamkeit versteht Montessori die Bündelung aller leib-seelischen Kräfte, die dazu führt, daß man sich selbstvergessen in eine Arbeit versenkt. Daß sich auch schon kleine Kinder in dieser Weise konzentrieren können, beobachtete Montessori erstmalig in ihrem ersten Kinderhaus in San Lorenzo in Rom. Sie sah, wie ein Mädchen die Übung mit den sogenannten „Holzblockzylindern" viele Male wiederholte und dabei über eine längere Zeit so versunken in diese Tätigkeit war, daß es Ablenkungsmanöver nicht bemerkte. Als das Kind seine Handlung schließlich beendete, tat es dies, ohne erkennbaren äußeren Grund aus einer inneren Sättigung heraus. Das Kind wirkte anschließend glücklich und ausgeglichen. In dem Maße, wie sich diese Form der konzentrierten Tätigkeit auch bei den anderen Kindern einstellte und sich wiederholte, wurden die Kinder zufriedener, selbständiger und geordneter (Montessori 1986, S. 165; dies. 1976, S. 70).

Dieses Erlebnis der Polarisation der Aufmerksamkeit wurde für Montessori der Ausgangspunkt für ihre weiteren pädagogischen Arbeiten. Sie erforschte die Wirkungen der konzentrierten Arbeit auf die Entwicklung des Kindes sowie die Bedingungen für ihr Zustandekommen, und schuf eine pädagogische Praxis, die es ermöglichte, die Polarisation der Aufmerksamkeit wiederholbar zu machen.

2. Die Wirkung der Polarisation der Aufmerksamkeit auf die Psyche des Kindes:

2.1 Stärkung der Personalität: Die selbstvergessene Konzentration auf eine Arbeit, die zu einem vertieften Verständnis des erarbeiteten Gegenstandes führt und stets mit Gefühlen der Freude einhergeht, hat Rückwirkungen auf die Psyche des Menschen. „Wenn man sagt, *Es geht mir ein Licht auf,* meint man damit einen schöpferischen Vorgang, ... dieses Sichauftun des Geistes ist das *aktive Verstehen,* das von starken Gemütsbewegungen begleitet ist und das man daher wie ein inneres Erlebnis *verspürt*" (Montessori 1976, S. 204). Aktives Verstehen wird als Ich-Stärke, als Kraftzuwachs erlebt. Mit dem vertieften Verständnis einer Sache erschließt sich ein Stück Lebenswirklichkeit; es entsteht ein Harmoniegefühl zwischen Person und Gesetzmäßigkeit der Außenwelt. Man findet seinen Platz in der Ordnung der Welt und fühlt sich dazugehörig. Aus diesem Bewußtsein heraus, kann man sich den anderen Personen und den Dingen der Umwelt in Liebe zuwenden (Montessori 1972, S. 246). In dem Maße, wie eine Person ein gesichertes Verhältnis zu sich selber hat, kann sie sich auch anderen Menschen zuwenden und ihnen mit Verständnis begegnen.

2.2 Eroberung von Freiheit und Disziplin: Wenn sich jemand selbstvergessen auf eine Arbeit einläßt, so läßt er sich auch auf deren Gesetzmäßigkeit ein. Wenn ein Kind z.B. eine Addition richtig durchführen will, so wird dies nur dann gelingen, wenn es die Gesetzmäßigkeit des Dezimalsystems beachtet. Dieses Entdecken der „Stimmigkeit" führt zur Freude und zum Erfolg; ein Kind, das die Sachgesetze mißachtet, weil es sich in die Gesetzmäßigkeit nicht begeben will oder kann, wird nicht zum Erfolg kommen und kein Gefühl der Freude erleben, das aus der inneren und äußeren Übereinstimmung erwächst. Voraussetzung für konzentriertes, erfolgreiches Arbeiten ist also eine Art Gehorsam: Sich einlassen auf die Gesetzmäßigkeit der Sache. Diese Art Gehorsam führt schließlich zur Souveränität über die Sache: ich beherrsche sie, weil ich mit den Gesetzmäßigkeiten umgehen kann. Dieses Verhältnis von Gehorsam und Beherrschung führt zur (→) Disziplin und Freiheit des Menschen.

2.3 Reifen des sozialen Gefühls: In gleicher Weise gilt dies auch für die Regeln, nach denen Menschen in einer Gruppe zusammenleben. Regeln, die die existentiellen Bedürfnisse des einzelnen Menschen nach Liebe und Geborgenheit, Nähe und Abgrenzung, nach Arbeit und Muße, Entscheidungs- und Wahlfreiheit seiner Arbeit achten, sind Gesetzmäßigkeiten, die dem Menschen gemäß sind und das Wohlbefinden des Einzelnen wie der Gruppe sichern.

3. Bedingungen für das Zustandekommen der Polarisation der Aufmerksamkeit: „Nur die normalisierten, von der Umgebung unterstützten Kinder offenbaren in ihrer sukzessiven Entwicklung die wunderbaren Fähigkeiten, die wir beschreiben: die spontane Disziplin, die ständige, freudige Arbeit, die sozialen Gefühle der Hilfe und des Verständnisses für die anderen. Die Aktivität zur freien Wahl der Beschäftigung wird zur ständigen Lebensweise. Die Genesung ist der Beginn einer neuen Lebensform. Das Hauptkennzeichen bleibt immer das gleiche: *Das Aufgehen in einer Arbeit*, einer interessanten, frei gewählten Arbeit, die die Kraft hat zu konzentrieren und, anstatt zu ermüden, die Energien, die geistigen Fähigkeiten und die Selbstbeherrschung erhöht. Um eine solche Entwicklung zu unterstützen, genügen nicht Gegenstände irgendwelcher Art, sondern es muß eine Umgebung von *progressiven Interessen* gestaltet werden" (Montessori 1972, S. 185).

Mit diesen Worten beschreibt Montessori die Bedingungen, die zur konzentrierten Arbeit und zur Gesundung der Psyche führen. Unter einem *normalisierten Kind* versteht sie ein psychisch gesundes Kind, das sich in Einklang mit seinen existentiellen Bedürfnissen entwickeln konnte (→ Normalisierung).

3.1 Die Vorbereitung der Umgebung und das Arbeitsmaterial: In dem genannten Zitat weist Montessori zunächst auf die Bedeutsamkeit einer Umgebung hin, die für die Wachstumsbedürfnisse der Kinder vorbe-

164

reitet wurde. Denn das Kind lebt in einer Welt, die von den Ansprüchen der Erwachsenen her bestimmt ist und in der es nicht genügend Möglichkeiten für die eigene Entwicklung hat. In einer für die Wachstumsbedürfnisse von Kindern vorbereiteten Umgebung muß das Kind Arbeitsmittel vorfinden, die ihm erlauben, seine Umgebung mit Hand und Sinnen zu erforschen und dabei sowohl elementare Bewegungsabläufe zu üben, wie komplexe Handlungen durchzuführen (→ Bewegung, → Übungen des täglichen Lebens, → Sinnesmaterial) Das ältere Kind will sich die Kulturtechniken erarbeiten und durch tätigen Umgang mit den Dingen Erkenntnisse in Natur und Kultur erwerben. Für seine Tätigkeit müssen Arbeitsmittel bereitstehen, die seinem Handlungsbedürfnis und seiner Erkenntnisfähigkeit angepaßt sind. Die Umgebung des Kindes korrespondiert mit seinem Entwicklungsstand und den Entwicklungsbedürfnissen, d.h. sie verändert sich entsprechend.

3.2 Bewegungs- und Handlungsfreiheit, Freiheit der Arbeitswahl: Schon früh äußert das Kind seinen eigenen Willen und sein Streben nach Unabhängigkeit. Um sein Wollen, sein Freiheits- und Bewegungsbedürfnis zu schulen, muß die Umgebung Bewegungs-, Handlungs- und Wahlfreiheit (→ Freiheit, → Disziplin) gestatten und gleichzeitig die Aktivität der Kinder anleiten, begrenzen und schützen.

3.3 Erzieherverhalten: Über die vorbereitete Umgebung mit den entsprechenden Arbeits- und Spielmaterialien hinaus, ist die Persönlichkeit der erziehenden Erwachsenen von großer Bedeutung. Die Eltern, Erzieherinnen und Lehrerinnen bestimmen und ordnen nicht nur die Umgebung, sondern geben auch den Wertmaßstab vor, nachdem Kinder und Erwachsene zusammenleben. Die Erzieherpersönlichkeit ist selber eine Art „Material", von dem das Kind Verhaltens- und Denkmuster übernimmt und von denen es tief beeinflußt wird (→ Erzieher).

4. Verlaufsform der konzentrierten Arbeit:

4.1 Phase der Vorbereitung: Einer konzentrierten Arbeit geht gewöhnlich eine Phase der Unruhe voraus. Das Kind ist auf der Suche nach einer Arbeit. Es beginnt vielleicht eine Aufgabe, unterbricht sie aber bald wieder, bis es schließlich gefunden hat, was es wirklich will. Das Motiv für die Suche liegt im Kind selbst, es folgt seiner inneren Stimme, seinem Interesse. Hat es eine Arbeit gefunden, so holt es die Gegenstände zusammen und bereitet den Platz vor; so stellt es sich innerlich auf die Tätigkeit ein.

4.2 Phase der großen Arbeit: Es folgt nun die Phase der Vertiefung, der *großen Arbeit.* Während das Kind tätig ist, gilt seine Aufmerksamkeit immer intensiver der durchgeführten Tätigkeit. Es wehrt Ablenkungen ab und bleibt so lange bei seiner Aufgabe, bis eine innere Sättigung erreicht ist. Die zeitliche Dauer dieser Vertiefung kann je nach Kind und Alter sehr verschieden sein; wichtig ist, daß eine wirkliche Versenkung stattgefunden hat.

4.3 Phase des Ausklangs: Nach Beendigung der Konzentration räumt das Kind die Gegenstände, die es für seine Arbeit brauchte, fort und wendet sich wieder den anderen zu. Es sucht vielleicht nach Bestätigung durch die Erzieherin oder Lehrerin. Gedanklich ist es noch der eben durchgeführten Tätigkeit verbunden, so daß eine Weile vergeht, ehe es sich wieder einer neuen Handlung zuwenden kann.

4.4 Gewöhnung an Arbeit: Wenn die konzentrierte Arbeit zur Gewohnheit wird, stabilisiert sich die Haltung des Kindes in der Weise, daß es ein inneres Gleichgewicht behält. „Das ist die Zeit, in der das Kind beginnt, *Herr seiner selbst* zu werden" (Montessori 1976, S. 103).

5. Erzieherverhalten während der Arbeitsphase des Kindes: Bedeutsam für das Zustandekommen eines konzentrierten Arbeitszyklusses sind nicht nur Material und Wahlfreiheit, sondern auch das Erzieherverhalten. In der

Phase der Vorbereitung beobachtet der Erwachsene das Kind und hilft, wenn Hilfe nötig ist: er berät oder leitet an. Besonders jene Kinder, die mit ihrer Entscheidungs- und Wahlfreiheit noch nicht verantwortlich umgehen können, brauchen die Hilfe der Erzieherin oder Lehrerin. In der Phase der Vertiefung ist es Aufgabe des Erziehers, das Kind vor Störungen zu schützen; auch seine eigene Zuwendung muß unterbleiben, weil sie das Kind aus dem inneren Gleichklang herausreißt und von dem gerade gefundenen Weg wegführt. In der Phase des Ausklangs kann die Aktivität des Erziehers wieder gefragt sein: das Kind sucht z.B. nach Bestätigung oder Zuwendung. Montessori legt größten Wert darauf, daß die Erzieher unterscheiden können, zu welchem Zeitpunkt sie eingreifen und zu welchem sie sich zurückhalten müssen. Denn in dem einen Fall helfen sie dem Kind zur konzentrierten Arbeit und im anderen verhindern sie diese.

6. Normalisierung: In dem Maße, wie sich Kinder daran gewöhnen, in der Gemeinschaft von anderen Kindern konzentriert zu arbeiten, erwerben sie nicht nur reiche Kenntnisse, sondern verändern sich auch in ihrem Arbeits- und Sozialverhalten: sie werden selbständig, eigenverantwortlich, ausdauernd und diszipliniert. Montessori nennt ein solches Kind ein „normalisiertes" Kind. Unter einem normalisierten Kind versteht Montessori ein psychisch gesundes Kind, das sich gemäß seinen Wachstumsimpulsen harmonisch entwickeln konnte. „Der Mensch muß sich seinem eigenen Rhythmus gemäß formen, disziplinieren und bilden können. Unser Ziel ist die Gesundheit der Psyche; und mit dieser Gesundheit entstehen in jedem normalen Kind soziale Haltung, freiwillige Disziplin, Gehorsam und Willensstärke" (Montessori 1967, S. 35, 43) (→ Normalisierung).

Literatur: Montessori, M.: Grundgedanken der Montessori-Pädagogik. Freiburg 1967; dies.: Das kreative Kind. Freiburg

1972; dies.: Schule des Kindes. Freiburg 1976; dies.: Kinder sind anders. Stuttgart 1986

Barbara Stein

Projektarbeit

1. Klärung des Projektbegriffs: Montessori fordert für den Jugendlichen ein Lernen durch Erfahrung, die Abwechslung von praktischer Tätigkeit und Studien, damit der Jugendliche unmittelbar mit dem sozialen Leben in Kontakt kommt. Diese Forderung deckt sich mit dem Projektverständnis der Väter der Projektmethode, Dewey und Kilpatrick, die mit Projektarbeit ein Lernen an realen Handlungsabläufen beschreiben. Die zunehmenden Veränderungen im sozialen Leben machten es schon damals unmöglich, Schule weiterhin unter der Prämisse einer vorauszubestimmenden Zukunft zu betreiben. Da diese unbekannt war und ist, ging und geht es darum, die dem Schüler angeborene Handlungskompetenz schulisch auszubilden, planvolles Handeln in einer sozialen Umgebung stattfinden zu lassen. Die Projektmethode soll den Schüler in die Lage versetzen, in Gegenwart und Zukunft sein Handeln methodisch und systematisch zu kontrollieren durch Problemformulierung und -lösung. Eine auf solche Art praktizierte Projektarbeit hat Auswirkungen auf die Persönlichkeitsstruktur der jeweiligen Schüler.

2. Ziele und Kriterien der Projektarbeit: Projektarbeit ist auf aktives Lernen ausgerichtet, in der Regel gemeinsam geplant, vom Gruppeninteresse getragen und verantwortet, in der Gestaltung oft berufs- und/oder gesellschaftsbezogen. Diese Form des Lernens ermöglicht die Entwicklung aller menschlichen Fähigkeiten und Interessen (ganzheitliches Lernen). Projektarbeit ist

168

damit an bestimmte Bedingungen gebunden, die langfristig der Humanisierung und Demokratisierung von Schule und Gesellschaft dienen, wie bereits von Dewey und Kilpatrick intendiert. Damit wird deutlich, daß die politikgeschichtliche Basis der Projektarbeit in den Menschen- und Bürgerrechten liegt: „Sie inaugurieren zwischen Mitgliedern einer Gesellschaft nicht die Verkehrsform der *Anordnung von oben*, sondern den frei vereinbarten Vertrag bürgerlichen Rechtes" (Bastian/Gudjons 1988, S. 15).

Gudjons weist verstärkt darauf hin, daß das Richtziel der Projektarbeit die Erziehung zur demokratischen Gesellschaft ist. Damit dies gelingt, formuliert er Merkmale bzw. Kriterien für *echte* Projektarbeit. Im einzelnen nennt er die Merkmale Situationsbezug, Orientierung an den Interessen der Beteiligten, Selbstorganisation und Selbstverantwortung, gesellschaftliche Praxisrelevanz, zielgerichtete Projektplanung, Produktorientierung, Einbezug vieler Sinne, soziales Lernen, Interdisziplinarität, Bezug zum Lehrgang, d.h. Einbindung der Projektarbeit in die Systematik eines oder mehrere Fächer (Bastian/Gudjons, S. 16-20).

3. Montessori-Pädagogik und Projektarbeit: Folgt man den Ausführungen Gudjons, die er im Hinblick auf die genannten Kriterien macht, wird sehr schnell klar, daß gerade das Projektverfahren bzw. die Projektarbeit viele Parallelen zu den von Montessori für den Jugendlichen geforderten Arbeitsweisen hat. Daneben gibt es inhaltliche Übereinstimmungen mit allgemeinen Grundlagen der Montessori-Pädagogik, vor allem ihrem anthropologischen Ansatz (→ Anthropologie), beispielsweise der fächerübergreifende Aspekt der Projektarbeit, das damit verbundene soziale Lernen, ganz deutlich die Forderung nach Einbezug vieler Sinne, die selbstbestimmte Tätigkeit in Selbstorganisation und Selbstverantwortung, die Stärkung des gesellschaftlichen Bezugs schulischen

Lernens, die Berücksichtigung subjektiver Schülerinteressen.

Auf diese Möglichkeit des Einbezugs der Projektarbeit vor allem in den nach Montessori arbeitenden Schulen der (→) Sekundarstufe als eine dem Jugendlichen und seinen Bedürfnissen naheliegenden Arbeitsform verweist Holtstiege bereits in einem Vortrag 1980: „Die behutsame Aktivierung muß indirekt auf dem Wege des Angebotes attraktiver Projekte geschehen, die physische Aktivitäten ermöglichen. Letztere stellen auch ein Angebot psychischer Entlastung dar. ... Die Projekte müssen phasenspezifischen Interessen entspringen und zu aktivem Umgang auffordern. Soziales Leben in seiner universalen Bedeutung muß gelebt werden. ... Die Didaktik der Fächer muß physische Aktivitäten durch wirkliche Kontakte mit den behandelten Gegenständen ermöglichen. ... Dies erfordert, daß Abstraktionen wissenschaftlicher Ergebnisse wieder in die Prozesse ihrer Entstehung rücküberführt und so der Eigenerfahrung durch Mitvollzug zugänglich gemacht werden ..." (Holtstiege 1980, S. 35) All diese Überlegungen machen deutlich, daß Projektarbeit berechtigter Teil der Umsetzung von Montessori-Pädagogik in der Sekundarstufe ist, sie ist Teil der vorbereiteten Umgebung. Projektarbeit ist nicht an die exakte Einhaltung aller Merkmale gebunden, umgekehrt kann sich eine Arbeit, in der sich keines der genannten Merkmale ausmachen läßt, nicht Projektarbeit nennen.

4. Beispiel für die Umsetzung von Projektarbeit: Ein Beispiel für die Umsetzung von Projektarbeit zeigt die Bischöfliche Maria-Montessori-Gesamtschule in Krefeld: Für die Jahrgänge 9 und 10 ist pro Woche ein sechsstündiger Projekttag eingerichtet, der curricular ungebunden ist. Der Projekttag der beiden Jahrgänge liegt nicht am gleichen Wochentag. Er wird von den jeweiligen fünf Klassenlehrern geleitet, sie werden in ihrer Arbeit unterstützt von zwei weiteren Lehrern mit ergänzenden Fächerkombinationen, die als „Springer" arbeiten. Der

170

Klassenverband bleibt erhalten. In der sechsten Stunde eines jeden Projekttages werden die Ergebnisse der einzelnen Arbeitsgruppen im Plenum vorgetragen. Jeder Schüler führt ein Projektbuch. Die beteiligten Lehrer arbeiten als Team und treffen sich vor jedem Projekttag mit jeweils einem Vertreter aus jeder Klasse zur Vorbereitung und Vorbesprechung. Die Schülerleistung wird nicht im herkömmlichen Sinn benotet. Mit dieser Form der Projektarbeit rückt man an das ursprüngliche Verständnis von Projektarbeit heran, indem ein Lernen an realen Handlungszusammenhängen im Sinne Deweys und Kilpatricks in den Vordergrund gestellt wird. Man erhofft sich durch den flexiblen Organisationsrahmen eine Projektarbeit zu ermöglichen, die auf aktives Lernen ausgerichtet, gemeinsam geplant, vom Gruppeninteresse getragen und verantwortet, in der Gestaltung berufs- und gesellschaftsbezogen ist. Außerschulische Lernorte werden ebenso miteinbezogen wie die Mitarbeit von Eltern und Fachleuten. Die einzelnen Projektphasen sind von der Dauer her völlig unterschiedlich und umfassen einen Zeitraum von sechs Wochen bis zu zwei Jahren. Die Themen der Projektarbeit werden in die Systematik des Fachunterrichts eingebaut.

Ein Projekt beginnt mit einer Art Brainstorming, bei dem jeder Schüler der Klasse seine Ideen einbringen kann. Durch eine sich anschließende Diskussion werden die möglichen Themen eingegrenzt, dabei fallen oft viele der vorgeschlagenen Themen aus Kostengründen oder wegen zu großer Realitätsferne heraus. Bleiben mehrere Themen zur Wahl, so wird überlegt, welche Arbeitsgruppen sich bilden können. Häufig kristallisiert sich bei diesen Überlegungen bereits ein Thema heraus, das von einem Großteil der Klasse favorisiert wird. Um alle an dem Projekt zu beteiligen, wird überlegt, welche zusätzlichen Arbeitsgruppen gebildet werden könnten, um den Interessen der noch unschlüssigen Schüler entgegenzukommen. Nachdem sich die Klasse geschlossen für ein

Thema entschieden hat, wobei dieser Entscheidungsprozeß über mehrere Tage gehen kann, wird mit der konkreten Planung der einzelnen Arbeitsschritte innerhalb der Arbeitsgruppen begonnen. Vor der eigentlichen Projektarbeit steht also ein langer Entscheidungs- und Diskussionsprozeß, bei dem die Klasse bereits gemeinsame Erfahrungen sammelt und der innerhalb des mit dem Projekttag verbundenen Lernziels sehr bedeutend ist, soll der Schüler doch gerade durch die Projektarbeit den Umgang mit Planung, Kritik, Mangel und den Interessen anderer lernen. Aufgaben und Probleme der Projektarbeit ergeben sich aus der Lebenswirklichkeit der Schüler, damit schlägt der Lernort Schule die Brücke zur Lebenswelt der Jugendlichen.

Der Projekttag ist so Teil und Ziel der Ausbildung zur selbständigen Tätigkeit, kann auch den veränderten Lebenswelten Jugendlicher Rechnung tragen, den sich ständig weiterentwickelnden wirtschaftlichen, technischen und sozialen Rahmenbedingungen gerecht werden, die im Regelunterricht der Schulen der Sekundarstufe nach wie vor nicht genügend Berücksichtigung finden.

Literatur: Bastian, J./Gudjons, H. (Hg.).: Das Projektbuch. Hamburg 1988; Dewey, J./Kilpatrick, W.H.: Der Projektplan. Grundlegung und Praxis. Weimar 1935; Dewey, J.: School and Society. Chicago 1930; Frey, K.: Die Projektmethode. Weinheim 1995; Holtstiege, H.: Sensible Phasen im Jugendalter. In: Montessori-Pädagogik in der Sekundarstufe, Orientierung, H. 8. Hg.: Hauptabteilung Erziehung und Schule, Bischöfl. Generalvikariat Aachen, o.J. (1980), S. 29-44; Kumetat, H.: Hauptschule Ferdinandstraße. Heinsberg 1985; Montessori, M.: Spannungsfeld Kind-Gesellschaft-Welt. Freiburg 1979; dies.: Von der Kindheit zur Jugend. Freiburg 1966.

Gudula Meisterjahn-Knebel

Sensible Phasen

1. Der Begriff: Bei der Lektüre von Veröffentlichungen des niederländischen Biologen H. de Vries stößt Montessori auf ein Phänomen im Bereich der Entwicklung von Insekten, das sie höchst aufmerksam macht. Das Schlüsselbeispiel zitiert sie wiederholt:

„Man weiß, daß die Raupen mit großer Geschwindigkeit heranwachsen, gierig fressen und daher Pflanzenschädlinge sind. De Vries verwies nun auf eine Raupenart, die sich während ihrer ersten Lebenstage nicht von den großen Baumblättern, sondern von den zartesten Blättchen an den Enden der Zweige zu nähren vermag. Nun legt aber der Schmetterling seine Eier gerade an der entgegengesetzten Stelle, nämlich dort, wo der Ast aus dem Baumstamm hervorwächst, denn dieser Ort ist sicher und geschützt (...) Die Raupe ist mit starker Lichtempfindlichkeit begabt: das Licht zieht sie an, fasziniert sie. So strebt die junge Raupe (...) alsbald der stärksten Helligkeit zu, bis sie am Ende der Zweige angekommen ist, und dort findet sie die zarten Blätter, mit denen sie ihren Hunger stillen kann. Das Seltsamste aber ist, daß die Raupe sogleich nach Abschluß dieser Periode, sobald sie sich auf andere Art ernähren kann, ihre Lichtempfindlichkeit verliert. Bald läßt das Licht sie völlig gleichgültig. Der Instinkt stirbt ab (...) Es ist nicht so, daß die Raupe für das Licht unempfänglich (...) wäre; aber sie beachtet es nicht mehr" (Montessori 1967, S. 61 f; dies. 1975, S. 88 f).

Was geschieht? Ein Lebewesen ist für eine begrenzte Lebensspanne mit einer besonderen (Licht-)Empfindlichkeit (Sensibilität) begabt. Zweck dieser Fähigkeit/Sensibilität ist es, das Lebensnotwendige auf einfachem Wege aufzunehmen. Nach Ablauf des entscheidenden Zeitraumes ist die Fähigkeit, wenn auch abgeschwächt, potentiell noch vorhanden, für die Existenz des Lebewesens aber bedeutungslos geworden.

Mit de Vries spricht Montessori von „sensiblen Perioden". Montessori definiert: „Es handelt sich um besondere Empfänglichkeiten, die in der Entwicklung, d.h. im Kindesalter der Lebewesen auftreten. Sie sind von vorübergehender Dauer und dienen nur dazu, dem Wesen die Erwerbung einer bestimmten Fähigkeit zu ermöglichen. Sobald dies geschehen ist, klingt die betreffende Empfindlichkeit wieder ab" (Montessori 1980, S. 68).

Und Montessori glaubt, aufgrund intensiver Beobachtung feststellen zu können, daß es ebensolche sensiblen Phasen im Zeitraume der kindlichen Entwicklung gibt. Das darf für das pädagogische Handeln nicht folgenlos bleiben. Es gilt, diese Phasen der Erziehung nutzbar zu machen.

2. Sensible Phasen im kindlichen Leben: Montessori stellt fest: „Das Kind macht seine Erwerbungen in seinen Empfänglichkeitsperioden" (ebd., S. 70).

Das Auftreten dieser Sensibilitäten äußert sich durch beobachtbare Bedürfnisse des Kindes. Zur Veranschaulichung benutzt sie das Bild eines Scheinwerfers, der einen bestimmten innerpsychischen Raum so ausleuchtet, daß sich die kindliche Wahrnehmungswelt spontan und voller Energie der gemäßen Außenwelt zuwendet. Das Kind brennt nahezu vor Energie (Standing, S. 80; Montessori 1986, S. 70 ff). Wo kommt diese Lern- und Lebensenergie her? Zu fragen wäre hier nach Montessoris Verständnis von Reifen und Lernen.

Wir werden geboren mit „einem vitalen Antrieb (horme), der schon organisiert ist in der allgemeinen Struktur des (→) absorbierenden Geistes und dessen Spezialisierung und Differenzierung in den Nebule angekündigt ist" (Montessori 1972, S. 89).

Wie erkennt der in der teilnehmenden Beobachtung geübte Erzieher das Auftreten einer sensiblen Phase? Montessori unterscheidet positive und negative Anzeichen. Wichtigster Hinweis ist das - altersadäquate Freiheit und die Möglichkeit zu spontaner Aktivität vorausgesetzt - intensive Suchen nach der Möglichkeit einer ganzheitlichen Bindung an einen Gegenstand, eine Erfahrungsmöglichkeit aus der natürlichen und/oder (→) vorbereiteten Umgebung. Gelingt eine solche „Passung", wird das Kind mit Dankbarkeit und Freude reagieren, sich einlassen, vertiefen, zur (→) Polarisation der Aufmerksamkeit gelangen.

„Aber es gibt auch andere, weit augenfälligere Anzeichen negativer Art. Sie treten dann auf, wenn in der Umwelt sich dem inneren Funktionieren ein Hindernis entgegenstellt.. Das Vorhandensein einer Empfänglichkeitsperiode kann dann heftige Ausbrüche und eine Verzweiflung bewirken, die wir für grundlos halten und daher Launen nennen. Launen sind (in diesem Zusammenhang, der Verf.) der Ausdruck einer seelischen Störung (...) Sie stellen einen Versuch der Seele dar, das ihr Zukommende zu fordern (...)" (Montessori 1980, S. 69).

Gelingt nun die Entsprechung von vorbereiteter Umgebung und sensibler Phase, so baut sich die kindliche Persönlichkeit in komplexer Weise positiv auf: seelisches Wachstum, Bildung eines wachen Bewußtseins, geistige Harmonie, die Grundlegung eines positiven Selbst- und Weltbildes sind die Folgen. Gelingt diese Entsprechung jedoch nicht, hat dies verschiedene Konsequenzen:

- Der mühelose Erwerb der Fähigkeit geht mit dem Abklingen der sensiblen Phase verloren. Freilich kann unter Aufwendung großer Mühen das Verpaßte auch späterhin erarbeitet werden. Die größtmögliche Entwicklungshöhe bei kleinstmöglicher Anstrengung kann jedoch nie mehr erreicht werden. Die sensiblen Phasen sind irreversibel. (Sehr schön läßt sich dies am Spracherwerb (→ Sprache) veranschaulichen.)

- Die Erfahrung der vergeblichen Suche bewirkt Frustration, Aggressivität, Launenhaftigkeit kann das Selbst- und Weltbild negativ beeinflussen. Montessori spricht von einem „Martyrium". Standing illustriert die Irreversibilität mit dem Bild gefallener Maschen bei einem Gewebe (Standing, S. 88 f). Das Gewebe hält zwar, aber ist lange nicht so gut und schön, wie es hätte sein können.

3. Die „Perioden des Wachstums" und deren Bedeutung: Sehr gründlich hat H. Holtstiege (Holtstiege 1986, S. 70) die einzelnen Phasen dargestellt, deren Bedeutung erläutert und den Zusammenhang mit dem gegenwärtigen Stand entwicklungspsychologischer Erkenntnisse erörtert. Die von Holtstiege angebotene zusammenfassende Skizze bietet in diesem Rahmen eine ausgezeichnete Übersicht.

4. Die Bedeutung des Erziehers: Die Tatsache des Vorhandenseins sensibler Phasen verlangt dem (→) Erzieher einen Perspektivenwechsel ab: er wird, wenn er tatsächlich „Mitarbeiter der Schöpfung" sein will, dafür Sorge tragen müssen, der Natur, d.h. den Notwendigkeiten kindlicher Entwicklung, das ihr Zukommende zu geben. Und dazu muß er zunächst einmal die Haltung des Beobachtens (→ Teilnehmende Beobachtung) in Kenntnis des Beobachtbaren einnehmen (Holtstiege 1991, S. 83 ff). Sodann muß er das Beobachtete analysieren können, um durch die Schaffung und Verantwortung für eine „(→) vorbereitete Umgebung" dem Kind dienend helfen zu können. „Wenn dem Kind keine Hilfe zuteil wird, wenn es nicht in einer dafür vorbereiteten Umgebung empfangen wird, dann befindet sich sein seelisches Leben in steter Gefahr" (Montessori 1980, S. 72).

Und das kann vermieden werden.

So gilt es schließlich, Montessoris Entdeckung zu würdigen: „Es scheint Montessoris Verdienst zu sein, auf Grund gezielter und gründlicher Beobachtung die elementaren Sensibilitäten entdeckt zu haben, die fundamentale Bedeutung für die Selbst-Konstruktion des Menschen als Bildungsgeschehen haben" (Holtstiege 1986, S. 85).

Literatur: Holtstiege, H.: Modell Montessori. Freiburg ⁴1986; dies.: Erzieher in der Montessori-Pädagogik. Freiburg 1991; Montessori, M.: Kinder sind anders. Stuttgart 1980; dies.: Das kreative Kind. Freiburg ³1975; M. Standing: Maria Montessori. Oberursel i.T. o.J.; Oswald, P./Schulz-Benesch, G.: Grundgedanken der Montessori-Pädagogik. Freiburg ⁶1980.

Ulrich Steenberg

Sinne / Sinnesmaterial

Die Anregung für Montessori, sich mit der Schulung der Sinne zu befassen, dafür eigene Materialien zu entwickeln und zu erproben und diese zu einem festen Bestandteil der vorbereiteten Umgebung in Kinderhäusern zu machen, war ihr Studium der Werke von Jean Itard und Eduard Sèguin. Itard und Sèguin hatten erkannt, wie sehr die geistige Entwicklung eines Kindes von der Übung seiner Sinnesorgane abhängt und wie die Entwicklung der intellektuellen Fähigkeiten durch die Förderung der Wahrnehmungsfähigkeit vorangebracht werden kann. Montessori nahm die Gedanken Sèguins auf. „Von der Schulung der Sinne zu den Begriffen, von den Begriffen zu den Gedanken, von den Gedanken zur Moral" (Montessori 1980, S. 34). In der Verfeinerung der Sinne sieht Montessori eine Grundlage für die Entwicklung der Intelligenz (ebd., S. 112). Der Entwicklung einer „früheren intellektuellen Fähigkeit" gehe die Entwicklung der Sinne voraus (ebd., S. 159). Als besonders geeignetes Alter für die Sinnesschulung sieht sie die Spanne zwischen drei und sechs Jahren. In dieser Altersstufe sei eine formative Periode für die Sinnestätigkeit. In dieser Phase könne man die Entwicklung der

177

Sinne durch die Abstufung und Anpassung der Reize unterstützen (ebd., S.159).

1. Zum Begriff der Sinnesschulung: Was meint nun Montessori mit Schulung der Sinne oder Unterstützung der Entwicklung der Sinne, wenn sie damit erst beim Dreijährigen beginnt, das schon sprechen und fragen kann, das Zusammenhänge erkennen und einfache Schlüsse ziehen kann? Das alles hätte das kleine Kind bis dahin doch nicht gelernt, wenn es seiner Sinne nicht mächtig gewesen wäre, wenn es nicht gehört, gesehen oder gefühlt hätte. Wenn Montessori fordert, die Sinneswahrnehmungen zu verfeinern und zu vervollkommnen und so eine höhere intellektuelle Entwicklung zu unterstützen, dann hat sie dabei nicht die elementaren Funktionen des Sehens, Hörens, Riechens, Schmeckens oder Tastens im Auge, die schon in den ersten Lebensjahren Grundlage der kindlichen Entwicklung sind. Verfeinerung und Vervollkommnung setzen funktionsfähige Sinnesorgane voraus. Auch die Entwicklung „höherer intellektueller Tätigkeit" setzt schon die grundlegende Ausbildung kognitiver Funktionen voraus. Es geht Montessori also nicht um eine Verbesserung der Sinnesorgane, sondern um ein differenzierteres Wahrnehmen und damit um ein besseres Verstehen unserer kulturell gestalteten Welt.

Was Montessori mit Sinnesschulung meint, wird an einigen Beispielen aus den von ihr entwickelten Sinnesmaterialien klar.

Da gibt es zum Beispiel die Farbtäfelchen gelb, rot und blau.

- Gleiche Farben sollen einander zugeordnet werden, d.h. die Kinder sollen vergleichen.
- Die einzelnen Farben sollen benannt, d.h. durch ein sprachliches Symbol gekennzeichnet und dann an anderen Gegenständen wiedererkannt werden.

- In gleicher Weise sollen Mischfarben zugeordnet, benannt und wiedererkannt werden.

- Farbabstufungen sollen wahrgenommen und erkannt werden. Das Kind soll lernen, hell und dunkel einer Farbe zu unterscheiden und hell, heller, am hellsten, oder dunkel, dunkler, am dunkelsten zu unterscheiden und zu ordnen.

Es geht also Montessori nicht um Sinneseindrücke überhaupt, um Reizungen der Netzhaut, des Trommelfells, der Tastkörperchen der Haut oder der umwallten Papillen auf der Zunge, sondern um das Vergleichen, Unterscheiden, Ordnen und Benennen der wahrgenommenen Sinneseindrücke. Nicht die physiologischen Prozesse sind es, die Montessori schulen will, sondern die psychologischen Momente der Wahrnehmung, die kognitiven Prozesse; das Erkennen, Verstehen und Einordnen der wahrgenommenen Eindrücke sind es, die ausgebildet und geübt werden sollen. Montessori sieht in den Sinnen nicht nur verschiedene Kanäle, durch die Äußeres ins Innere der Menschen gelangt, durch die Informationen über Temperatur, Farben. Töne oder Gerüche ins Bewußtsein des Kindes dringen und deren Durchlässigkeit trainiert werden müßte. Die Sinnesorgane sind für Montessori keineswegs nur passive Übermittler, sondern wirken aktiv am Wahrnehmungsprozeß mit.

„Das Chaos seiner Seele braucht nichts Neues, sondern nur Ordnung in den bereits vorhandenen Dingen. ...und das Kind beginnt alle die Merkmale der Dinge zu unterscheiden, es trennt Quantität von Qualität und Form von Farbe. Es unterscheidet die Dimensionen gemäß den jeweils vorherrschenden Merkmalen nach langen und kurzen, dicken und dünnen, großen und kleinen Gegenständen" (ebd., S.193).

Das ist es also, was Montessori mit den Farbtäfelchen, den Glocken, den Geräuschdosen oder auch dem Dimensionsmaterial erreichen will, die Kinder sollen

Ordnungsgesichtspunkte für ihre Sinneseindrücke erhalten. Sie sollen die Merkmale, die Eigenschaften der Dinge benennen und damit erkennen können, ihre Farbe, ihre Form, ihr Gewicht, ihre Temperatur, ihre Oberflächenbeschaffenheit, ihren Klang. Die Nähe zu den Gedanken Kants in seiner „Kritik der reinen Vernunft" ist offensichtlich.

„Die Ordnung und Regelmäßigkeit also an den Erscheinungen, die wir Natur nennen, bringen wir selbst hinein. - Sinnlichkeit gibt uns Formen, (der Anschauung) der Verstand aber Regeln" (Kant 1956, S. 184).

Damit das Kind nicht einer chaotischen Vielfalt von Eindrücken, von Reizen ausgeliefert ist und entsprechend ungeordnet reagiert, muß es lernen, die Wahrnehmungen zu vergleichen, zu unterscheiden, zu benennen und zu ordnen.

„Das zweieinhalb- oder dreijährige Kind, das in unsere Kinderhäuser kommt, hat während der vorgehenden Jahre seines Lebens ... eine Menge von Eindrücken gesammelt und absorbiert ... Wesentliche und zufällige Eindrücke sind zusammen angehäuft und schaffen einen zwar konfusen, doch außerordentlich großen Reichtum in seinem Unterbewußtsein. Mit dem sich allmählich äußernden Bewußtsein und Willen ergibt sich ein zwingendes Bedürfnis, Ordnung und Klarheit zu schaffen und zwischen Wesentlichem und Zufälligem zu unterscheiden" (Montessori 1980, S.113).

Wenn es also bei der Sinneserziehung darum geht, den „konfusen Reichtum unbewußter Eindrücke zu ordnen", oder „Orientierung im Chaos zu geben", dann heißt das nicht, die Schleusen der Sinne für alle Umwelteindrücke zu öffnen, sondern den Sinnen Strukturierungshilfen, Kategorien, Ordnungsgesichtspunkte zu geben, damit das Kind so Bekanntes wiedererkennt, Neues und Bekanntes vergleichen und so erkennen kann. Montessori geht es bei der Sinnesschulung um die Eigenschaften der Dinge, nicht um die Dinge selbst. Die Zahl der Gegen-

180

stände, die wir wahrnehmen können, ist unendlich, aber ihre Eigenschaften sind begrenzt.

„Die Eigenschaften könnten mit dem Alphabet verglichen werden: wenige Laute im Vergleich zu den unzähligen Wörtern ... indem man die Eigenschaften getrennt gibt, ist es, wie wenn man das Alphabet zur Erforschung gäbe, also einen Schlüssel, der die Türen zu den Wissenschaftsbereichen öffnet" (Montessori 1978, S. 163).

Das Sinnesmaterial soll und kann niemals ein Ersatz für die vielfältigen und interessanten Dinge der Umwelt sein, sondern es soll den Schlüssel zu einer differenzierten Umwelterfahrung geben. Mit Hilfe der Sinnesmaterialien werden die Eigenschaften der Dinge gezeigt, benannt und damit erkennbar. In den Materialien steckt eine Klassifikation der Eigenschaften der Dinge. Unsere Wahrnehmungsorgane sind keine kulturneutralen Funktionssysteme, die nur Reize vermitteln, sondern unsere Wahrnehmungen sind kulturell bestimmt, und darum müssen die Sinnesorgane gebildet werden. Auch der „Wilde vom Aveyron", den Itard beschreibt, war weder taub noch blind, sein Geruchssinn war sogar besonders ausgeprägt; auch hatte er während seines jahrelangen Aufenthalts in den Wäldern vom Aveyron genügend Sinneseindrücke erhalten. Was ihm jedoch fehlte, war eine Kultivierung seiner Sinne, eine Anleitung zum Vergleichen, Unterscheiden und Benennen. Er hörte das Geräusch einer knackenden Nuß und anderer eßbarer Dinge, war aber gegen andere Geräusche empfindungslos. Nur was für ihn lebenswichtig war, hörte er (Malson 1972, S. 119 ff.). Somit könnte man sagen, ohne Anleitung zum Vergleichen, Unterscheiden und Benennen bleiben die physiologisch funktionsfähigen Sinnesorgane des Menschen stumpf.

Damit stellt sich das erkenntnistheoretische Problem nach dem Zusammenhang der Dinge und ihrer Eigenschaften. Die Eigenschaften der Dinge wie Gewicht, Ausdehnung, Farbe oder Form sind ja nicht Qualitäten, die den Dingen als solchen anhängen und bei der Wahrnehmung durch neutrale Sinneskanäle ins Gehirn geleitet werden und dort sich abbilden. Vielmehr sind die Eigenschaften der Dinge, wie wir sie wahrnehmen, von unserem Denken geprägt, d.h. sie sind bestimmt von der Kultur, in der wir leben, und damit auch von unserer Sprache (Whorf 1963; Bollnow 1966). Wüstenbewohner z.B. haben eine Vielzahl von Bezeichnungen für Brauntöne und unterscheiden auch solche Brauntöne, die wir gar nicht mehr als unterschiedlich erkennen würden. Die Eskimos unterscheiden viel mehr Arten von Schnee als wir. Unsere Sinneswahrnehmungen sind also von unserer Sprache bestimmt. Sinneserziehung heißt demnach bei Montessori Kultivierung der Sinne, heißt Sinneseindrücke nach Begriffen ordnen lernen, so wie sie in unserer Sprache vorgegeben sind. Nicht umsonst sind alle Übungen der Sinnesmaterialien mit Wortlektionen verbunden. So wird auch verständlich, daß Montessori die Sinne als „Greiforgane" der Bilder der Außenwelt bezeichnet (→ Sprache, Spracherziehung).

2. Das didaktische Konzept: Zur Schulung und Verfeinerung der Wahrnehmung hat Montessori für die verschiedenen Sinne Materialien entwickelt, an denen das Unterscheiden, Vergleichen und Benennen geübt werden soll. Ein leitendes Prinzip bei der Gestaltung der Materialien war für Montessori die Isolierung der einzelnen Eigenschaften. Da aber jeder Gegenstand viele Eigenschaften hat, wie z.B. Gewicht, Farbe, Form, Größe, stellt sich das Problem, wie unter den vielen Eigenschaften eine einzige isoliert werden kann.

„Diese Schwierigkeit läßt sich nur durch die Serie und ihre Abstufungen überwinden: es müssen Gegenstände vorbereitet werden, die untereinander vollkommen gleich sind, mit der Ausnahme der sich ändernden Eigenschaft" (Montessori 1980, S. 115).

Sollen z.B die verschiedenen Töne der Tonleiter isoliert hervorgehoben werden, dann müssen die Glocken vollkommen gleich aussehen, so daß sie sich jeweils nur in ihrem Ton unterscheiden (→ Musikalische Erziehung). Um die Aufmerksamkeit noch stärker auf die Eigenschaft zu richten, die erkannt und in ihren Abstufungen unterschieden werden soll, schlägt Montessori auch noch eine Isolierung der Sinne vor. So wird z.B. ein Tasteindruck klarer und intensiver wahrgenommen, wenn es ganz still ist und die Augen geschlossen sind. Als weiteres Prinzip war die selbständige (→) Fehlerkontrolle für die Erstellung der Materialien leitend, wobei es nicht für alle Materialien so überzeugend realisiert werden konnte wie bei den Einsatzzzylindern.

Wenn Montessori die Sinnesübungen eine „wahre Gymnastik für den Verstand" nennt (ebd., S. 343/344), so wird darin noch einmal die Verbindung deutlich, die sie zwischen sinnlicher Wahrnehmung und „höherer intellektueller Tätigkeit" sieht. Die Materialien zur Sinneserziehung nennt Montessori auch „materialisierte Abstraktion", womit sie andeuten will, daß die Materialien nicht nur Schlüssel zur Erforschung der Umgebung sein sollen, sondern auch der Entwicklung des mathematischen Geistes dienen (Montessori 1978, S. 165). Nun ist es sicher nicht falsch, den Begriff „materialisierte Abstraktion" auf alle Materialien anzuwenden, denn auch bei den isolierten Eigenschaften handelt es sich in gewisser Weise um Abstraktionen. Insbesondere sind jedoch die Dimensionsmaterialien gemeint, wenn Montessori von „materialisierter Abstraktion" spricht, da durch sie mathematische Grundbegriffe erfahrbar gemacht werden. Wenn es gelinge, die grundlegenden mathematischen Elemente in der Phase aufzunehmen, in der der absorbierende Geist noch wirksam ist, dann sei damit eine gute Grundlage für mathematisches Denken gelegt.

„Alles wird leicht, wenn das Wissen im absorbierenden Geist verwurzelt ist" ebd., S. 166).

3. *Schlüssel zur Umwelterfahrung:* Durch die Übungen mit den Sinnesmaterialien sollen die Kinder Ordnungsgesichtspunkte (Kategorien) für die vielfältigen

Sinneseindrücke gewinnen und zu differenzierter Wahrnehmung fähig werden. Die Sinnesmaterialien sind kein Ersatz für die Dinge der Umgebung, sondern „Schlüssel" zur Umwelterfahrung. Die funktionsfähigen Sinnesorgane bedürfen der Kultivierung, d.h. sie müssen gemäß der jeweiligen Kultur zur Wahrnehmung befähigt werden. Dies geschieht durch die Verbindung von sinnlicher Wahrnehmung und Sprache. Auch mathematische Grundbegriffe und Grundformen werden durch diese Art von „materialisierter Abstraktion" im absorbierenden Geist verankert. Im Alter von drei bis sechs Jahren sieht Montessori eine (→) sensible Phase für diese Art von Sinnesübungen. Der handelnde Umgang mit den Materialien ermöglicht eine intensive Aneignung der Begriffe.

Literatur: Bollnow, O.F.: Sprache und Erziehung. Stuttgart 1966; Kant I.: Kritik der reinen Vernunft. Hrsg. von R. Schmidt, Leipzig 1930, Neudruck in Philosophische Bibliothek, Band 37 a. Hamburg 1956; Malson L., Itard, I., Mannoni, 0.: Die wilden Kinder. Frankfurt 1972; Montessori, M.: Das kreative Kind. Der absorbierende Geist. Freiburg [4]1978; dies.: Die Entdeckung des Kindes. Freiburg [6]1980; Whorf, B.L.: Sprache, Denken, Wirklichkeit. Reinbek 1963.

Gerhard Klein

Sprache / sprachliche Erziehung

„Montessori sieht in der sprachlichen Erziehung und in der Bildung des mathematischen Geistes die Brennpunkte der Schulbildung" (Helming 1992, S. 103). Der Beobachter und Betrachter der Montessori-Praxis wird mit diesem Verweis zunächst einmal das klar gegliederte mathematische und das vielfältige Sprachmaterial vor Augen haben. Dabei erliegt man leicht der Gefahr, die

Einbettung dieser Hilfsmittel in einen anthropologischen und pädagogischen Zusammenhang zu übersehen.

Sofern nicht anders gekennzeichnet entstammen die nachfolgenden Zitate aus M. Montessori 1992, S. 100-125.

1. Die soziale Funktion von Sprache: Montessori bezeichnet Sprache als „Basis für das soziale Leben" und gründet darauf ihr pädagogisches Bemühen.

Weiterhin ist Sprache für sie nicht nur für jede Art von Gruppenbildung konstitutiv, sie bildet darüber hinaus die Grundvoraussetzung der Identität einer Nation.

Dahinter steht ihre Auffassung, daß Sprache wesentliches Ausdrucksmittel von Kultur ist und Nationalität kulturelle Identität zum Mittelpunkt hat.

Montessori geht aber noch weiter und verweist darauf, daß erst vermittels Sprache zwischenmenschliche Übereinkunft möglich wurde und sie es ist, die die Menschen zu interpersonalen und interaktionellen Denken und Handeln befähigt. „Die Sprache verursacht jene Veränderung der Welt, die wir als Zivilisation bezeichnen. Das Instrument, das ein gegenseitiges Verstehen ermöglicht, ist die Sprache - Mittel gemeinsamen Denkens" (ebd., S. 100). Andererseits vergleicht Montessori die Wirkung der Sprache mit der einer Mauer, die ja gleichermaßen umschließt wie auch trennt. Es ist festzustellen, daß Montessori selbst ein ausdrücklicher Sprachoptimismus zu eigen ist, daß ein Sprachskeptizismus, der nach den geschichtlichen Erfahrungen Montessoris durchaus denkbar wäre, sich bei ihr nicht finden läßt. Insofern spielt bei ihr die Sprachethik keine Rolle.

2. Anthropologische Bedeutung von Sprache: Ihre Einsichten über die Leistungen des menschlichen Phänomens Sprache, bewegen Montessori dazu, auch Aussagen über den Urgrund menschlichen Sprachvermögens zu wagen. So sieht sie Sprache und Religion gleichermaßen als anthropologische Grundbefindlichkeiten an (→

Anthropologie). Diese Nähe unterstreicht sie, wenn sie Sprache als „Supranatürliche Schöpfung, erzeugt von einer bewußten kollektiven Intelligenz" (ebd.). definiert. Weil Sprache den Menschen in Freiheit überlassen wurde, ist es Auftrag des Erziehers, dem Kind alle durch Sprache gegebenen menschlichen Möglichkeiten zu eröffnen. Hier setzt ihr didaktisches und methodisches Bemühen an.

3. Sprache und absorbierender Geist: Wie kommt es, daß das Kind nahezu ohne äußere Einwirkung dieses ungeheuer abstrakte Gebilde aufzubauen in der Lage ist? „Das aufmerksame Studium des Problems, wie diese Abstraktion vom Menschen aufgenommen wird, hat zu der Auffassung geführt, daß das Kind die Sprache absorbiert. Die Tatsache dieses Absorbierens ist so etwas großes und geheimnisvolles, daß es die Menschen noch nicht genügend bedacht haben" (ebd., S. 102) (→ Absorbierender Geist).

Die eigentliche Leistung beim Sprachaufbau des Kindes, macht Montessori deutlich, liegt im Unterbewußtsein. Nur so ist zu erklären, daß die Fülle all dessen, was Sprache ausmacht, im Kinde verarbeitet werden kann, so daß es schließlich aktiv zur Teilnahme am Kommunikationsprozeß fähig wird. Diese Tatsache ist völlig unabhängig von der zu erlernenden Sprache. „Die Sprache kann umfassend sein und viele Unregelmäßigkeiten aufweisen, und doch wird sie vom Kind, das sie absorbiert, vollständig gelernt" (ebd., S. 103).

Daß dies möglich ist, ganz anders sieht es ja aus, wenn ein Erwachsener eine Fremdsprache lernen will, liegt eben an dem Zusammentreffen der beiden Faktoren: der (→) sensiblen Phase für Sprache, an deren Anfang und sie entscheidend ermöglichend und prägend der absorbierende Geist wirkt.

4. Sprache und Sensible Phasen: Hinsichtlich der Dauer der sensiblen Perioden für den Spracherwerb unterscheidet Montessori:

- 0 - 2 ½ Jahre: Grundlegung - eine Phase, die schwerpunktmäßig der psychophysischen Grundlegung menschlicher Sprache und dem Aufbau eines Fundamentes im Bereich Wortschatz und Syntax dient. Diese Phase endet in einer von Montessori mit „Explosionen" beschriebenen Strukturierung von Worten zu Sätzen.

- 3 - 6 Jahre: Verfestigung/Aufbau des Schreibens und Lesens - diese zweite Phase dient einerseits der Verfestigung und dem weiteren Ausbau der in der ersten Phase grundgelegten Strukturen, schwerpunktmäßig aber der Vorbereitung und dem Erwerb der Fähigkeiten zum Schreiben und Lesen.

Mit Beginn der Grundschulzeit seien die entscheidenden Sensibilitäten im Bereich des Erwerbs sprachlicher Kompetenz bereits vorbei.

Beide Phasen sind gekennzeichnet durch längere Zeiträume direkter und indirekter Vorbereitung. Beide Phasen gipfeln in eruptiven Phänomenen, die Montessori als „Explosionen" bezeichnet. So spricht sie von Explosionen der Worte, der Sätze, des Schreibens, des Lesens.

5. Gesetzmäßigkeiten der Sprachentwicklung: Montessori wendet sich der Sprachentwicklung auch aus neurophysiologischer Perspektive zu und geht von folgenden Gesetzmäßigkeiten aus:

a) Der Mensch ist zu Beginn seines Lebens eher in der Lage, Laute zu vernehmen, als sie zu erzeugen. Erst durch die Gehöreindrücke werden Bewegungsmechanismen befähigt, Laute zu erzeugen.

b) Das neugeborene Kind ist zwar gehörunempfindlich gegen die Vielfalt der meisten Geräusche, gehörsensibel aber gegenüber dem gesprochenen Wort, vor allen Dingen gegenüber der mütterlichen Stimme.

c) Der passive und aktive Sprachaufbau läßt sich in verschiedene Schritte gliedern:

- Das Kind nimmt menschliche Laute (mütterliche Stimme) auf und verbindet damit in der Regel Wohlbehagen (1.-3. Monat).

- Das Kind entdeckt die Quelle der Laute und nimmt Blickkontakt bewußt auf, es erfolgen erste Nachahmbewegungen (3.-6. Monat).

- Das Kind bildet erste Silben, wiederholt sie, nimmt damit zum ersten Mal bewußt sprachlich Besitz von seiner Umgebung (ab dem 6. Monat).

- Das Kind entdeckt, daß Worte einen Bezug zur Welt haben und bringt Wort und Welt miteinander in Beziehung (10.-12. Monat).

- Das Kind erkennt: Jedes Ding hat seinen Namen, es beginnt, mit Sprache seine Beziehung zur Welt zu ordnen. Die Erkenntnis, daß die Sprache hilft, die Welt zu ordnen, entspricht der sensiblen Phase für Ordnungsstrukturen generell.

- Im zweiten Lebensjahr festigt sich der Wortschatz, die Syntax gewinnt an Sicherheit, im dritten Lebensjahr ist die grundlegende Sprachentwicklung mit der Explosion der Sätze als abgeschlossen erfahrbar.

6. Die Bedeutung des Erwachsenen für den kindlichen Sprachaufbau: Wenngleich Montessori den Aufbau der Sprache zunächst als Leistung des Kindes versteht, verweist sie jedoch immer wieder auf die Verantwortung des Erwachsenen für das erfolgreiche Gelingen dieses Aufbaus (→ Vorbereitete Umgebung).

Nun sieht aber Montessori die Möglichkeiten der sensiblen Periode für Sprache durch den Erwachsenen nicht nur gefördert, sondern auch bedroht. Sie fordert, daß der Erwachsene dem Kind Ausdrucksfreiheit im umfassenden Maße zugestehen muß. Und mit Verständnis sollte der Erwachsene den Launen, ja den Wutausbrüchen des Kindes begegnen, was an Widerspruch zwischen Mitteilenwollen und Mitteilenkönnen leidet.

Zudem braucht das Kind den Erwachsenen als „Interpreten". Der Erwachsene kennt das entscheidende Wort, das dem Kind bei seiner Suche Welt und Sprache so miteinander in Beziehung bringt, daß es die Welt besser versteht und sich durch Sprache ihrer bemächtigen kann.

7. Die Würdigung der Leistung des Kindes beim Aufbau der Sprache: Die Leistung des Kindes beim Aufbau der Sprache erfüllt Montessori mit Ehrfurcht, wertet sie doch die Leistung des Kindes als wesentlichen Schritt zum Erwerb von Freiheit und Unabhängigkeit.

Schließlich durchläuft das Kind sein erstes Examen, dann nämlich, wenn „das Kind beweist, daß es alle Teile eines Gesprächs versteht". Letztlich würdigt Montessori die Leistung des Kindes nicht nur im Sprachaufbau so: „Das ist die wahre Sicht des Kindes, und darin liegt seine Bedeutung: Es baut alles auf: es baut die Basis der Kultur auf" (ebd., S. 107).

8. Das Montessori Sprachmaterial: Grundsätzlich ist alles Material im Rahmen der vorbereiteten Umgebung Sprachmaterial, insofern seine Vermittlung im Rahmen der sogenannten Lektionen unter strengen sprachlichen Regelungen stattfindet. Es ist die stete Forderung Montessoris an Eltern, Erzieher, Lehrer durch eine qualitätvolle Sprache dem Kind einen Zugewinn an Sprachkompetenz zu ermöglichen (→ Unterricht). Natürlich gibt es auch ausdrückliches Sprachmaterial:

- Im Montessori-Kinderhaus finden sich z.B. Wortkarten/Bildkarten zur Vorbereitung des ersten Lesens, metallene Einsätze zur indirekten Vorbereitung des Schreibens, Sandpapierbuchstaben zur Vorbereitung des Schreibens und Lesens, verschiedene Formen von beweglichen Alphabeten zur Darstellung lautgetreuer Laute, eine vorbereitete Umgebung für spontanes Schreiben und zahlreiche Materialien zum ersten Lesen.

- Montessori-Grundschule

  Eine Vielzahl von Lesespielen, Leseübungen, verbunden mit Lese- und Schreibaufträgen steht zur Verfügung. Ausdrücklich hervorzuheben ist das Montessori-Material zur Einführung in die Bestimmung der Wortarten und in die Analyse syntaktischer Strukturen. Ein Transfer in die Sekundarstufe, auch in den Fremdsprachenbereich ist möglich.

  Sprachethisch defizitär, sprachphilosophisch und -soziologisch rudimentär aber stimmig liegen die Stärken Montessoris eindeutig in der Analyse des Sprachaufbauprozesses und den daraus erfolgten Schlüssen hinsichtlich der Grundeinstellung des Erwachsenen, der „vorbereitenden Umgebung für Sprache", das Sprachmaterial insgesamt. Eine ausgesprochene Sprachdidaktik fehlt, ist aber zu deuten aus Montessoris anthropologischen Grundannahmen. Die Qualität des Materials bemißt sich aus seinen Wirkungen. Man wird ergänzen dürfen und es an seiner Stimmigkeit messen.

Literatur: Helming, H.: Montessori-Pädagogik. Freiburg [14]1992; Montessori, M.: Das kreative Kind. Freiburg [9]1992.

Ulrich Steenberg

Stille

Montessori nennt die Lektion des Schweigens oder der Stille eine der Hauptübungen, um das Kind als „psychisches Wesen zu konstruieren" (Montessori 1946 unv., 16. Vortr.). Die Stille wird damit zu einer selbsttätigen kindlichen Einübung ins Menschsein (Holtstiege 1994, S. 115 ff.).

1. Zwei Arten von Lektionen: Montessori spricht von zwei zu unterscheidenden Lektionen. Da ist die „Lektion der drei Zeiten" als sachbezogene und sprachlich sparsame Einweisung in den Umgang mit didaktischen Materialien. „Die andere, bei der es sich um etwas völlig anderes handelt, ist die 'Lektion des Schweigens'" (Montessori 1992, S. 149).

2. Aktion kollektiver Übung: Von der Stille sagt Montessori, daß sie eine Gegebenheit sei, die entweder die Einsamkeit oder aber die Zustimmung einer Anzahl von Menschen fordert (Montessori 1992, S. 157). Im letzteren Falle müssen alle einverstanden sein: „Wenn einer es nicht ist, ist die Stille gebrochen; daher muß das Bewußtsein vorhanden sein, gemeinsam zu handeln, um ein Ergebnis zu erreichen. Hier beginnt ein bewußter sozialer Konsens" (Montessori 1994 a, S. 235).

3. Vorbereitung der Umgebung: Diese Vorbereitung bezieht sich auf drei Aspekte, die darauf abzielen, daß die Stille durch die Kinder selbst herbeigeführt wird und nicht von außen durch den Erzieher.

- Alles „leer" machen. Gemeint ist das Fortlegen aller Materialien durch die Kinder in der Weise, daß sie eine Anstrengung unternehmen, um „alles in Ordnung zu bringen" (Montessori 1992, S. 154). Die Tische sind leer.

- Bequeme Stellung. Die eigene Person wird gleichsam in Ordnung gebracht. „Man muß einen so bequemen Platz einnehmen, daß man sich ganz wohlfühlt", so daß man es vermag, sich nicht zu bewegen (Montessori 1992, S. 154).

- Bewegung bedenken. Sich nicht bewegen, das heißt alle Bewegungsantriebe hemmen. Die Kontrolle der Bewegung umfaßt ein Sitzen „mit stillen Füßen, stillem Rumpf, stillen Armen und bewegungslosem Kopf. Auch die Atembewegungen sollten geräuschlos ausgeführt werden" (Montessori 1928, S. 38).

4. Demonstrationen: Zur Lektion des Schweigens gehört dessen Demonstration, damit die Kinder es kennenlernen können (Montessori 1992, S. 150). „Ich lenke die Aufmerksamkeit der Kinder auf mich - und schweige. Ich nehme verschiedene Positionen ein - stehe, sitze - unbeweglich, schweigsam" (Montessori 1994 b, S. 155). Hier deutet sich die notwendige Selbstvorbereitung des Erziehers an - noch vor der Begegnung mit den Kindern sich in schweigende Positionen einzuüben.

5. Weg zur Stille - didaktische Analyse: In komplexer Form enthalten die drei wichtigsten Berichtsquellen über Montessoris Entdeckung der Stille alle Stadien der Stille-Übung (Montessori 1994 b, S. 157; dies. 1992, S. 152; dies. 1978, S. 172).

5.1 Erläuterung und Vorbereitung: In diese Phase fällt die Vorbereitung des Willens zum Schweigen durch das Herbeiführen einer „Leere". Hinzu kommt die Vorbereitung des Gefühls durch die Suche nach einem bequemen Platz. Die Demonstration schweigender Positionen leitet zur unmittelbaren Übung hin.

5.2 Nachahmung: Das Schweigen muß gelehrt werden, damit Kinder es kennenlernen können. „Da beschränkt sich die Lehrerin nicht darauf zu sagen *Sitz still*, sondern sie macht es selbst vor und zeigt ihnen, wie man völlig still sitzt" (Montessori 1928, S. 38). Zunächst ist es wichtig, die Aufmerksamkeit auf sich zu lenken, auf die Haltung von Füßen, Rumpf, Armen, Kopf sowie auf die Atmung, auf die Unbeweglichkeit im Stehen oder Sitzen. Beobachtungen zeigen, daß die Kinder versuchen, diese Haltung nachzuahmen. „Das sich bewegende Leben wird durch Ansteckung ganz plötzlich unterbrochen" (Montessori 1994 b, S. 195). In dieser Nachahmungsphase kann Hilfestellung gegeben werden. Einzelne Kinder können aufgefordert werden, die Bewegungsdemonstrationen nachzuvollziehen.

5.3 Verzicht auf Aktivität: Die Vermeidung wahrnehmbarer Geräusche führt zur Unbeweglichkeit und

Regungslosigkeit. „Deshalb wird das Bewußtsein dazu gebracht, die geringsten Bewegungen zu beachten, das Tun in allen seinen Einzelheiten zu kontrollieren, um zur absoluten Unbeweglichkeit zu gelangen, die zur Stille führt" (Montessori 1994 b, S. 195). Hier wird deutlich, daß die Lektion des Schweigens zur Analyse und Koordinierung der Bewegungen beiträgt. Montessori nennt sie „Übungen zur Kontrolle der Bewegungen". „Die absolute Stille entspricht absoluter Unbeweglichkeit" (Montessori 1994 b, S. 103).

5.4 Vertiefung ins Schweigen: Die Sensibilität für Geräusche tritt wahrnehmbar hervor. Geräusche wirken stärker und lassen sich in ihren Abstufungen einschätzen (Montessori 1992, S. 155). „Kinder scheinen sich einer Art von Zauber hinzugeben; man möchte sagen, sie seien in Sinnen versunken. Nach und nach, wenn jedes Kind unter eigener Kontrolle immer stiller wird, vertieft sich das Schweigen" (Montessori 1928, S. 39). Trotz der zunehmenden Intensität der Wahrnehmung äußerer Geräusche, die in das tiefe Schweigen eindringen, stören sie dieses nicht.

5.5 Erweiterung - Abschluß: Diese Phase bildet den Abschluß der Stille-Übung. Die Übung wird intensiviert durch die Verdunkelung der Fenster oder das Verschließen der Augen (Montessori 1994 a, S. 236; dies. 1994 b, S. 155). „Die Lehrerin oder eines von den Kindern stellt sich hinter die Klasse oder in ein Nebenzimmer und *ruft* die bewegungslosen Kinder eines nach dem anderen beim Namen; der Ruf wird flüsternd, d.h. ohne vokalischen Klang ausgeführt. Soll das Kind den Namen hören, so muß es scharf aufpassen. Dann muß es aufstehen und seinen Weg zu der rufenden Stimme finden, die Bewegungen müssen leicht und bewußt und so gut beherrscht sein, daß kein Geräusch entsteht" (Montessori 1928, S. 40). Neben der durch Geräuschwahrnehmung gegebenen (→) Fehlerkontrolle bewirkt diese Phase der Anwendung die Förderung der Selbstbeherrschung. Montessori hatte den Kindern über die Wartezeit hinweghelfen wollen, indem sie Süßigkeiten zur Belohnung für gelungene Übungen mitbrachte. Sie mußte die Erfahrung machen, daß die Kinder sich erfolgreich gegen diese Belohnungen wehrten. Da erkannte sie, „daß die Seele des Kindes ihre eigenen Belohnungen und geistigen Genüsse hat" (Montessori 1994 b, S. 157, 156).

Im Verlaufe der Zeit genügt es, bei geübten Kindern das Wort „Stille" an die Tafel zu schreiben oder in Buchstaben aufzustellen, um Ruhe und Stille zu erreichen (Montessori 1994 a, S. 235).

6. *Schwierige Kinder:* (→ Normalisierung) Die Übung wird angeboten, „wenn die Kinder sich schon normalisiert haben. Sie müssen fähig sein, ihre Bewegungen zu kontrollieren. Die Zustimmung jedes Kindes muß Voraussetzung der Übung sein" (Montessori 1946 unv., 16. Vortr.). Hier spricht Montessori das Problem der „schwierigen Kinder" an, das ein differenziertes Verhalten des Erziehers fordert (Montessori 1946 unv., 29. Vortr.). Er muß unterscheiden können, wann welche Kinder an der Stille-Übung teilnehmen können oder welche elementaren Vorübungen notwendig sind. Es gilt die Ursachen der Schwierigkeit zu finden, die „im Mangel irgendeines Elementes liegen, das für das Leben wesentlich ist" (Montessori 1946 unv., 29. Vortr.). Zwei Mangelphänomene werden genannt: fehlende Bewegungskontrolle durch fehlende Bewegungserziehung und fehlende Fähigkeit zum sozialen Konsens. Beide sind zunächst aufzuarbeiten.

7. *Genuß der Stille - geistige Freude:* Bei den Übungen der Stille beobachtete Montessori, daß diese eine große „Faszination" auf die Kinder ausüben. Der „Zauber" scheint daher zu rühren, daß die Übung selbst keinen praktischen Zweck hat, sondern der Vorgang der „Eroberung eines höheren Niveaus" die Kinder anspricht, und „daß die Kinder dazu neigen, sich zu erheben, und daß sie höhere Freuden genießen" (Montes-

sori 1994 b, S. 195) (→ Bewegung und Übungen des täglichen Lebens). Die Bedeutung der Lektion des Schweigens liegt darin, daß Kinder lernen, die „Stille zu genießen" (Montessori 1991, S. 208; dies. 1992, S. 157). Der Genuß der Stille besteht im Genuß der Früchte der Konzentration des Geistes - Ausgeglichenheit, Ruhe, Freude und Heiterkeit. Das Gemüt bildet sich heraus. Die Fähigkeit geistiger Wert-Schätzungen als Basis geistiger Bindungsprozesse entwickelt sich. Montessori spricht von der Empfindung des „inneren Spieles der Gemütsbewegungen", durch das dem Geiste Schwingen wachsen (Montessori 1928, S. 40). Das Gemüt erweist sich als integrierende und erhebende Distanz sowie als sensitive Basis geistigen Genießens und geistiger Freude. So dürfe es einleuchten, daß Montessori das Schweigen auch unter die Übungen der Sinnesorgane einreiht (Montessori 1994 b, S. 104).

8. *Erhebung zur Niveauanhebung:* Montessori bezeichnet die Stille-Übung als Vorgang der Eroberung eines höheren Niveaus, einer „Erhebung" (elevazione), die das Individuum selbst vollziehen muß (Montessori 1994 b, S. 195; dies. 1991, S. 310). In der Stille-Übung verbindet sich die Erziehung der Sinne und der Bewegung mit der des Gefühls und der Freiheit in der Weise, daß das Zusammenspiel aller als „inneres Spiel der Gemütsbewegungen" erfahrbar wird. Die Fähigkeit, die Stille zu genießen, führt

- über die Verfeinerung von Gehörwahrnehmungen - Gehörschärfe und Geräuschsensibilität - hin zur Öffnung des Geistes;
- über die Verfeinerung der Bewegung - Koordination, Gleichgewicht, Kontrolle, Gehorsam, Geschicklichkeit, Anmut - hin zu spontan auftretender höherer Disziplin, der Freiheit im Sinne der Selbstkontrolle;
- über die Verfeinerung des Gefühls - sich wohlfühlen in der Position, sich solidarisch fühlen mit den

andern, dem Fühlen der Stille, der Feinfühligkeit, dem Verspüren und Genuß der Stille - hin zur geistigen Freude. Die „Früchte" der Stille-Übung haben sensibilisierende Wirkungen für das Eintreten der Konzentration in der Polarisation der Aufmerksamkeit sowie für die Entwicklung des sozialen, moralischen und religiösen Sinnes (→ Religiöse Erziehung).

9. Im Vergleich zum absichtslosen und selbsttätigen Schweigen in Montessoris Stille-Übungen weisen solche Übungen in der Gegenwartsliteratur ein hohes Maß an Verplanung, sprachlicher und medialer Lenkung sowie Produkterwartung auf (Holtstiege 1995, S. 31). Das Schweigen gilt Montessori als eines der beiden Konstitutiva menschlicher Existenz - die freie Aktivität und die freie Enthaltung der Aktivität (Montessori 1994 a, S. 236).

Literatur: Holtstiege, H.: Montessori-Pädagogik und soziale Humanität. Freiburg 1994 (darin S. 115 ff.); Holtstiege, H.: Montessoris Schweige-Lektion und die Stille-Übungen in der Gegenwartsliteratur. In: Engagement 4/1995. S. 25-33; Montessori, M.: Das kreative Kind. Freiburg [10]1994 a; dies.: Die Entdeckung des Kindes. Freiburg [11]1994 b; dies.: Die Macht der Schwachen. Freiburg [2]1992; dies.: Kinder sind anders. Stuttgart [10]1978; dies.: Londoner Verträge. 1946, unv.; dies.: Mein Handbuch. Stuttgart 1922; dies.: Schule des Kindes. Freiburg [4]1991.

Hildegard Holtstiege

Teilnehmende Beobachtung

1. Grundqualifikation des Erziehers: (→ Erzieher, Leitung) Die grundlegende Eigenschaft des Erziehers sieht Montessori in der Fähigkeit zu beobachten (Montessori 1991, S. 125). Die Erziehung des Kindes muß aus der unmittelbaren Beobachtung stammen, eine Erziehung, „die das Kind viel beobachtet, bevor sie wagt, es erziehen zu wollen" (Montessori 1992, S. 13). So formuliert Montessori als Leitwort für den Erzieher „Warte und beobachte!" (Montessori 1922, S. 76)

2. Phänomen-Beobachtung: Das Phänomen ist ein Gegebenes, das sinnenfällig in Erscheinung tritt. Es kann wahrgenommen, beschrieben, analysiert und interpretiert werden im Sinne einer phänomenologischen Reduktion (Banki/Rothe 1979, S. 31; Holtstiege 1994, S. 81). Montessori spricht von „sich zeigenden spontanen psychischen Äußerungen", von „psychischen Fakten" (Montessori 1991, S. 87), „sich zeigenden Tatsachen" (Montessori 1994, S. 44), „Erscheinungen" psychologischer wie physiologischer Art (Montessori 1966, S. 31.60). Zielorientiert geht es um die Beobachtung und „einfache Beschreibung" von Tatsachen im Sinne einer Erkenntnissuche auf pädagogischem Gebiet (Montessori 1994, S. 24).

3. Präzise geregelte Beobachtung: Montessori versteht darunter eine wissenschaftlich orientierte Methode, bei der es um die Erkenntnis von Tatsachen auf pädagogischem Gebiet geht. Ziele und Gegenstände sind damit ausgewiesen. In der heutigen pädagogischen Diagnostik heißt es dazu: „Das ungerichtete Zuschauen nennt man auch naive Beobachtung, während man von systematischer oder wissenschaftlicher Beobachtung erst dann spricht, wenn mit bestimmten Fragestellungen oder Zielsetzungen beobachtet wird" (Ingenkamp 1985, S. 53). Montessori unterscheidet zwei Formen methodischer Beobachtung: teilnehmende Beobachtung als durchgän-

gige Aufgabe des Erziehers und im Sinne der Phänomen-
beobachtung zur Gewinnung einer „erfahrungsbegründe-
ten Erziehungsanleitung" (Montessori 1991, S. 273) und
methodische Beobachtung im Rahmen des pädagogischen
Versuches. Die - heute wohl zu grobe - methodische
Struktur des pädagogischen Experimentes weist Montessori sechsschrittig auf: Versuch, Beobachtung auftretender Phänomene, Probe, Kontrolle, Erkenntnis neuer Phänomene, Reproduktion, Anwendung (Holtstiege 1986, S.
103; dies. 1991, S. 87).

4. *Teilnehmende Beobachtung:* „Warte und beobachte! ist das Leitwort für den Erzieher. Laßt uns warten
und immer gern an den Freuden und Schwierigkeiten, die
das Kind erfährt, teilnehmen" (Montessori 1922, S. 76).
Der Erzieher bringt dem Kinde Respekt entgegen, indem
er es „mit menschlicher Teilnahme beobachtet" (Montessori 1994, S. 70). Die teilnehmende Beobachtung ist an
zwei Voraussetzungen gebunden: die Organisation des
Beobachtungsfeldes und das Hervorbringen des Beob-
achtungsmaterials - der Phänomene (Montessori 1991, S.
121).

4.1 Beobachtungsfeld organisieren: Montessori versteht darunter die Vorbereitung des pädagogischen Beobachtungsfeldes, d.h. der Bedingungen, damit sich psychische Phänomene zeigen und ein „wirkliches" Beobachtungsmaterial bilden können. Solche Bedingungen sind
die (→) vorbereitete Umgebung, die Entwicklungsfreiheit
der Kinder darin sowie ein entsprechendes Erzieherverhalten (Montessori 1991, S. 121).

4.2 Beobachtungsmaterial schaffen: Im Mittelpunkt
des Beobachtungsfeldes steht der zu beobachtende junge
Mensch selbst als „das Wesen, das Phänomene erzeugt"
(Montessori 1991, S. 121). Dazu muß er zunächst etwas
in sich entwickeln, bevor er sich ausdrücken kann. Das
Kind kann sich nur äußern in einer Position der Ruhe,
Freiheit und Ungestörtheit, die auch nicht beeinträchtigt
wird durch Erzieheraktivitäten. Teilnehmende Beobach-
198

tung besteht hier darin, dem Tun des Kindes mit ruhiger und abwartender Achtung gegenüberzustehen und es nicht in seinen Bewegungen und Erfahrungen beschränken (Montessori 1922, S. 75). In der so entstehenden Atmosphäre können kindliche Eigenschaften ans Licht kommen, die das Beobachtungsmaterial darstellen.

4.3 Kundgebungen beiwohnen: Es gilt, sehen zu lernen, wie der Mensch sich entwickelt durch die Beobachtung der „Kundgebungen" der kindlichen Aufbauarbeit (Montessori 1991, S. 120; dies. 1978, S. 62) und die Teilnahme an den Freuden und Schwierigkeiten, die das Kind dabei erfährt. Solche Teilnahme muß sich auszeichnen durch Geduld, Respekt, Achtung und Freundlichkeit (Montessori 1922, S. 76). „Wer gelernt hat zu sehen, beginnt sich zu interessieren" (Montessori 1991, S. 125). Als beobachtbare „Kundgebungen" nennt Montessori das „Fundamentalphänomen" der Aufmerksamkeit (→ Polarisation der Aufmerksamkeit) und dessen „Begleitphänome" der Geduld, Ausdauer, Ausgeglichenheit, Lebhaftigkeit, Heiterkeit, Freude und Disziplin. Die Gesamtheit dieser Phänomene zeigt sich in einem Sichordnen des Kindes im Sinne einer Persönlichkeitsintegration.

4.4 Phänomene verstehen: Für Erzieher ergibt sich die Notwendigkeit, Phänomene erkennen, beschreiben, analysieren und interpretieren zu können, um zu verstehen, wie u.U. zu helfen ist. Montessori nennt den Erzieher mit Blick auf kleine Kinder auch deren „Interpreten". Das sind zunächst die Eltern. Von ihrer beobachtungsgeleiteten Erziehung sagt Montessori, daß sie dazu zweierlei benötigen: Ein Wissen um die psychischen Bedürfnisse des Kindes, und die Fähigkeit, seine Äußerungen beobachten und deuten zu können (Montessori 1992, S. 23). Insgesamt bietet Montessori eine Fülle interpretierter Beobachtungsbeispiele (Montessori 1978, S. 74; dies. 1992, S. 24).

5. Beobachtung - Haltung durch Übung: Zur Beobachtung reichen Sinne und Kenntnisse allein nicht aus. „Es ist eine Haltung, die man durch Übung entwickeln muß" (Montessori 1991, S. 125). Eine der wichtigsten Eigenschaften der Beobachtung ist die Geduld. Um diesen Zustand zu erreichen, bedarf es der Selbsterziehung. „Man muß Herr seiner selbst werden und sich selbst überwinden, um mit der Außenwelt in Verbindung zu treten und ihre Werte zu schätzen. Ohne diese Vorbereitung kann man den kleinen Dingen keinen Wert beimessen", um die es in Beobachtungen letztlich geht (Montessori 1991, S. 127). Um diese Haltung zu erwerben, bedarf es einer langen Übung (Montessori 1991, S. 132).

5.1 Selbstverständnis als Beobachter: Der Erzieher „muß seine Stellung als Beobachter verstehen und empfinden" (Montessori 1994, S. 57). Dies fordert ein reflexives Selbstverständnis, sich als Beobachter des Menschen bei dessen Erwachen zum geistigen Leben zu vergewissern (Montessori 1994, S. 10). „In unserem System" - so Montessori - „muß er sehr viel stärker *Geduld* als *Aktivität* aufbringen. Seine Geduld wird aus gespannter wissenschaftlicher Neugier und aus Respekt vor dem Vorgang, den er beobachten will, bestehen" (Montessori 1994, S. 57). Montessori nennt die Beobachtung eine Mischung aus Ehrfurcht, Liebe und Neugier.

5.2 Anleitung zur Beobachtung: „Zur Beobachtung muß man angeleitet werden; und darin liegt die wahre Einführung in die Wissenschaft. Denn wenn die Vorgänge nicht gesehen werden, ist es, als ob sie nicht bestünden" (Montessori 1991, S. 125). Zentral ist das Sehen- und Erkennenkönnen des Fundamentalphänomens der Konzentration der Aufmerksamkeit und seiner Begleitphänomene wie Geduld, Ruhe, Ausdauer, Ausgeglichenheit, Heiterkeit, Freude und Disziplin (Montessori 1991, S. 83). Die Gesamtheit dieser Erscheinungen (Phänomene), die das „Sich-Ordnen" des Kindes im

Sinne einer Persönlichkeitsintegration (→ Person, Personalität) betreffen, haben ihren Niederschlag gefunden in Montessoris „Beobachtungsanleitung", von der sie einschränkend sagt, daß sie nur effektiv für denjenigen ist, der in diese Beobachtungsmethode eingeführt ist (Montessori 1991, S. 117-119). In der Anleitung zur Beobachtung lassen sich heute Medien wie Dias und Beobachtungsvideos von konzentriert arbeitenden Kindern einsetzen.

5.3 Unterscheidung kindlicher Zustände: Zur Unterscheidung kindlicher Geordnetheit von Ungeordnetheit ist es erforderlich, psychische Zustände des Kindes unterscheiden zu können, und zwar zwischen solchen, die aufbauen und denen, die nichts aufbauen und nicht bildend sind, „oder die seine Entwicklung geradezu schädigen, indem sie seine Kräfte nutzlos vergeuden" (Montessori 1992, S. 66). Dabei muß der „pure Impuls" von der „spontanen Energie" unterschieden werden können. Beide haben den Anschein der Spontaneität. Die spontane Energie entspringt dem „ausgeruhten Geist", während der pure Impuls durch den Zustand der Ungeordnetheit erkennbar wird. Für letzteren gibt Montessori als Orientierungshilfe drei Merkmale an: ungeordnete willkürliche Bewegungen, Schwierigkeiten oder Unfähigkeit, die Aufmerksamkeit auf reale Dinge zu lenken, und eine entartete Form der Nachahmung (Holtstiege 1991, S. 85).

5.4 Klarere Aufgabenerfassung: Als Wirkung der Beobachtung auf den Erzieher nennt Montessori die Tatsache, daß durch die Übung im Beobachten die eigene Aufgabe allmählich klarer erfaßt werde. „Das Geordnetoder Ungeordnetsein der Kinder und die Erfolge, die man erreichen kann, hängen oft von der Beachtung der kleinsten Einzelheiten ab, und deshalb gelangt man nur durch Übung zu einem befriedigenden Ergebnis" (Montessori 1992, S. 67). Die „minuziöse und exakte Schaukraft" (Montessori 1991, S. 131) gibt Aufschluß über die Verfaßtheit und Situation des Kindes und bietet so eine genauere Basis für die erforderliche präzise Hilfestellung.

6. *Verändernde Wirkung:* Durch das in der Beobachtung entstehende Interesse am beobachteten Phänomen entwickelt sich im Erzieher das „Zentrum" der Veränderung seiner Person (Montessori 1991, S. 126). Er muß die für die Beobachtung erforderlichen Eigenschaften entwickeln, wie Geduld, Demut und Bereitschaft zur Selbstverleugnung im Sinne einer Rücknahme und Korrektur „geliebter Auffassungen und selbstgewonnener Überzeugungen" (Montessori 1991, S. 129). Die teilnehmende Beobachtung wird damit zu einem Kristallisationspunkt der Veränderung in der Gestaltung der Erziehungs-Beziehung (Holtstiege 1991, S. 39).

Literatur: Banki, F./Rothe, F.K.: Wege der pädagogischen Forschung. Bad Heilbrunn 1979; Holtstiege, H.: Maria Montessori und die reformpädagogische Bewegung. Freiburg 1986; dies.: Erzieher in der Montessori-Pädagogik. Freiburg 1991; dies.: Montessori-Pädagogik und soziale Humanität. Freiburg 1994; Ingenkamp, K.-H.: Lehrbuch der pädagogischen Diagnostik. Weinheim, Basel 1986; Montessori, M.: Die Entdeckung des Kindes. Freiburg [11]1994; dies.: Schule des Kindes. Freiburg [4]1991; dies.: Mein Handbuch. Stuttgart 1922; dies.: Über die Bildung des Menschen. Freiburg 1966; dies.: Kinder sind anders. Stuttgart [10]1978; dies.: Dem Leben helfen. Freiburg 1992.

Hildegard Holtstiege

Unterricht, Unterweisung

Im Gegensatz zum gängigen Unterricht spricht Montessori von Unterweisung, um die Form des Beistandes beim kindlichen Lernen zu bezeichnen. Diese Unterscheidung hält sie zwar in der Sache, nicht aber in der Terminologie durch.

1. Anthropologische Orientierung der Unterweisung: Die anthropologische Verankerung wird deutlich in Montessoris Aussage, daß nicht eine Methode, sondern die menschliche Personalität in den Blick genommen werden müsse (Montessori 1966, S. 16) (→ Anthropologie). „Der Gedanke zu unterrichten macht dem Streben Platz, dem Leben zu helfen, die Persönlichkeit zu entwickeln. Wir sehen einen neuen Weg, weil wir hier nicht mehr von uns selbst, von unserer Kultur ausgehen können, sondern weil wir vom Kinde ausgehen müssen" (Montessori 1968, S. 36).

• Unterweisung hat sich zu orientieren an der kindlichen Persönlichkeit und deren Entwicklung. Gemäß ihrer Eigenart - durch Geist und Intelligenz begründete Unteilbarkeit, Einheit und Gleichheit - muß in Unterweisungen die „ganze Persönlichkeit des Kindes beansprucht werden" (Montessori 1995, S. 45). Entsprechend der spontanen Aktivität als Ausdruck menschlichen Geistes muß das Kind selbst mit seiner ganzen Personalität handeln dürfen. Dieses ganzheitliche Handeln umfaßt sowohl die Fähigkeit zu handeln als auch die bewußte Enthaltung des Handelns, wie dies im Falle des Schweigens gegeben ist (Montessori 1994 a, S. 236) (→ Stille). Die anthropologisch orientierte Unterweisung charakterisiert Montessori durch die Bitte eines Kindes „Hilf mir, mir selbst zu helfen" (Montessori 1992 b, S. 127). So wird das Kind Subjekt statt „Objekt der Erziehung und des Unterrichts" (Montessori 1968, S. 6).

- In dieser Unterweisung kann weder auf den Erzieher noch auf die Übermittlung von Kultur verzichtet werden. In Montessoris Methoden „unterrichtet die Lehrerin wenig, beobachtet viel und hat vor allem die Aufgabe, die psychische Aktivität der Kinder sowie ihre physiologische Entwicklung zu leiten" (Montessori 1994 b, S. 181) (→ Erzieher).

- Verbunden mit der anthropologischen Hinwendung zur Persönlichkeit des Kindes klingt eine Dimension des Gedankens eines erziehenden Unterrichts an (Hintz 1993, S. 334).

2. Selbstunterrichtung - Aneignung von Bildung: Die Selbstunterrichtung durch das Kind bezieht die didaktische Dimension in die Persönlichkeitsbildung ein. Montessori spricht global von einem Selbsterziehungsprozeß (Montessori 1991, S. 76). „Anstelle des mündlichen Unterrichts wird ein Entwicklungsmaterial gesetzt, das die (→) Fehlerkontrolle einschließt und es den einzelnen Kindern ermöglicht, sich aus eigener Kraft zu unterrichten" (Montessori 1994 b, S. 351).

- Die Unterrichtung aus eigener Kraft begründet Montessori persönlichkeitsorientiert. „Eines ist die eigene, natürliche und spontane Aktivität, mit der man aus der Umgebung nimmt, innerlich verarbeitet, die eigene Persönlichkeit aufbaut und dabei ausprägt; das andere ist das äußere Mittel, mit dem man all dies machen kann" (Montessori 1991, S. 109). Sich aus eigener Kraft unterrichten bedeutet also, aufgrund der ursprünglich gegebenen eigenen Aktivität den Lernvorgang selbst zu vollziehen durch Wahrnehmen, Aufnehmen, innere Verarbeitung und Integration des Neuen in die eigene Persönlichkeit. In diesem Selbstaneignungsprozeß von Bildung besteht ein Bedarf an äußeren Mitteln. „Das Kind begreift nur durch eigene Aktivität, indem es die Kultur aus seiner Umgebung und nicht vom Lehrer übernimmt" (Montessori 1966, S. 55).

• Die Selbstunterrichtung vollzieht sich in Konzentrationsvorgängen, die Montessori die (→) Polarisation der Aufmerksamkeit nennt. Der Vorgang der Polarisation als Bindung der Aufmerksamkeit an einen selbstgewählten Gegenstand aus der äußeren Welt, stellt eine Sammlung kindlicher Kräfte dar. Montessori nennt diese Art kindlicher Aktivität auch Arbeit, die das „kindliche Wesen mit der Umgebung" eint (Montessori 1968, S. 15). Konzentration bedeutet die Sammlung der Aufmerksamkeit, Vertiefung in eine Sache bei gleichzeitiger innerer Loslösung von der Umgebung (Holtstiege 1995, S. 181). Die Polarisation der Aufmerksamkeit als genuiner Selbstbildungsvorgang stellt einen Aktivitätszyklus dar, der beobachtbar ist und von Montessori auch als „Verlauf der spontanen Tätigkeit" bezeichnet wird (Montessori 1966, S. 58).

„Bei unseren Unterweisungen ist der Hauptanteil der Initiative den Kindern überlassen. Sobald das Kind in der Lage ist, einsichtige Handlungen ausführen zu können, ist es imstande, seine Bildung allein fortzusetzen und aus eigenem Willen die Übungen zu wiederholen, die geeignet sind, sein Urteilsvermögen zu üben" (Montessori 1992, S. 62). Montessori bezeichnet die Selbstunterrichtung auch als freie Arbeit (Montessori 1991, S 107; Holtstiege 1987, S. 57 f.).

3. Unterweisung - indirektes Eingreifen: Dem sprachlich und gedanklich direkt führenden Unterricht setzt Montessori die Unterweisung im weiteren Sinne als indirektes Eingreifen entgegen (Montessori 1966, S. 55).

3.1 Indirektes Eingreifen: Gegenüber dem direkten Unterricht wird in der indirekten Unterweisung der Unterrichtende durch „ein sehr viel komplexeres Ganzes ersetzt" (Montessori 1994 b, S. 166). Das Erziehungswerk verteilt sich auf den Erzieher und die Umgebung, so daß sich eine radikale Verschiebung der Aktivität vom

205

Erzieher weg zum Kinde hin ergibt. „Wir überlassen es der Umgebung, das Kind in seiner Arbeit zu leiten; alle Dinge, die diese Umgebung ausmachen, haben eine gemeinsame Eigenschaft: die (→) Fehlerkontrolle" (Montessori 1968, S. 15). An die Stelle des „kritischen und beschwörenden Lehrers (tritt) eine vernünftige Organisation der Arbeit und die Freiheit des Kindes" (Montessori 1994 b, S. 349). Die Indirektheit der Unterweisung besteht in der Organisation der freien Arbeit durch die Bereitstellung einer altersspezifischen Anregungsumwelt (Holtstiege 1995, S. 128). Montessori nennt sie die (→) vorbereitete Umgebung, in der die „Mittel zur Kultur" angeboten werden (Montessori 1991, S. 83). Aufgabe des Erziehers ist es, dem Kind in der Selbstaneignung seiner Bildung indirekt zu helfen - Beistand zu leisten (Montessori 1966, S. 18; Holtstiege 1991, S. 65). Damit verbindet sich die „Begrenzung des Einschreitens", die der Erzieher selbst herausfinden muß (Montessori 1968, S. 21).

3.2 Spezielle Unterweisungen - Lektionen: Für die kleinen Kinder hält Montessori Lektionen für erforderlich.

- *Lektionen für kleine Kinder:* Montessori hat für das frühe Alter zwei Arten von Lektionen entwickelt - die Lektionen der drei Zeiten oder die Dreistufenlektion und die Lektion des Schweigens (Montessori 1992 b, S. 149). Bei den Lektionen handelt es sich um eine auf Beobachtung des Kindes beruhende und als Takt bezeichnete Kunst, die Erziehern „den geeigneten Augenblick eingibt und die Einmischung begrenzt" (Montessori 1994 b, S. 126). Der Hauptanteil der Arbeit ist der Initiative der Kinder überlassen, während die Hilfe sich beschränkt auf das Anbieten des Materials. Der Erzieher „braucht das Kind nur einzuführen in seinen Gebrauch, dann kann (er) es seiner Arbeit überlassen. Denn es ist nicht so sehr unser Ziel (so Montessori), Unterweisungen zu erteilen, als die geistigen Kräfte zu erwecken und zu entwickeln" (Montessori 1992 a, S. 62).

- *Individuelle Lektion der drei Zeiten:* Es handelt sich um die zunächst elementare, dann in einer zweiten und dritten Stufe weiterführende Einweisung in den Gebrauch didaktischer Materialien, und zwar vermittels des Wortes, wobei „das Notwendige (zu) geben, das Überflüssige (zu) vermeiden (ist)" (Montessori 1994 b, S. 183; Holtstiege 1991, S. 71). Die frühen Lektionen müssen einfach und sparsam mit Worten sein. „Das Unterrichten durch Worte kommt erst viel später" (Montessori 1992 a, S. 64).

- *Kollektive Lektion des Schweigens* (→ Stille): Die gängige Annahme, daß eine Lektion mit mündlicher Erklärung gleichbedeutend sei, widerlegt Montessori durch die Lektion des Schweigens, der Stille. Auch sie ist eine Unterweisung, die wortlos durch die Demonstration des Schweigens in das Schweigen eingeführt und die als kollektives Schweigen durchgeführt wird (Holtstiege 1994, S. 119). Montessori nennt diese Stille-Lektion ein Symbol des Unterrichts, denn vom Erzieher sagt sie, daß er statt des Redens das Schweigen und statt des Unterrichtens das Beobachten lernen müsse (Montessori 1991, S. 122).

4. In der Gegenwart ist ein Wandel im Unterrichtsverständnis beobachtbar. Anstelle der „unterrichtlichen Monostruktur" rückt die „Beziehung zwischen Schüler und Aufgabe" in den Mittelpunkt (Hintz 1993, S. 338).

Literatur: Hintz, D. u.a.: Neues schulpädagogisches Wörterbuch. Weinheim-München 1993; Holtstiege, H.: Erzieher in der Montessori-Pädagogik. Freiburg 1991; dies.: Modell Montessori. Freiburg ⁹1995; dies.: Montessori-Pädagogik und soziale Humanität. Freiburg 1994; dies.: M. Montessoris Neue Pädagogik: Prinzip Freiheit - Freie Arbeit. Freiburg 1987; Montessori, M.: Das kreative Kind. Freiburg ¹⁰1994 a; dies.: Dem Leben helfen. Freiburg 1992 a; dies.: Die Entdekkung des Kindes. Freiburg [11]1994 b; dies.: Die Macht der Schwachen. Freiburg [2]1992 b; dies.: Grundlagen meiner Pädagogik. Heidelberg [3]1968; dies.: Kosmische Erziehung. Freiburg 1988; dies.: Schule des Kindes. Freiburg [4]1991; dies.: Über die Bildung des Menschen. Freiburg 1966.

Hildegard Holtstiege

Vereine / Organisationen (ADMV)

Im Unterschied zu anderen reformpädagogischen Ansätzen ist das System der Montessori-Institutionen (Vereine, Einrichtungen, Lehre, Ausbildung) dezentralisiert. Eine wichtige Aufgabe kommt in Deutschland so den einzelnen Vereinen und Ausbildern zu, da sie die Gewähr dafür bieten, daß die Verantwortung gegenüber dem Kind, aber auch der Idee der Montessori-Pädagogik sowie der gründlichen und praxisnahen Ausbildung ernstgenommen wird. 1992 waren alleine 150 dieser Vereine Träger oder Förderer von Montessori-Einrichtungen. Dadurch ist die Montessori-Pädagogik inzwischen in allen Bundesländern mehr oder weniger präsent.

Die internationale Dachorganisation ist die von Montessori gegründete Association Montessori Internationale (AMI) mit Sitz in Amsterdam. Sie ist Kommunikationszentrum und Anlaufstelle für Montessori-Vereine in aller Welt, vergibt verbindliche Richtlinien für die Ausbildung und überwacht deren Einhaltung.

Der älteste überregionale Verein in Deutschland ist die Deutsche Montessori-Gesellschaft. Die Montessori-Vereinigung Aachen ist der mitgliederstärkste Verein. Ihr angeschlossen ist eine Dozentenkonferenz, die die Organisation und Durchführung von Lehrgängen zum Erwerb des Montessori-Diploms regelt. Die Aktion Sonnenschein in München nimmt eine Sonderstellung ein, geht es ihr doch vor allem um die Umsetzung des Modells interdisziplinärer Entwicklungs-Rehabilitation. Ziel ist die Integration behinderter und nichtbehinderter Kinder im Rahmen einer gemeinsamen Erziehung.

Ein weiterer überregionaler Verein ist die Aktionsgemeinschaft Deutscher Montessori-Vereine (ADMV). Sie wurde 1971 gegründet und ist ein Zusammenschluß örtlicher und regionaler Montessori-Vereine in Deutschland. Die ADMV verfolgt die wirksame Förderung und Verbreitung der Montessori-Pädagogik, indem sie die Öffentlichkeit über die Möglichkeiten der Umsetzung der Prinzipien der Montessori-Pädagogik im Bildungswesen informiert und damit zu deren Entfaltung beiträgt, die Spezialausbildung von Erziehern entsprechend anerkannter Standards fördert und vor allem auch die Gründung und Erhaltung von Forschungs- und Ausbildungsstätten, Kindergärten und Schulen unterstützt, die nach den Prinzipien der Montessori-Pädagogik arbeiten bzw. arbeiten wollen. Sie ist damit vor allem Koordinationsstelle überregionaler Anfragen und gemeinsamer Stellungnahmen. Daneben versteht sie sich als Informationszentrum, das Eltern- und Fördervereine unterstützt und berät, Kontakte vermittelt, Medien und Materialien bereitstellt usw. Die ADMV ist Herausgeber einer pädagogischen Schriftenreihe zu Themen der Montessori-Pädagogik sowie eines Anschriftenverzeichnisses mit den derzeit in Deutschland bekannten Einrichtungen und Trägervereinen. Sie veranstaltet Tagungen zu aktuellen Themen der Montessori-Pädagogik in der gesamten Bundesrepublik.

Die ADMV als Forum von Eltern und Pädagogen kann nur dann wirksam arbeiten, wenn sie finanziell unterstützt wird durch die Mitgliederbeiträge der ihr angeschlossenen Vereine und Spenden, d.h. es sollten sich in Deutschland möglichst viele Montessori-Vereine in der ADMV organisieren. Im Januar 1996 gehörte der ADMV bereits 61 Vereine an, dazu zählen auch die großen Vereine wie Montessori-Vereinigung Aachen e.V., Deutsche Montessori-Gesellschaft e.V. usw.

Die Solidarität der Vereine trägt zur wirksamen Förderung und Verbreitung der Montessori-Pädagogik in Deutschland bei, eben durch die koordinierte Zusammenarbeit aller daran Interessierter. Damit wird langfristig der Standard von Ausbildung und Einrichtungen gesichert.

Anschrift: ADMV, Geschäftsstelle Bonn, Postfach 200 146, 53131 Bonn-Bad Godesberg.

Literatur: Günnigmann, M.: Montessori-Pädagogik in Deutschland. Freiburg 1979; Schatz, H.L.: Neue Entwicklungen. In: Helming, H.: Montessori-Pädagogik. Freiburg [14]1992, S. 171-186.

Gudula Meisterjahn-Knebel

Vorbereitete Umgebung

Neben der „Freiarbeit" ist die „vorbereitete Umgebung" einer der Begriffe, die in der heutigen fachpraktischen und fachdidaktischen Diskussion meistens ohne Angabe der Herkunft von Montessori am häufigsten zitiert und verwendet werden.

Im Interesse der Montessori-Pädagogik liegt es den heute oft beliebig übernommenen Begriff deutlich zu definieren und damit gegenüber einem gefälligen und zufälligen Gebrauch abzugrenzen.

1. Warum brauchen Kinder eine „vorbereitete Umgebung"? „Die Schule soll der Ort werden, wo das Kind in seiner Freiheit leben kann; und seine Freiheit kann nicht nur jene innere, geistige des inneren Wachstums sein. Der ganze kindliche Organismus, von seiner physiologisch vegetativen Seite bis zu seiner Bewe-

210

gungsaktivität muß die besten Entwicklungsbedingungen vorfinden" (Montessori 1968). Sichtbar wird hier, daß auch der Gedanke der „vorbereiteten Umgebung" anthropologisch verankert ist. Es besteht eine unmittelbare Verbindung zwischen dem Aufbau der Persönlichkeit und der Freiheit sowie den äußeren Bedingungen, die demgemäß geschaffen werden müssen. Wenn Montessori-Pädagogik die Hinführung zum verantwortlichen Umgang mit Freiheit sein soll, dann braucht das Kind durch eine adäquat vorbereitete Umgebung auch den Raum, diese Freiheit nicht nur als geistige, sondern auch als leibhaftige erfahren zu können, um sie schließlich auch verantworten zu können. Dies meint Montessori, wenn sie von „besten Entwicklungsbedingungen" spricht. Montessori sieht in dem Zueinander von Umgebung, die zu freiem selbstverantworteten Handeln auffordert und als solche vorbereitet sein muß, und der Erfahrung von Würde einer kindlichen Person einen eindeutigen Zusammenhang.

Umgekehrt heißt dies, daß dort, wo Kinder in der Freiheit ihrer Bewegung strukturell und institutionell beeinträchtigt sind, sie Schaden leiden in ihrer kindlichen Würde. Dies wiederum führt zu Defiziten der Persönlichkeit. Und diese Defizite wiederum behindern die Entwicklung des Kindes zu einem selbstbewußten, selbstverantwortlichen Menschen, der eben deshalb auch nicht gelernt hat, sich den auf ihn zukommenden Bedingungen eindeutig zu stellen und angemessen zu handeln.

Diese anthropologische Grundlegung verbindet sich bei Montessori mit den in ihrer Darlegung der „(→) sensiblen Phasen" zum Ausdruck kommenden entwicklungspsychologischen Vorgaben.

„Wie durch eine Ritze vermögen wir während der Empfänglichkeitsperiode des Kindes in dessen werdendes Seelenleben hineinzublicken. (...) Zwar dient die Umwelt hierbei als Material, aber sie hat für sich allein keine aufbauende Kraft. Sie liefert nur die erforderlichen Mittel, vergleichbar den lebenswichtigen Stoffen, die der Körper durch Verdauung und Atmung von außen aufnimmt" (Montessori 1975, S. 73). Hier wird deutlich, daß dieses Zueinander von kindlichem Bedürfnis und vorbereiteter Umgebung der Gestaltung bedarf. Maßstab dieser Gestaltung sind die Empfänglichkeitsperioden des Kindes (sensiblen Phasen). Daher ist die vorbereitete Umgebung immer die entwicklungspädagogische Antwort auf die sensiblen Phasen eines Kindes. Umgekehrt läßt sich sagen, daß, wenn sensible Phasen und vorbereitete Umgebung nicht zueinander passen, es in der Entwicklung des Kindes zu Defiziten und Ausfällen kommen kann.

2. *Welchen Rahmen setzt eine „vorbereitete Umgebung"?* Das eindeutige Zueinander und Ineinander von vorbereiteter Umgebung, Freiheit, Disziplin und Ordnung bei Montessori mag nur jemanden erstaunen, der Montessoris Begriff von Freiheit als einem sich in Verantwortlichkeit der eigenen Person, den anderen Menschen und der Welt der Dinge gegenüber sich ereignenden Prozeß nicht nachvollziehen kann. Disziplin als eine Folge von Freiheit zu betrachten, ist ein erstaunlicher und neuer Ansatz. Wichtig ist, daß die Bedingungen der Freiheit so gestaltet sein müssen, daß sie zum verantwortlichen Umgang sowohl mit den Dingen und damit auch mit der Freiheit befähigen.

Da das Kind ja nicht als einzelnes in einer Montessori-Gruppe anwesend ist, beschreibt Montessori auch die Grenzen: „Die Freiheit des Kindes hat als Grenze das Interesse der Gemeinschaft, als Form das, was wir gewöhnlich gute Erziehung nennen. Wir müssen daher an dem Kind all das unterdrücken, was andere belästigt oder schädigt, und alles, was in der Richtung roher, unmanierlicher Handlungen liegt" (Montessori 1975, S. 75).

Vorbereitete Umgebung bietet also dem Kind einen Gestaltungsspielraum für den Umgang mit anderen Menschen, mit Gegenständen, mit sich selbst. Dieser Gestaltungsspielraum hat allerdings Grenzen. Und die Grenzen werden wiederum bestimmt durch die Bedürfnisse der anderen Menschen, wie auch durch die „Würde der Dinge" als Element der vorbereiteten Umgebung. Montessori fordert eindeutig den Erzieher zum Handeln auf („unterdrückt"), so daß jedes Mißverständnis von vorbereiteter Umgebung als Spielraum für beliebige Aktivität ausgeschlossen ist.

Ob es nun zu Passung zwischen vorbereiteter Umgebung und kindlichem Bedürfnis kommt, ob sich mithin ein von innen gesteuertes diszipliniertes Verhalten, ein sichtbar verantwortlicher Umgang mit Freiheit einstellt, hängt davon ab, daß die Gegebenheiten der Umwelt hinlänglich mit den inneren Bedürfnissen des Kindes übereinstimmen.

Soweit nun der Rahmen abgesteckt ist, gilt es, sein Inneres zu strukturieren. Ordnung schafft Zuverlässigkeit, Zuverlässigkeiten schaffen Sicherheiten, Sicherheiten ermöglichen die verantwortliche Wahrnehmung des Angebotes der vorbereiteten Umgebung. Insofern ist es ein anthropologisch verankerter pädagogischer Grundsatz: „Für jedes Ding einen Platz und jedes Ding an seinem Platz" (Standing 1970, S. 169). Diese Zuverlässigkeit, Sicherheit und Gestaltungsfreiheit garantierende Ordnung ermöglicht dem Kind darüber hinaus auch ein psychisches Wohlbefinden. Hinreichend Platz zur freien Bewegung ist vorhanden und der übrige Raum ist so gestaltet, daß Sicherheit in der Bewegung gewährleistet ist.

3. Welche Aufgabe hat der Lehrer, welche Bedeutung hat das didaktische Material in der vorbereiteten Umgebung? (→ Erzieher) Dem Lehrer kommt in der vorbereiteten Umgebung eine doppelte Aufgabe zu. Einerseits ist er Garant der vorbereiteten Umgebung, d.h., er sorgt dafür, daß sich die Kinder in der beschriebenen Weise in der vorbereiteten Umgebung entfalten und ihre Arbeit gestalten können, dadurch, daß er die vorbereitete Umgebung schafft, betreut, ergänzt und ggf. auch weiterdenkt. Andererseits ist er Bestandteil der vorbereiteten Umgebung, insoweit er sich als Mensch dem fragenden, suchenden Kind hilfreich zur Seite steht. Man kann also von einer direkten und indirekten Bedeutung des Lehrers im Rahmen einer vorbereiteten Umgebung sprechen. Die Fragestellung des Lehrer, die ihn bei seiner Tätigkeit indirekt und direkt in der vorbereiteten Umgebung begleitet, muß also lauten: Sind beim einzelnen Kind besondere Sensibilitäten zu entdecken? Ist ein den Sensibilitäten gemäßes Arbeitsmaterial vorhanden? Ist das Arbeitsmittel so gestaltet, daß es zur Polarisation der Aufmerksamkeit führt? Wie kann ich dem Kind eine Beziehung zwischen seiner Fragestellung und dem in der vorbereiteten Umgebung angebotenen Hilfsweg ermöglichen?

Von großer Bedeutung in diesem Zusammenhang sind die ,,Montessori-Materialien". Hier gelten eindeutige und klare Forderungen. ,,Nur Dinge, die seiner Entwicklung dienen, finden in der vorbereiteten Umgebung Platz; alles, was ihr entgegenstehen könnte, selbst gleichgültige oder belanglose Dinge, sollten ausgeschlossen sein" (Standing 1970, S. 166). Diese Dinge, diese Entwicklungsmaterialien gefunden zu haben, scheint eine der größten Leistungen der Praktikerin Montessoris gewesen zu sein. Das didaktische Material ist für sie ein ,,Mittel für die selbsttätige Erziehung" (Montessori 1975, S. 93). Sein Zweck ist es, Freiheit zu ermöglichen.

Insofern ist das Montessori-Material erst in zweiter Hinsicht als Arbeitsmittel zur Hilfe im kognitiven oder psychomotorischen Bereich zu verstehen. In erster Linie dient es dem Aufbau der kindlichen Persönlichkeit.

Literatur: Montessori, M.: Das kreative Kind. 3 1975; Standing, E.M.: Maria Montessori. Oberursel i.T. 1970.

Ulrich Steenberg

214

Kommentiertes Literaturverzeichnis

Grundsätzlich ist die Lektüre der Texte Montessoris durch nichts zu ersetzen. Die kritische Editionsarbeit nach dem Zweiten Weltkrieg in Deutschland geleistet zu haben, ist der Verdienst von Günter Schulz-Benesch und Paul Oswald. Die Lektüre der Quellentexte gibt dem ungeübten Leser allerdings einige Probleme auf, die darin liegen, daß teilweise systematische Reflexion, anschauliches Erzählen und Praxisbeispiele in oft assoziativ anmutender Weise miteinander verbunden sind. Dies verweist auf die Herkunft der weitaus meisten Beiträge - und damit auch auf die Problematik der editorischen Arbeit -, denn ein Großteil der Quellentexte resultiert aus autorisierten Mitschriften von Vorträgen Montessoris anläßlich weltweit in verschiedenen Sprachen abgehaltener Kurse und den entsprechenden Übersetzungen. Hinzu kommt, daß die in Amsterdam lagernden Materialien des Montessori-Archives noch längst nicht erschlossen sind. Wer sich anfänglich mit Montessori-Pädagogik beschäftigen möchte, dem sei folgende Lektüre empfohlen: „Grundgedanken der Montessori-Pädagogik", herausgegeben von P. Oswald und G. Schulz-Benesch (Freiburg 1994). Eine sinnvolle Ergänzung, allein auch um Montessoris Denkweise in ihrer Verbindung von Reflexion, Analyse und auch Emotion kennenzulernen, ist das Taschenbuch „Kinder sind anders" (München 1996).

Nahezu unüberschaubar geworden ist die Sekundärliteratur. Als bahnbrechend muß hier die Arbeit von Günter Schulz, „Der Streit um Montessori" (Freiburg 1961), bezeichnet werden. Schulz setzt sich systematisch und konsequent unter Einarbeitung der ihm zur Verfügung stehenden Quellen mit der Diskussion zur Montessori-Pädagogik vornehmlich in Deutschland auseinander. Manche der dort angesprochenen und von ihm stringent widerlegten Vorwürfe (Naturalismus, Intellektualismus, Individualismus) sind auch heute noch zu hören. Hier ist auch die kritische Auseinandersetzung von Schulz mit Winfried Böhm anzusiedeln, der durch seine Forschungsarbeit "Maria Montessori. Hintergrund und Prinzipien ihres pädagogischen Denkens" (Bad Heilbrunn 1969, 2. unveränderte Auflage 1991) Montessoris geistige Grundlagen wiederum aus dem Geist vor der Jahrhundertwende erklärbar erachtet, was den energischen Widerspruch von Schulz in „Montessori". Erträge der Forschung (Darmstadt 1979) hervorruft. Außerhalb dieser Diskussion hat sich im Laufe der letzten etwa 20 Jahre eine Fülle von systematisch hervorragend aufgearbeiteter Sekundärliteratur entwickelt, die im übrigen insgesamt eher die Position von Schulz verstärken. Herausragend ist dabei die konsequente Forschungsarbeit Hildegard Holstieges zu bewerten. Mit „Modell Montessori, Grundsätze und aktuelle Deutung der Montessori-Pädagogik" Freiburg 1994) bietet Holstiege dem systematisch interessierten Leser eine klar strukturierte, an den Quellen verifizierte und vor allen Dingen mit der zeitgenössischen pädagogischen und entwicklungspsychologischen Forschung konvergierende Gesamtdarstellung der Montessori-Pädagogik. In der Konsequenz dieser Arbeit ergaben sich für Holstiege einige Studien (Studien zur Montessori Pädagogik, Band 1 (Freiburg 1986) und Band 2 (Freiburg 1987)) sowie thematisch orientierte und die Praxis erwägende und beschreibende umfangreichere Studien. Lesenswert ist m. E. vor allen Dingen ihre Arbeit „Erzieher in der Montessori-Pädagogik, Stellung - Aufgaben - Probleme" (Freiburg 1992), denn in überzeugender und anschaulicher Form wird demjenigen, der wirklich auf Montessori-Pädagogik sich einzulassen bereit ist, deutlich gemacht, was es von ihm an konsequenter Hinwendung zum Kind verlangt.

Wer für sich einen Zugang zur Montessori-Pädagogik sucht, in dem die Grundgedanken klar strukturiert wiedergegeben werden, die Praxis anschaulich geschildert ist, weiterführende Gedanken angedeutet sind, dem seien

216

zwei Werke ans Herz gelegt: Von Helene Helming, „Montesori-Padagogik" (Freiburg 1967, 13. Auflage 1989) und von Ulrich Steenberg, „Kinder kennen ihren Weg" (Ulm 1993, 2. überarbeitete und erweiterte Auflage 1997). Von unterschiedlichen Erfahrungen ausgehend und aus einem zeitlichen Abstand von untereinander mehr als 30 Jahren heraus geschrieben, wird die Aktualität, die Lebendigkeit und auch die Tragfähigkeit der Montessori-Pädagogik erzählt, bedacht, kommentiert.

Wer von einer Biographie Objektivität und historische Distanz erwartet, sollte sich am besten Helmut Heiland, „Maria Montessori" (Reinbek 1991) zu eigen machen. Die ebenfalls lesenswerte Biographie von Rita Kramer, „Maria Montessori" (München 1977, Frankfurt 1995) ist kombiniert aus einer Fülle von sekundären (Zeitungs)Impressionen, die die Persönlichkeit Montessoris der ersten sechzig Lebensjahre anschaulich nahe bringt, das Spätwerk allerdings nicht hinreichend berücksichtigt. Die Biographie E. Mortimer Standings, „Maria Montessori" (Stuttgart 1959) ist aus der Perspektive eines kenntnisreichen Verehrers Montessoris geschrieben.

Eine nahezu unüberschaubare Vielzahl von Einzelstudien zu verschiedenen Fragen (religiöse Erziehung, Montessori und Fröbel-Pädagogik, Neue Schule und Montessori-Pädagogik usw.) sowie Aufsatzsammlungen runden eine immer umfangreicher werdende Montessori-Literatur ab. Von den neuesten Veröffentlichungen ist insbesondere das Buch von Marielle Seitz und Ursula Hallwachs, „Montessori oder Waldorf?" (München 1996) demjenigen zu empfehlen, der in klarer Form eine Gegenüberstellung der Grundgedanken der Waldorf- und der Montessori-Pädagogik geboten haben möchte.

Es erfreut, daß neben dem Herder Verlag als traditionellen Herausgeber der Montessori-Quellenliteratur sowie der meisten Sekundärliteratur sich zwei junge Verlage der Publikation von einschlägigen Veröffentlichungen zur Montessori-Pädagogik angenommen haben.

So sind die Veröffentlichungen der Verlagsgemeinschaft Kinders/Klemm & Oelschläger (beide Ulm) mit Interesse zu beobachten.

Die Periodika „Montessori Zeitschrift für Montessori-Pädagogik", herausgegeben von der Montessori-Vereinigung e.V. (AMI) Aachen und „Das Kind", Halbjahreszeitschrift der Deutschen-Montessori-Gesellschaft Würzburg, bieten in unterschiedlicher Weise aktuelle Beiträge zu Theorie und Praxis der Montessori-Pädagogik.

Dieser kurze Überblick kann lediglich eine erste Gehhilfe auf dem Weg der Montessori-Pädagogik sein und soll einen Einstieg erleichtern. Zusammengefaßt sei angemerkt, daß die zentralen Texte Montessoris in gut greifbaren Übersetzungen vorliegen, eine Reihe von populären und wissenschaftlichen Analysen seit den 50er Jahren von Montessori-Pädagogen veröffentlicht wurden und seit den 80er Jahren zunehmend mehr Detailstudien über einzelne Aspekte der Montessori-Pädagogik im Kontext einer wissenschaftlichen Auseinandersetzung entstehen. Ein zunehmender Bedarf besteht derzeit an einer kritischen Reflexion der aktuellen Praxisdiskussion, die nur selten geführt wird sowie die Auseinandersetzung mit der Sozialgeschichte der Montessori-Pädagogik, die bis heute vor allen in Deutschland vernachlässigt wurde.

Ulrich Steenberg

Autorinnen- und Autorenverzeichnis

Prof. Dr. Dr. h.c. mult. Theodor Hellbrügge, Kinderarzt, em. o. Professor für Sozialpädiatrie der Universität München

Alfred Hinz, Rektor der Bodensee-Schule St. Martin, Friedrichshafen

Prof. Dr. Hildegard Holtstiege, em. o. Professorin am Institut für Theorie der Schule und der Bildungsorganisation Westfälische Wilhelms-Universität Münster

Axel Holtz, Sonderschullehrer, Ulm

Prof. Dr. Gerhard Klein, Fachbereich Sonderpädagogik der Pädagogischen Hochschule Ludwigsburg in Verbindung mit der Universität Tübingen mit Sitz in Reutlingen

Dr. Gudula Meisterjahn-Knebel, Oberstudiendirektorin, Schulleiterin der Gymnasium Schloß Hagerhof, Bad Honnef

Ulrich Steenberg, Direktor der Katholischen Fachschule für Sozialpädagogik, Ulm

Barbara Stein, Rektorin, Alfter

Prof. Dr. Heribert Tilmann, Pädagogische Hochschule Weingarten

Ortrud Wichmann, Vorsitzende der Montessori-Dozentenkonferenz, Bonn

Hans Wilms, Rektor i.R., Düsseldorf